中華書局

醫學霸權與香港醫療制度
（修訂版）

佘雲楚　馮可立　林昭寰　陳和順
鄒崇銘　鍾劍華　何寶英

著

大中華研究中心
Centre for Greater China Studies

羅金義　主編

　　香港，經過幾代人數十年的辛勤努力，取得了輝煌的經濟成就，奠定了作為國際金融、貿易、航運中心之一的重要地位，並在國家現代化建設和國際經濟格局中發揮着特殊作用。在成為國際化大都會的發展過程中，香港在許多方面都有精彩之筆，不乏成功範例，積累了一系列成熟的經驗，值得認真總結，並推廣開去，供人借鑒。

　　但是，毋須諱言，香港當下也正面臨着前所未有的困境和挑戰。當今世界日趨激烈的國際和地區競爭形勢，特別是中國內地的改革開放和經濟的快速發展，給香港造成空前巨大的壓力；同時，香港社會內部始終存在着不易化解的深層次矛盾，加上紛爭不斷、內耗嚴重等因素，給香港社會造成極大困擾，並直接影響到香港經濟的可持續發展，致使香港競爭力不升反降。如何通過全面總結寶貴的「香港經驗」，重新找回香港社會對自身前途和命運的信念與信心，並主動對接國家發展戰略，謀求香港經濟持續穩定的發展，不斷提升自身競爭力，保持已有優勢，是擺在香港社會各界面前的嚴峻課題。

　　為此，香港三聯書店與香港中華書局聯袂策劃組織出版一套總結、概括香港經驗的叢書，計劃在未來三到五年時間裏，邀請海內

外香港研究專家參與，凡涉及香港社會政治、經濟、文化各方面、各領域的先進經驗、成功案例，均可編寫成冊，列入叢書，力求全面展示海內外關於香港經驗的最新研究成果。

「香港經驗叢書」是一套相對開放的連續性出版物，起初列入的選題，包括香港的城市規劃、香港的房屋政策、香港的金融貨幣管理、香港的交通運輸管理、香港的醫療與社會保障制度、香港的法治與廉政建設、香港的公務員制度、香港的企業管治、香港的創意產業等等，過程中或會酌加增減調整。

為便於一般讀者閱讀，並方便相關培訓課程參考使用，叢書力求結構清晰，層次分明，文字風格深入淺出，通俗易懂。既有扎實的理論功底和較高的學術含量，又有較多的典型案例和操作方法；既追求嚴謹，又力戒空談，避免煩悶、複雜的理論論證。

我們相信，無論從香港自身發展的角度，還是從提供他人借鑒的角度，出版本套叢書都具有重要意義。

本叢書的編寫出版，得到香港和內地眾多學者的熱心關注和大力支持，在此謹表感謝。

三聯書店（香港）有限公司
中華書局（香港）有限公司

　　法國人類學大師克勞德・李維史陀（Claude Levi-Strauss）說，所謂創意，就是介乎科學知識和神話式意念之間。一方面，我們需要重新整理既存材料，這就是科學知識的任務；另一方面，我們也需要在既存材料當中開拓新路徑，俾能前行，而神話式意念往往就是憑藉。李維史陀這提法也許滿有法式知識份子傳統的趣味，但對於深受英美實用主義訓練的社會科學工作者而言，反而引發另一番感慨，當中包括日本研究名宿布賴恩・莫倫（Brian Moeran）：以亞洲研究而言，我們是否有着太多神話式意念，科學知識卻嫌不足？（參看 Brian Moeran, "Asian Studies: Scientific Knowledge or Mythical Thought? " *Asian Studies*, September 2015, 1(1): 1-11）

　　香港研究跟莫倫心目中的亞洲研究是否有一些相似的經歷？那些年，遠在我們有意去整理什麼是「香港經驗」之前，已經有人張燈結綵似的將香港「成就」標籤為「奇蹟」，解說它是仰賴什麼「政策」促成；後來，甚至有「大香港主義」的傳奇；九七回歸前後，為「香港經驗」做「總結」的叢書巨著不一而足。然而幾番起落，香港成就又被稱為「例外主義」的一種；賴以成功的政策原來是文過飾非或者事後孔明；創造奇蹟、傳奇的範式和

歷史都要被修訂和重新詮釋；今天，「香港經驗」還算得上是代表「成功」的符號嗎？莫衷一是，人言人殊。

　　人們也許需要神話式意念來突破成規、考據、意識形態的深嚴條塊，但未曾深究就忙於樹碑立傳，神話往往成為政治操作的文宣罷了。於是，我們選擇了為香港研究做最謙卑的工作，為既存材料重新整理。作者們都清醒明白，為香港經驗重整一幅盡量完整的圖像，並非要來定義它是偉大還是僥倖，也不是要標榜它可供臨摹還是只供月旦；大家堅持的是有根有據的闡釋，有板有眼的論述，也會顧慮到科際知識的互用，在理論參照之下的跨社會比較。是其是、非其非要有科學基礎，當香港經驗的根據、板眼都整理完備，它算不算是個「神話」，還有多重要呢？

　　感謝香港教育學院大中華研究中心的支持，以及中華書局（香港）有限公司同仁的推動，當然最重要是多得諸位毫不計較功名利祿的作者，令到這種深耕細作的項目，在這個計較亮眼噱頭、排名檔次、「影響因子」的時代，依然成為可能。

羅金義
香港教育大學大中華研究中心

修訂版序

當獲出版社告知，本書自 2017 年中出版的一千冊，至 2019 年初已差不多全數售罄時，筆者差點還不敢相信。一直以為，中文學術性著作在香港的市場不大，所以也沒有期望這麼快便要出修訂版。之所以有此成績，相信與醫學霸權的影響波及廣大市民的日常生活不無關係。在此感謝各方讀者的支持與鼓勵；若社會科學的學術工作不能與市民的日常經驗扣連，始終也是一種遺憾。

除了因為事忙，第三章〈香港醫療政策的發展與分析〉的作者林昭寰未能適時作出更新之外，其他章節均有所修改。這些修訂，主要環繞以下三方面：

一是修正。原版中有不少錯漏，包括行文上的沙石和資料上的錯誤，已一併在新版中修正。

二是資料上的更新。由於經修訂的《醫生註冊條例》第 3(2) 條已於 2018 年 4 月 6 日起生效，也正好借此機會更新（詳見第八章）。其他各章也有或多或少類似的資料性更新。

三是補充。原版中我們當時以為已極力闡述的觀點，經過時日的差距，卻發現原來可以做得更好。例如我們以為已清楚表示，我們並不反對西方醫學，更不仇視醫生。我們所反對的，是不合理的制度而已。但坊間的一些回應，仍然以為我們反對西方醫學，

甚至對醫生抱持敵視態度。所以,在新版中,我們嘗試更清晰地表達立場,望能將造成誤會的機會,減至最低。

我們認為,作為個人,社會學學者自可以鍾情於個別醫療傳統,但作為社會學學者(sociologist qua sociologist),則沒有必要作出此等認同。在探討不同專業知識領域時,社會學學者宜把這些知識系統的效能或對錯「懸置」或「括弧」起來,不必對它們作任何知識論上的認同(epistemic commitment),而只需要探討社會內不同人士 / 群體對這些知識系統的取態,以及指出即使其所謂「實際療效」具有某種相對優越性,也往往是在其取得霸權後才得以建立。我們並不敵視醫生,也不反對西方醫學。但醫療問題實在太重要了,我們不應像特區政府那樣把醫療問題拱手相讓給醫學界(或其他醫護專業界別)處理,就正如我們不應該把政治問題拱手相讓給政府高官處理一樣。

除此之外,筆者亦希望在這修訂版序言中,就今年 4、5 月間醫委會豁免海外專科醫生實習要求所引發的爭論,略作評述。

事緣政府鑒於公立醫院醫生人手短缺,冀放寬海外專科醫生申請註冊所需的實習期,以吸引他們來港執業。醫委會於 2019 年初成立專責小組,並於 4 月 3 日提出四個方案,由 29 名出席會議的委員以暗票方式表決。結果所有方案均遭否決,令全城嘩然,並引發新一浪有關醫學界保護主義氾濫的爭論。經過一輪擾攘後,醫委會於 5 月 8 日再次舉行表決,最終由主席劉允怡投下決定性一票,以 17 比 16 僅一票之差,由被視為政府屬意的方案勝出(即由港大教授鄧惠瓊呈交的方案,亦即在 4 月 3 日會議中提出的方案一)。

筆者無意對這些不同方案作出比較,或就坊間的爭論作出評

論，而只針對事件所帶出的問題，作簡單回應。

首先，所通過的方案，雖然是各方案中最為寬鬆的；但這些不同方案的內容，相差其實並不太大。對增加海外專科醫生來港的吸引力，亦始終有限。政府若希望較為大幅度地增加海外專科醫生來港的數目，便需考慮其他措施，包括取消執業試或改革其內容，以及其他配套措施。

第二，是次爭議反映出 2018 年通過的《醫生註冊條例》（修訂），由於政府的讓步，最終令經業界「選舉」產生的業內醫委會成員，仍然把持着醫委會的半壁江山。是次爭議亦顯示，除非政府銳意對醫委會進行更徹底的改革，否則將來任何即使是輕微的改革亦會舉步維艱（詳見第八章）。

最後，與以往不同，醫學界在這次爭議中發聲最多和反對最烈的，並不是以私營醫生為骨幹的香港醫學會及其代表，而是代表一眾較為年青的公營醫院醫生及團體。這一方面反映是次改革對私營醫生利益的衝擊不大——近年內地人士來港求診人數持續增加，不少私營醫生根本就不愁沒有生意（當然，他們仍然希望可以把這些海外專科醫生，盡量留在公營醫院體制內）；也反映出醫管局的管治，確實令不少前線公營醫院醫生不滿。另外，隨着本地醫科生人數的增加，來自中下階層的醫科生人數也自然持續增加。筆者曾看過一些自稱為本地公院醫生的網上言論，直指那些海外港人醫生，原本成績並不足以讓他們進入本地醫學院就讀；而只靠父母的財務支持，才能在外國接受醫學訓練。言下之意，是這些海外港人醫生的水平——無論他們受訓於哪所海外名牌醫學院，也及不上本地受訓的醫生。這論點固然不值一駁，卻也反映他們的部分心態。他們一方面認為這些被指為家庭背景相

對富裕的海外港人醫生，只會在公營醫院稍作逗留，便會轉至私營市場「搵真銀」，對解決公營醫院醫生人手不足問題幫助不大。但另一方面，他們又擔憂若這些海外港人醫生需要較長時間留在公營醫院服務，勢將對本地受訓醫生，帶來升遷上的龐大競爭。這種盲目排外的心態，除反映出部分醫生的保護主義，甚至已發展成為一種披上階級意識外衣的文革式鬥爭路線，情況令人擔憂。

事實上，香港的政治環境，隨着年中所謂「反修例運動」的出現而急轉直下。特區行政長官和一眾問責官員的支持度均急速下滑；市民對整個政府的信任亦創回歸後的新低點。在社會分裂程度較以往嚴重的形勢下，各式各樣的陰謀論只會更有市場，任何改革亦只會更加困難。千里之行，始於足下。作為一名無藥可救的樂觀主義者，筆者始終認為，本書第八章所提出的公民評審團制度，最能夠打破目前的僵局，為制度改革邁出關鍵的一步。

佘雲楚
香港理工大學醫療及社會科學院前任副院長
2019 年 10 月 11 日

初版序

　　一部著作之所以能見天日，得以出版，實有賴很多人士的努力和付出，本書也不例外。在此，首先要感謝香港教育大學的羅金義教授。在我二十八年的理大教學生涯中，教授醫療／健康社會學佔了相當重的比例；也曾希望能夠就類似本書題目寫點東西，惟一直未能成事。原因除了不斷受到雜務纏繞外，也與自己的惰性有關。我是一名頗為懶於寫作的學者，逍遙自在一向是我的人生目標。沒有羅教授的誠意邀請和鼓勵，恐怕也不會在退休前開展一件這麼困身和要周旋於不同作者之間的工作。過去兩年間，我還真有一兩刻有些微後悔的感覺呢！可幸隨着時間的發展，本書的輪廓亦逐漸清晰，才放下一直懸掛在心頭上的壓力。也要感謝中華書局（香港）有限公司，作為出版社，他們的耐性與忍讓，令人感動。這年頭，仍然願意出版很大機會賠本的中文學術著作的出版社，已買少見少。

　　最後，更要感謝參與本書寫作的其他作者。在中文著作被大專教育機構（大學）視為不值一文的大環境之下，仍然有同工願意花心力，在近乎沒有回報的情況下為香港社會和華文學術界作出貢獻，誠屬可貴。希望本書的出現，能有助證明一部著作的學術或社會價值，不在於它以何種文字表達，也不在於它是否由

一些所謂國際級出版社出版，更不在於它背後拿取了多少研究經費。馬克思早就説過，一切價值的來源，只能是生產者所付出的心力。當然，有心不等如有力，付出的汗水也未必能保證成品的質素。我不期望所有讀者均同意本書的主要論點，但本書若能激發社會在有關議題上多作辯論，則於願足矣！

佘雲楚

香港理工大學醫療及社會科學院前任副院長

2017 年 3 月 6 日

目錄

【香港經驗叢書】出版說明　　　　　　　　　　　　　*ii*

【香港經驗叢書】序　　　　　　　　　　　　　　　*iv*

修訂版序　　　　　　　　　　　　　　　　　　　　*vi*

初版序　　　　　　　　　　　　　　　　　　　　　*x*

導　論　醫學、權力與政治 / 佘雲楚　　　　　　　*1*

第一章　話說醫學霸權 / 佘雲楚　　　　　　　　　*20*

　　一、引言

　　二、何謂霸權？

　　三、專業霸權的虛與實

　　四、醫學霸權的操作

　　五、結語

第二章　醫學霸權與醫療服務的政治經濟學
　　　　　/ 馮可立　　　　　　　　　　　　　　　*80*

　　一、引言

　　二、醫療：從服務演化為產業

　　三、醫療市場的分析

　　四、醫療體制的政治選擇

五、自由市場與商營保險

六、稅務承擔下的國民健康服務

七、混合模式與社會保險

八、醫療霸權還有多少發展空間？

第三章　香港醫療政策的發展與分析 / 林昭寰　　*104*

一、引言：大而難的醫療政策

二、《香港醫療服務發展》白皮書（1964 年）

三、《香港醫療及衞生服務的進一步發展》（1974 年）

四、《司恪報告書》和「醫院管理局」（1985－1990 年）

六、從《哈佛報告書》到《自願醫保計劃》（1999－2014 年）

七、矛盾一：求過於供與公私失衡

八、矛盾二：沉重的負擔與蒼白的理念

九、矛盾三：逼在眉睫與舉棋不定

第四章　香港醫療制度的二元體制：從私家醫院發展的角度看公私營失衡 / 陳和順　　*132*

一、引言

二、私家醫院發展的歷史

三、不公平競爭

四、唯利是圖的形象

五、私家醫院面對的挑戰

六、私家醫院存在的問題

七、政府的不干預態度和醫療專業自主

八、落後的制度環境是問題的根源

九、從私家醫院發展的角度看自願醫保的未來

第五章　香港醫療融資改革二十年 / 鄒崇銘　　*170*

一、引言

二、醫療融資改革的歷程

三、醫療融資改革方案的比較

四、走進醫療融資改革的細節

五、後記

第六章　長期護理照顧政策 / 鍾劍華　　195

　　一、引言：何謂「長期護理」

　　二、香港的醫療健康服務制度

　　三、社會福利、長期護理照顧、醫療

　　四、人口老化趨勢與長期護理照顧

　　五、亞洲地區長期照顧政策發展超越香港

　　六、兩個關鍵問題

　　七、展望

第七章　從中西醫融合看醫療霸權

　　　　　/ 何寶英、陳和順　　223

　　一、引言

　　二、中醫發展的歷史

　　三、中醫在香港專業化的過程及其因素

　　四、中西醫融合與醫療霸權

　　四、結語

第八章　專業自主的迷思：香港醫學霸權
**　　　　的法律和制度基礎** / 佘雲楚　　255

　　一、引言

　　二、香港醫學霸權的法律和制度基礎

　　三、2016 年的醫委會改革風波

　　四、「專業自主」的迷思

　　五、結語：一些改革醫委會的初步建議

總　結　醫學霸權的隱性社會成本 / 佘雲楚　　292

　　一、引言

　　二、醫學霸權的隱性社會成本

　　三、專業霸權主義還是「尊」業精神？

　　四、結語：醫學霸權面對的挑戰

導　論
醫學、權力與政治

佘雲楚

（香港理工大學醫療及社會科學院前任副院長）

　　當中華書局在 2014 年下旬邀約我編寫一本介紹香港醫療制度
的書時，我的回應是香港及內地更需要的，不是一本純粹描述香港
醫療制度的讀本，而是一部分析醫學專業如何影響香港醫療制度的
專著。對香港醫療制度有所認識的人士，均不會反對香港醫療制
度的特點之一，正是醫學界別對香港醫療制度的特殊影響力（The
Harvard Team, 1999; Leung & Bacon-Shone, 2006）。可惜到目前為
止，坊間仍然未有以「醫學霸權」為主軸，審視本港醫療制度的專
著。本書嘗試彌補這一缺口，其重點在於聚焦揭示香港醫學界對香
港醫療制度的影響，並指出香港醫療制度在過往三四十年間的成功
和缺失的地方，均與醫學界的獨特角色和超然地位有莫大關係。

　　本書的不同章節會就本港醫療制度個別範疇的發展與醫學界的
關係作出評述。題材的選取主要取決於我們認為重要的領域，及個
別作者的個人旨趣。我們的目的，並非單純地描述香港醫療制度
內各範疇的狀況，也不是要詳盡介紹香港醫療制度的歷史發展軌
跡（個別章節在有需要的情況下自會交代相關歷史背景）。我們的
職責或興趣並非替現存香港醫療制度護航，我們也沒有能力全面剖
析香港醫療制度的各種弊端，更遑論能提供一道能醫百病的良方。
相反，本書希望通過分析一些我們認為重要的香港醫療制度內的環

節，從而凸顯醫學界別權力過大的影響。當然，我們也認為任何改善香港醫療制度的計劃，若未能同時處理醫權過大及優化各醫療專業之間的分工協調，將只會事倍功半。對個別題目有興趣的讀者自可選擇直接參閱相關章節，而毋須必定由第一章開始順序閱讀。第一章主要討論香港到底有沒有一個所謂「醫學霸權」的存在這課題。在未進入討論前，還想先向讀者就我們的「幕後旨趣」作一簡單的交代。

我們認為，世上並無絕對客觀中立的科學研究，更遑論社會分析。研究員所能夠做到的，只是在某些價值旨趣和理論框架的指引下，分析經驗世界中某些現象的來龍去脈，梳理不同但相關現象的複雜關係。在分析過程中，研究員應該清楚表達其價值旨趣和理論框架的出發點，並闡釋這些出發點的局限以及經分析後需要作出的修正。研究員更應意識到其研究或分析並不獨立於其身處的社會政治環境；一方面這些外在環境無可避免地會滲入研究過程中，另一方面其研究結果亦同樣無可避免地，會以不同形式反饋於社會；這大概便是英國社會學家吉廷斯（Giddens, 1984）所說的社會科學裏的「雙重詮釋」（double hermeneutics）特性罷！

當然，沒有人能夠全面掌握其身處的社會政治環境以及絕對透徹理解自己的研究如何受這些環境影響；又或能夠準確預測其研究成果如何反饋於社會。但這到底不單只是一個程度的問題，也是一個態度的問題。而這種具反省性的研究態度，對日益政治化的現今香港社會，甚至學術環境，更形重要。

長期以來，英治時期的香港政府一直秉承英國的傳統，除非事不得已，一般對各行業的發展基本上均採取一種放任的態度。這令政府在與組織力較強和目標清晰的專業團體交涉的過程中，往往處於較為被動的位置。港英政府長期奉行所謂的不干預政策，實際上

是放任地讓既得利益集團（包括商業和專業集團）為所欲為地尋找或製造利潤的機會（顧汝德，2011）。官、商和專業界別三者間的協作（或曰「勾結」），甚至可以用「明目張膽」一詞來形容。譬如港英政府時期的行政及立法兩局，便必定有一些英資大行和專業團體的代表被委任為非官守議員，以確保他們集團的利益得到照顧。不少專業團體和人士，亦被吸納成為港英政府的諮詢對象。到 1966 年和 1967 年先後兩次騷動之後，港英政府才陸續推出改革措施。這些措施雖然在某些範疇內達到一定程度的成效（例如 1974 年成立的廉政公署）；但由於問題本身的複雜性、香港政治環境的轉變，以至港英政府對改革的意願和能力等因素，令官商勾結的結構性問題，到今天仍沒有得到本質上的改善；而專業的霸權狀況，則隨着社會和經濟發展，愈趨根深蒂固。

　　更有甚者，是踏入 1980 年代之後，香港前途問題日益受到各界關注。而隨着 1997 的臨近，一眾既得利益集團紛紛表態希望能在回歸之後繼續享有甚至擴大既有的利益及特權。英國政府就香港前途的影響當時已屬強弩之末，所關心的主要是，如何在沒有主權和治權的情況下，盡力維護其切身利益；而對中央政府來說，就香港回歸的統戰工作，主要就是維繫資本家和專業人士對香港前途的信心。工商和專業界別的訴求，便可在這種特殊的政治狀況下得到保證，甚至出現擴張。而 1985 年立法局引入的功能組別議席、回歸前眾多專業界別對界定在港執業資格的進一步壟斷等，均可說是工商和專業界別受惠於當時政治環境的例證（詳見第三章）。

　　回歸之後，這個不公平的專業壟斷體制，並沒有因為換了一面國旗而轉變；相反，部分港人對特區政府處事手法愈來愈不滿和不信任，亦因為特區行政首長的委任權在中央政府，港人自不然把一眾社會問題的成因歸咎於中央政府。後者更因為手握香港政治制度

發展的生殺大權，而被批評為維護一個不公平的體制。不少港人更因為對祖國制度的不信任，而更加支持維護本港的專業制度和文化。香港專業界別當中亦確實有為數不少是關懷社會、盡心盡力為市民服務的專業人士；個別專業人士甚至願意犧牲自己的勞力、金錢和時間，為某種社會理想而奉獻。但不公平的體制並不會因為個別人士的善行而改變，前者反會因為後者而增添其合理性和認受性（legitimacy）。[1] 即使近年因為貧富懸殊加劇而令市民對商界的印象轉差，市民普遍對專業界別的印象依然頗為正面，香港的專業壟斷體制依然屹立如山。

另一方面，由立法機構功能組別議席的出現，以至回歸後持續二十多年的管治失效，特別在貧富懸殊不斷惡化和在民主進程上政府的寸步不讓，令香港社會的深層次矛盾不斷加劇，亦體現了專業界別日益政治化的趨勢。以往標榜政治中立和絕少在政治議題上公開表態的專業團體，如今已逐漸變成各方政治派系競逐的場域。本書在孕育的過程中，香港社會正發生一連串對政治文化層面產生重大影響的事故；其中不少更是直接涉及一些與專業界別相關的議題。

在 2014 年 8 月 31 日，全國人大常委會通過關於香港政改決定草案，明確規定提名委員會人數須按照現時選舉委員會四大界別同等比例和組成人數，而參選人亦須得到過半數提名委員會成員的支持，才可「入閘」成為特首候選人。特首候選人數目亦被限定於二至三人。人大這個「8 · 31」決定，令泛民主派和一些香港市民感到失望，[2] 認為是違背了人大常委會在 2007 年通過的議案中對實行普選時間的承諾，更批評此決定為中央對香港民主發展「全面落閘」。議案最終不獲立法會通過，而 2017 年特首選舉方法亦會繼續沿用 2012 年的。香港社會亦因此出現更多的政治爭拗，不少民間團體紛紛就人大「8 · 31」決定表態，正反雙方互相攻擊。到 9 月 26 日，

終於爆發了一場持續接近三個月的「雨傘運動」。但政治爭拗並沒因為雨傘運動的結束而終止；相反，單就專業界別的情況而言，2015 年看到很多所謂「傘後團體」的湧現，其中包括多個以專業背景組成的團體，如醫生組成的「杏林覺醒」及律師組成的「法政匯思」等。這些團體與傳統專業團體如律師會、醫學會等不同之處，是後者作為建制的一部分，政治取態表面上往往相對中立（甚至傾向保守），而前者則政治取態明顯，集結一班志同道合、渴望爭取民主和社會公義的專業人士，利用自身的專業知識，在相關領域上發聲，或協助市民，或爭取改變。

　　但即使一些傳統專業團體本身也隨着大環境的轉變而出現變化。人大「8．31」決定的另一影響，是間接地導致一些傳統專業團體出現內鬨。例如在 2015 年 1 月 11 日醫學界舉行的政改研討會上，台下發言的年輕醫生普遍表示不接受人大「8．31」框架下的政改方案。但醫學會會長史泰祖卻表示要尊重憲法，更以一句「人大係最高權力嘅機構，佢係人民選出嚟！」惹來全場起哄，更引致前會長蔡堅的不滿。他表示：「如有人繼續想拎荷蘭水蓋（指授勳）坐喺醫學會，搞到鬼五馬六，我會拎返個會長做，我 67 歲都仲有把火。」蔡堅又承認以往曾選錯特首（意指在 2012 年的特首選舉中投了梁振英一票），但堅持醫生有責任勇於向政府表達意見（《蘋果日報》，2015 年 1 月 11 日）。[3]

　　一年半之後，史泰祖更因為醫務委員會（下稱「醫委會」）改革事宜，被迫辭任醫學會會長一職（《明報》，2016 年 5 月 1 日）。除此之外，香港律師會在 2016 年 1 月 6 日突然公佈，2021 年起現時香港三所大學開辦的法律專業證書課程（PCLL）學生須通過由香港律師會設定及評分的統一執業試（CEE）才可做學徒。[4] 此舉無疑將學生能否入行的決定權，由三所大學轉移至律師會。旋即引發香

港大律師公會的質疑和批評。[5] 反而三所大學的回應則相對溫和，其中對律師會的決定即時表示「深感驚訝」的只有香港大學法律學院（《明報》，2016年1月8日）。

特區政府亦有主動提出一些對個別專業的改革建議，卻被相關的專業界別視為牴觸專業自主原則的舉措。例如教育專業人員協會於2016年1月6日發聲明批評教育局未經全面諮詢業界，便嘗試不動聲色地將操守議會的聆訊權力抽走，和大幅減少業界代表在操守議會的議席，是對業界的侮辱，更質疑教育局背後的政治動機（教育專業人員協會新聞稿，2016年1月6日）。教育局翌日才在其網頁發佈新聞公報，表示正計劃採納教育統籌委員會的建議，把教育人員專業操守議會聆訊涉及教師投訴的權力抽走，改由教育局委任三人組成的獨立小組聆訊；並刪減操守議會六個教育議席，當中四席改由教育局委派業外人士及家長代表，令官方委派席位增加一倍，佔全議會之四分一（教育局新聞公報，2016年1月7日；《大公報》，2016年1月7日；《蘋果日報》，2016年1月7日）。

差不多與此同時，特區政府亦在2016年初遞交改革醫務委員會草案；其中最具爭議的，是增加委任四名業外人士，以解決醫委會長期被批評為「醫醫相衛」的老問題。建議隨即引發醫學界別的巨大迴響。杏林覺醒表示不完全反對增加業外人士的比例，但卻擔心若新增委員是由特首委任，只會變成港大風波的翻版。立法會醫學界議員梁家騮更質疑政府外行人管內行人的做法（《蘋果日報》，2015年12月23日）。醫學會於2016年1月9日發新聞稿回應，表示支持醫委會適量增加被委任的業外委員人數，但必須同時增加同等數目的醫生民選代表，以維持現時委任和民選代表1：1的比例。醫學會亦認為醫委會處理的主要事項，包括釐定醫生水平、判定專業失當、規管醫療研究等，均為專業醫生才能理解和掌握的課題，

故醫委會的決定必須要以醫生為主（香港醫學會，2016）。醫委會主席劉允怡回應，表示若同步增加業內委員席位，只會令醫委會的表決繼續向醫生利益傾斜，甚至違反公眾利益；但業界代表卻反指劉允怡害怕業界的民意，堅持維持原有比例（《星島日報》，2016年1月7日）。更有個別醫生在報上撰文，質疑劉允怡的説法，詰問為何「由醫生公投選出的委員，會傾向保護醫生利益多於為市民着想。相反，政府委任的委員，卻會憑良心做決定，絕不會是政府傀儡」？他更呼籲要考慮的問題，「是 …… 權力一面倒時，大家會選擇相信現時的香港政府，還是香港的醫生們」（鄭志文，2016）。

　　我們無意猜測這一連串事件在時序上的巧合性，或對政府作出這些舉動的背後政治動機作任何揣測；有關醫委會的問題更是由來已久。[6] 這些事件卻明確顯示特區政府已陷入一個極其嚴重的認受性危機（legitimation crisis）和管治危機，其施政亦可謂舉步維艱。正正在這樣一個政治氛圍下，任何有關香港專業的研究，均免不了要反躬自問：我們到底應該站在哪一方？又或者，任何非此即彼的二元選擇是否必然否定了其他可能？鄭志文提出的選擇，其實是利用了港人對政府的不信任而企圖鞏固醫學界的既得利益。現時醫委會的委任會員全由特首決定的做法固然大有問題，但民粹主義總喜歡把世間複雜的事情簡化為非好即壞、非友即敵的二元對立，對釐清和梳解問題全無幫助。「民粹專業主義」（populist professionalism）更利用市民的恐懼情緒來強化該專業的霸權地位（詳見第一、八、九章）。但傅柯（Foucault）早就發出警告：「我不是説所有事物都是壞的，但世事萬物都具危險性 …… 。正因為凡事皆具危險性，我們便永遠都有事可為！」（Foucault, 1984: 2）盲目相信政府固然危險，隨便接受醫學界的權威或「良心」亦然。

　　目前香港的政治情況確實令不少社會人士寄望部分專業團體可

以抗衡政府，或最低限度，可把政府權力之手加以限制。專業團體是否必然站在國家政府的對立面？有學者便認為英語世界在過往的一百年間，專業團體與國家政府（the state）的權力關係是一個此消彼長的關係。即隨着民主化的進程，國家政府的權力有下降的趨勢；而專業團體的影響力卻節節上升，甚至在一個愈趨自由民主的社會中擔當愈來愈大的責任（Halliday, 1987）。[7] 卡桑達斯和威爾遜亦早已指出專業團體在一個現代民主政體內的重要位置。因為在一個民主體制內：

> 科學研究與管治的藝術兩者的關係變得特別重要。知識便是權力。沒有知識為基礎之權威（authority）是沒有效的；而權力脫離知識之後只會淪為一種帶來動亂的力量。除非現代社會能為專業知識與民主制度兩者建立一個滿意關係，否則民主的泯滅指日可待矣。……現代民主社會的首要問題是如何建立知識與權力的正確關係。
>
> （Carr-Saunders & Wilson, 1933: 485-486）

從某一角度看，現代社會的複雜性確實有賴不斷進步的專業知識得以維繫；而現代社會中權威的基礎亦愈來愈建築在理性／科學知識之上。如果我們並不希望社會淪為一個龐大的技術官僚體制，那麼如何民主地監管專業知識的產生及運作模式，確是一項刻不容緩的工作。可惜的是，卡桑達斯和威爾遜並沒有進一步探討這項工作，而是一廂情願地以為專業活動的日益制度化本身便能解決這問題。他們沒有考慮到專業之制度化本身就包含了一種反民主的專家政治（Brint, 1994; Lieberman, 1970; Bledstein, 1976; Larson, 1984; Manfred, 1978; Nelkin, 1984），而只是樂觀地認為專業可以「產生

一種生活方式、思想習慣和道德標準，使它們成為足以抵禦威脅社會和平演進的粗暴洪流之防衛中心……〔它們〕像巨石般屹立，任憑〔私利主義的〕波浪拍打而不倒」（Carr-Saunders and Wilson, 1933: 497）。但現在看來這種對專業的信賴確實有點天真，一方面今天我們已清楚知道專業團體與社會內其他利益集團千絲萬縷的關係（Brint, 1994）；另一方面，傅柯亦令我們更加了解到知識和權力之間的複雜相生關係。卡桑達斯和威爾遜以為知識可以制約權力，但傅柯卻顯示了知識和權力的內在和共生關係。知識固然可以生產或制約權力，但權力亦可以生產和制約知識。「權力／知識」（power / knowledge）本就是頭一體兩面的雙面獸。傅柯所說的「權力／知識」，及知識可以生產權力的意思，與十七世紀英國哲學家培根（Francis Bacon）所說的「知識就是力量」（knowledge is power）[8] 不同，不是說增長了（對自然界的）知識就可以提升（駕馭自然界的）力量，或知識可以制約權力；而是說權力不一定是單向和壓制性的，知識也不單只服從或解放權力。相反，如果權力有任何達至現代社會控制之功能的話，它往往是通過產生知識多於禁制知識而進行（Foucault, 1980）。世上本無渾然天成的知識系統，也沒有與生俱來的職業分工架構；一切都是權力運作下的產品。知識的社會控制功能也不在於它是否刻意蒙騙或存心誤導市民（民主政體內的腐敗官員和政客，以及專制政體才會這樣做），而更在於它的「科學性」、「真確性」和「客觀性」。傅柯提出現代社會也就是一個「科律社會」（disciplinary society），[9] 其中的「科律或調整權力」（disciplinary or regulatory power），正突出了「權力／知識」兩者之不可分割性。基於這分析，他認為：

也許我們應該摒棄……這個以為知識可以克制權力的信念。

我們倒應該承認權力生產知識（不單是因為知識可以為權力
服務）；權力和知識互相指涉；沒有缺乏其對應之知識範疇的
權力關係，也沒有不預設及同時構成權力關係的知識。

（Foucault, 1977: 27）

傅柯在《性史》中進一步分析權力、知識和主體的關係，並帶出一
種最先出現於十七世紀的「科律權力」——即一種有關人體的政治
解剖學（an anatomo-politics of the human body，泛指對人類體能和
智能加以控制栽培的一切知識學科、道德紀律、技巧教訓）——如
何在十九世紀與一種有關社會人口的生命政治（a bio-politics of the
population，指對整體社會人口的宏觀調控，包括對人口增長、疾
病分佈、健康狀況、平均壽命、死亡及出生率的研究及控制等）結
合，成為一種嶄新的「生命權力」（bio-power）。而現代醫學正是處
於整個「生命權力」網絡的核心位置。自此之後，「生命權力」已無
孔不入地滲透於我們的日常生活裏；而「性」（sexuality）[10]——一
切與性（sex）有關之行為、思想、論述——亦逐漸成為整個「科
律社會」和「生命權力」的重要環節之一（Foucault, 1978）。近年
在英語世界頗為流行有關現代社會日益醫療化（the medicalization of
modern societies）的討論，[11] 亦可謂與傅柯有關「生命權力」的分
析，有異曲同工之妙。[12]

　　傅柯認為，「生命權力」是資本主義發展不可或缺的元素。另一
邊廂，也有學者認為，英國自十八世紀起在工業化及資本主義化過
程中，經濟活動慢慢從舊有封建制度中解放出來，並發展出新的資
本主義經濟和自由主義政治制度。工業化及資本主義化令社會急劇
變遷——由工業生產至農業技術的創新，到建橋築路和土地規劃的
改進，由對私有產權至會計準則的規範，到醫藥發展和其他科學的

進步 —— 均不斷催生出新的工作種類和知識系統。專業團體與國家政府的發展過程，可謂千絲萬縷，密不可分。以醫學為例，其發展絕非簡單的一句科學進步便能概括；因為醫學的發展本就有賴帝國／殖民主義擴張的需要。在歐洲殖民主義不斷的擴張下，不少殖民者固然飽受各種當時仍然不知名的熱帶疾病折磨，非洲更素有「白人墳墓」之稱（有關香港開埠初期歐洲人患傳染病的問題及港英政府的回應，第四章有更詳細的討論）；但歐洲人亦把不少本地人毫無抗禦能力的疾病，傳播給他們，造成更大的傷亡。為了更有效的統治，列強各國遂不得不增撥資源予醫學及科研人員尋求破解之法；而這方面的醫學突破，又進一步助長殖民主義的擴張。所以，自由主義國家政府的形成，與專業制度的形成，其實是一個一而二、二而一的過程，或最低限度是兩個互相同步，又相輔相成的發展過程（Johnson, 1982, 1993; MacDonald, 1995; Kiple, 2006）。在第一章我們將會指出一個霸權之所以稱得上為霸權，是因為它同時兼備「硬實力」和「軟實力」的雙重性質。所謂「硬實力」，在專業霸權的討論中，指的正是政府所賦予的法定權力。費迪臣便認為，只有那些能夠取得政府的信賴並被賦予相關職務範疇的專利權力，才可以稱得上為「真正」的專業。正如他說：

> 對一個專業的分析必定要建於它與現代社會權力和權威的終極來源 —— 即國家政府 —— 的關係。醫學專業的絕大部分權力，均源自法律上賦予的專利執業權力。這專利權主要是通過對執業牌照的操控，令其持有人擁有容許病人入院接受治療、簽發藥品及化驗程序等非牌照持有人所能享有的特權。只有國家政府才可以頒授這專利權。

（Freidson, 1970 b: 83）

從這角度看，現代社會中的專業團體不單不是站在國家政府的對立面，反倒是後者的親密夥伴。現代自由主義下的國家政府正是專業團體自主性的強大後盾，而表面上獨立自主的專業團體，亦往往是現代國家政府對人民施行管治的延伸棒。問題是，回歸後的香港還算是一個屬於現代自由主義的管治體制嗎？又或我們早已登上了一列朝着過去方向邁進的列車？

關於這個問題，相信不同人士自有各自的觀點。事實上西方現代自由主義的管治體制下國家政府與（個別）專業的關係，也不是一成不變。有論者早已指出，隨着西方資本主義國家管治環境的改變──如經濟環境持續惡化、人口老化、福利開支過大等多種問題的出現──這些政府亦不得不重新審視和界定與不同專業之間的關係（Johnson, 1993; Starr & Immergut, 1987）。但無論政府與（個別）專業的關係怎樣轉變，現代自由主義管治體制下國家政府與專業在歷史和制度上的共生關係，也往往令政府意圖改變專業霸權現狀的嘗試，舉步維艱，或帶來另外一些政府始料不及而又不利的後果。原因除了是一些專業團體早已扎根於社會內不同權力網絡之中，更因為現代資本／自由主義管治體制的合理性支柱之一，正是專業霸權本身。

本書既以「醫學霸權」為題材，自然承載着「霸權」這概念的學術傳統（包括某些價值旨趣和理論傳統）。「霸權」這概念雖然最初是由馬克思主義學者提出（詳見第一章），但亦很快被其他派別學者（主要是「新韋伯學者」，neo-Weberians）吸納，特別是在研究有關政治權力和專業制度的領域。可以說「霸權」這概念在使用上已不一定與馬克思主義理論掛鈎，亦可以是與韋伯學說並行，更何況馬克思主義與韋伯學說互通的地方本就不少（Antonio & Glassman, 1985; Ferrarotti, 1985; Wiley, 1987; Murphy, 1988）。至於「霸權」這

概念背後的價值旨趣，亦與社會學及其相關學科的部分價值旨趣相同——即對民主和社會公義的追尋。當我們說某一社會制度／組織／群體（social institution / organization / group）擁有「霸權」，意思就是說它所擁有的權力已超越合理水平，從而違反社會公義的理念，窒礙民主發展的步伐，甚至有可能造成資源上的浪費或其他弊端。說「醫學霸權」存在於我們的社會當中，就是說醫學界所擁有的權力是不合理地過大。分析過程中已糅合對這種社會狀況的批評，並同時指出情況其實可以改變，也需要改變。這並不表示我們反對任何專業制度的存在，只是個別專業的發展理應在惠及整體社會利益的前提下展開，而非以殘民自肥的方式進行。

　　在第一章我們先從一個比較理論的層面對「霸權」、「專業霸權」和「醫學霸權」這些概念進行梳理，然後回顧社會學對專業，特別是醫學霸權與其官醫護專業關係的分析。第二章將會從較為宏觀的政治經濟學角度，審視醫學霸權和醫療服務及制度的關係，並引入一些國際經驗以作比較。第三章嘗試從醫療主導的視點，就香港醫療制度的政策目標和過往發展作一評說。第四章分析特區政府經常強調的所謂「公私營失衡」問題與醫學霸權的關係。第五章主力探討有關醫療融資改革及醫學界在其中的角色與回應。第六章延續醫學霸權的分析框架，並以此分別檢視本港長期護理政策的不足。第七章則分析中醫藥在香港的發展所遇到的重重困難，並以此顯示（西）醫學界在整個醫療隊伍的職業架構中所扮演的關鍵角色。第八章建基於第一章的理論觀點，探討醫學霸權在香港醫療制度裏的法律基礎；並一併討論 2016 年間的醫委會改革風波以及有關所謂「專業自主權」的迷思。最後，在總結我們會提出一些醫學霸權對香港醫療制度甚至社會整體所造成的隱性社會成本作一總結。

　　本書針對的讀者群，除了是想對香港醫療制度有進一步認識的

一般讀者外，我們也希望能滿足對醫療及專業社會學有期望的讀者，更希望能引起各醫療專業界別朋友對相關議題的興趣，將討論不斷深化和延續。誠然，面對不同的讀者群以及可能相異的期望，難免會出現一些顧此失彼的情況。個別醫療專業界別朋友，或會覺得本書忽略了他們關心的專業界別或專題事項；崇拜科學的人士，會認為本書所披露的數據甚為不足，甚至缺乏任何統計學上的推理分析（inferential statistical analysis）；迷戀理論的朋友，可能會略嫌這本書對相關理論的討論，只屬蜻蜓點水，欠缺深度；而對歷史特別有興趣的讀者，又可能會投訴我們對相關史料的掌握，不夠詳盡。就此我們別無他法，只能懇請讀者給予最大限度的包容和忍讓，並不吝賜教。

註釋：

1 "Legitimacy" 可説是社會學裏的一個核心概念，但它也是一個多義詞。字面的意思就是「合法性」或「合憲性」，但在不同的背景和脈絡下也可分別翻譯為「合理性」和「認受性」。

2 2007 年 12 月，人大常委會就香港 2012 政制方案作出議決，當中除否決 2012 年行政長官選舉及 2012 年立法會選舉實行普選外，亦提及 2017 年行政長官選舉「可以」實行由普選產生的辦法，及之後立法會「可以」實行全議員由普選產生的辦法。是次決定普遍被視為中央首次承諾普選行政長官並設下實行時間；並為未來普選立法會鋪路。

3 陳和順（Chan, 2018）對香港回歸後醫學界的內部分裂和特區政府的關係有更詳細的分析。

4 有關決定詳見香港律師會網頁（www.hklawsoc.org.hk）「統一執業試」的新聞稿。

5 有關香港大律師公會對香港律師會決定的批評，詳見其網頁（www.hkba.org）上分別於 2016 年 1 月 8 日和 2016 年 2 月 12 日發表的聲明。

6 有關醫委會被批評為「醫醫相衞」的問題，確是一個持續了多年的老問題。曼因（Mann, 2008）早在 18 年前便曾在《南華早報》撰文批評。醫委會本身曾向政府提過改革建議，惟最終不了了之。醫委會在 2014 年 6 月 13 日發新聞稿，表示已再次向食物及衞生局提交新的改革建議（醫委會網站：http://www.mchk.org.hk/）。立法會議員方剛隨即在 2014 年 7 月 2 日向食物及衞生局長就醫委會作出提問（立法會新聞公報，2014 年 7 月 2 日）。另一立法會議員張宇人亦曾

打算提出私人條例草案，改革醫委會（張宇人，2015）。據傳政府承諾提出包含張宇人建議內容的改革醫委會草案，以換取張宇人撤銷提出私人條例草案（《星島日報》，2015 年 12 月 11 日）。

7　也有論者認為，隨着新自由主義（neo-liberalism）在八十年代的冒起，國家政府屬下的公營部門開始引入一系列的「新公共管理」（new public management）改革措施，結果是大幅削減包括醫生在內的專業人員的工作自主性（Exworthy & Halfords, 1999; Harrison & Ahmad, 2000; Leicht & Fennell, 2001; Dent & Whitehead, 2002）。

8　根據這理解，權力與知識被看成是兩樣相關但分離的事物；知識是一種可以增強或對抗權力的工具 —— 意即知識可以為或不為權力服務 —— 而權力則被視為不辯自明、理所當然的東西。

9　這概念所指的不是一極權政府運用武力刻意營造出來紀律性極高的一種社會狀況；相反，它是指一種擴散於社會而又源自某種知識系統的權力。英文 "discipline" 一字可以有兩個意義，一是學科或知識，二是紀律（紀律可以是來自外邊，也可以是自發的。傅柯的重點明顯是後者）；而傅柯正肯定了兩者之間的密切關係。因此之故，筆者認為把 "disciplinary society" 譯作「科律社會」，遠較常見的翻譯如「規訓社會」、「紀律社會」等，更為恰當。

10　把 "sexuality" 一字譯作「性」並不理想。如果 "sex" 等如「性」或「性別」，那 "sexuality" 便應該譯作「性性」或「性別性」，但這恐怕只會帶來更大的混亂。筆者不才，暫時還未懂得怎樣恰當地翻譯此字。在此感謝高錦基（香港理工大學護理學院）帶出這問題。

11　「醫療化」（medicalization）這概念，最先由美國社會家 Zola（1972, 1975）提出，後經 Illich（1976）、Conrad and Schneider（1980）、Crawford（1980）、及 Riessman（1983）等發揚光大。

12　兩者當然也有差異。詳見 Lupton（1997）。

參考資料

（中文）

《大公報》（2016 年 1 月 7 日）。〈教局：重組操守議會增代表性〉，A14 版。

立法會新聞公報（2014 年 7 月 2 日）。〈立法會一題：香港醫務委員會〉，擷取自：http://www.info.gov/gia/general/20140702/P201407021426.htm。

《明報》（2016 年 1 月 8 日）。〈律師會統一試　港大驚訝　中大歡迎〉，A26 版。

《明報》（2016 年 5 月 1 日）。〈倡公投醫學會議席失敗　史泰祖辭任醫學會會長〉。

《星島日報》（2015 年 12 月 11 日）。〈倡醫委會改革　政府草案納張宇人意見〉，A04 版。

《星島日報》（2016 年 1 月 7 日）。〈醫學界：為何害怕民意〉，A04 版。

張宇人（2015 年 11 月 12 日）。〈《2015 醫生註冊（修訂）條例草察》資料說明〉，立法會 CB（2）235/15-16（03）號文件（修訂本）。

教育局新聞公報（2016 年 1 月 7 日）。〈《促進及維護教師專業操守現行機制檢討報告》正面睇〉，擷取自：www.edb.gov.hk/tc/about-edb/press/cleartheair/20160107。

教育專業人員協會新聞稿（2016 年 1 月 6 日）。〈藉委任，擴操控？操守議會架構變，全港教師零諮詢〉，擷取自：https://www.hkptu.org/19928。

鄭志文（2016 年 1 月 10 日）。〈信政府，定係信醫生〉，《明報》，P22 版。

《蘋果日報》（2015 年 1 月 11 日）。〈史泰祖：人大係最高權力嘅機構，佢係人民選出嚟〉，擷取自：http://hkapple.nextmedia.com/realtime/news/20150111/53323632。

《蘋果日報》（2015 年 12 月 23 日）。〈醫委會改革增委任成員，杏林梁家騮聯手防變「港大翻版」〉，A10 版。

《蘋果日報》（2016 年 1 月 7 日）。〈教育局擬修例，削操守議會聆訊權，大增委任席位；教協：如同閹割〉，A12 版。

顧汝德（2011）。《官商同謀：香港公義私利的矛盾》，香港：天窗出版社。

（英文）

Antonio, R.J. & Glassman, R.M. (1985). *A Weber-Marx Dialogue.* Lawrence, Kansas: University Press of Kansas.

Bledstein, B. (1976). *The Culture of Professionalism.* New York: Norton.

Brint, S. (1994). *In An Age of Experts: The Changing Role of Professionals in Politics and Public Life.* Princeton, N.J.: Princeton University Press.

Carr-Saunders, A.M. and Wilson, P.A. (1933). *The Professions.* Oxford: Clarendon Press.

Chan, W.S.A. (2018). "Interrogating the Conditions for Political Collaboration between the State And The Medical Profession: A Case of Hong Kong." *Journal of Asian Public Policy,* pp. 1-27. DOI: 10.1080/17516234.2018.1503940DOI: 10.1080/17516234.2018.1503940.

Conrad, P. & Schneider, J.W. (1980). *Deviance and Medicalization: From Badness to Sickness*. St. Louis, Mo.: C.V. Mosby.

Crawford, R. (1980). "Healthism and the Medicalization of Everyday Life." *International Journal of Health Services,* 10, pp. 365-389.

Dent, M. & Whitehead, S. (eds.) (2002). *Managing Professional Identities: Knowledge, Performativity and the "New" Professional*. London: Routledge.

Exworthy, M. and Halford, S. (eds.) (1999). *Professionals and the New Managerialism in the Public Sector*. Buckingham: Open University Press.

Ferrarotti, F. (1985). *Max Weber and the Destiny of Reason*. New York: M.E. Sharpe.

Foucault, M. (1977). *Discipline and Punish: The Birth of the Prison*. New York: Pantheon Books.

Foucault, M. (1978). *The History of Sexuality, Vol. 1: An Introduction*. New York: Random House.

Foucault, M. (1980). *Power / Knowledge: Selected Interviews and Other Writings*. New York: Pantheon Books.

Foucault, M. (1984). *The Foucault Reasder* (edited by P. Rabinow). Harmondsworth: Penguin Books.

Freidson, E. (1970a). *The Profession of Medicine*. New York: Dodds Mead.

Freidson, E. (1970b). *Professional Dominance: The Social Structure of Medical Care*. Chicago: Aldine Publishing Company.

Giddens, A. (1984). *The Constitution of Society*. Cambridge: Polity Press.

Halliday, T.C. (1987). *Beyond Monopoly: Lawyers, State Crisis, and Professional Empowerment*. Chicago: University of Chicago Press.

Harrison, S. & Ahmad, W. (2000). "Medical Autonomy and the UK State 1975-2025." *Sociology,* 34, pp. 129-46.

Illich, I. (1976). *Medical Nemesis: The Expropriation of Health*. New York: Pantheon.

Johnson, T. L. (1982). "The State and the Professions: Peculiarities of the British." In *Social Class and the Division of Labour* (edited by A. Giddens & G. Mackenzie, pp. 186-208). Cambridge: Cambridge University Press.

Johnson, T.J. (1993). "Expertise and the State."In *Foucault's New Domains* (edited by M. Gane and T.J. Johnson, pp. 139-152). London: Routledge.

Kiple, K.F. (2006). "The History of Disease." In *The Cambridge History of Medicine* (edited by R. Porter, pp. 10-45). Cambridge: Cambridge University Press.

Larson, M.S. (1984). "The Production of Expertise and the Constitution of Expert Power." In *The Authority of Experts: Studies in History and Theory* (edited by T. L. Haskell, pp. 28-80). Bloomington: Indiana University Press.

Leicht, K.T. & Fennell, M.L. (2001). *Professional Work: A Sociological Approach*. Oxford: Blackwell.

Leung, G.M. & Bacon-Shone, J. (eds.) (2006). *Hong Kong's Health System: Reflections, Perspectives and Visions*. Hong Kong: Hong Kong University Press.

Lieberman, J.K. (1970). *The Tyranny of the Experts: How Professionals are Closing the Open Society*. New York: Walker & Co.

Lupton, D. (1997). "Foucault and the Medicalization Critique." In *Foucault, Health and Medicine* (edited by A. Petersen & R. Bunton, pp. 94-110). London: Routledge.

MacDonald, K.M. (1995). *The Sociology of the Professions*. London: Sage.

Manfred, S. (1978). *The Technological Conscience: Survival and Dignity in an Age of Expertise*. Chicago: University of Chicago Press.

Mann, D. (2008, April 10). "Medical Governance in Need of a Health Check." *South China Morning Post,* A15.

Murphy, R. (1988). *Social Closure – The Theory of Monopolization and Exclusion*. Oxford: Clarendon Press.

Nelkin, D. (ed.) (1984). *Controversy: The Politics of Technical Decisions*. Beverly Hills, Calif.: Sage.

Riessman, C.K. (1983, Summer). "Women and Medicalization: A New Perspective," *Social Policy*, pp. 3-18.

Starr, P. & Immergut, E. (1987). "Health Care and the Boundaries of Politics." In *Changing Boundaries of the Political* (edited by C.S. Maier, pp. 221-254). Cambridge: Cambridge University Press.

The Harvard Team. (1999). *Improving Hong Kong's Health Care System: Why and For Whom?* Hong Kong: President and Fellows of Harvard College.

Wiley, N. (ed.) (1987). *The Marx-Weber Debate*. London: Sage Publications.

Zola, I.K. (1972). "Medicine as an Institution of Social Control." *Sociological Review* 20, pp. 487-504.

Zola, I.K. (1975). "In the Name of Health and Illness: On Some Socio-Political Consequences of Medical Influence." *Social Science and Medicine* 9, pp. 83-87.

第一章
話說醫學霸權

佘雲楚
（香港理工大學醫療及社會科學院前任副院長）

一、引言

　　由上世紀七十年代末起，香港的主體經濟逐漸由製造業轉向服務業；再加上持續的經濟增長，令社會向上流動的機會大增。政府為了配合各方需要，亦先後於八九十年代大幅擴展中學和高等教育；其中後者更以培訓專業人才為重點。高等教育普遍被香港人視為獲取專業資格的不二門徑，而成為專業人士對大部分人來說亦是獲取優質生活的最佳保證。在這背景下，香港愈發成為一個崇尚專業的城市。香港專業人士的收入，不單較其他職業為高，也往往高於其他地方的專業人士。難怪要入讀大學裏的專業課程，其競爭程度也較一般非專業課程為高。在芸芸專業之中，醫生的收入和受市民信任與尊重的程度，又遠較其他專業為高。香港人對專業的尊崇，最初主要基於一些物質因素（甚至現在仍很大程度如此）；但隨着內地與香港交往的增加，令港人益發感受到香港的現代專業制度遠較內地的優越；但同時愈來愈擔心以西方知識系統、教育制度、法律概念和道德觀念為基礎的香港專業制度，正在不斷被一股「大陸化」的洪流侵蝕中。

　　回歸後香港的經濟即遇上了一場席捲亞洲的金融風暴；影響

市民健康的疫症如禽流感、豬流感，以至當時聞所未聞的「沙士」（SARS）等亦接踵而至，令特區政府疲於應付。連串的管治失誤，再加上中央政府對香港事務的干預，終於導致 2003 年五十萬人參與反《基本法》第二十三條立法的「七一」大遊行。可惜，大遊行並沒有令情況改善；相反，它似乎削弱了中央政府對「港人治港」的信心，亦即加強了中央政府認為有需要對香港事務作更多或明或暗的介入和干預的看法。之後的一連串事件如人大釋法否決 2007/08 年雙普選、維港巨星匯及平等機會委員會解僱余仲賢事件等，均衝擊着香港核心價值，令市民產生更大的無力及挫敗感。這些事件除破壞了社會的制度理性和凝聚力外，亦削弱了香港的管治質素及營商環境。時任香港城市大學公共及社會行政系的張炳良教授因有感於當時的政治爭拗，遂於 2004 年中呼籲不同階層與黨派的人士以言論及行動，共同維護這些核心價值。結果在 2004 年 6 月 7 日有近 300 位來自 42 個不同專業及學術界的人士在報章聯署發表《香港核心價值宣言》。《宣言》列舉香港的核心價值是「自由民主、人權法治、公平公義、和平仁愛、誠信透明、多元包容、尊重個人和恪守專業」[1]（《明報》，2004 年 6 月 7 日；《蘋果日報》，2004 年 6 月 7 日）。《宣言》直指近來香港核心價值備受衝擊，擔心若「失去核心價值，也就失去了『香港』」。《宣言》發表之後隨即引起一陣有關香港核心價值的討論，甚至有研究機構開始定期調查市民對一些所謂香港核心價值的取態。我們當然不能期望該《宣言》深入闡明這些「核心價值」的內涵，但《宣言》提到的其中一個核心價值——「恪守專業」（該《宣言》的英文版本譯這為 "upholding professionalism"）卻與本書關係密切。

那究竟什麼是「專業」？「恪守專業」又意何所指？英文 "profession" 一字的字根原本極具宗教色彩，意指對基督教信仰的

宣稱。後來慢慢發展成只包括從事神學（後引伸至大學講師）、醫學和法學這等須接受較長時期學習的"learned professions"。但"profession"一字的現代意義，則要到十九世紀時期的英國才出現。一方面資本主義的發展強調一種工具理性思想，鼓勵物質慾望、人與人之間的關係愈來愈趨向以交換價值為核心；加上貧富日益懸殊，低下階層生活愈見困苦，這令當時不少具宗教背景的有識之士感慨萬分，認為要對抗這股濁世洪流，還得重振一些以前或非資本主義的價值理念，包括為人民而服務、為理想而工作、同業間應互相信任尊重等。第二方面，隨着工業化的發展，某些行業所提供的服務需求日益殷切。龐大的市場需求自然吸引大量良莠不齊的服務提供者，競爭激烈之下這些行業便逐漸組織起來，由以往的「行會」（guild societies），慢慢發展成為「專業社團」（professional societies）。這些專業社團和以往的行會最大分別之一，在於它們往往以保障消費者為由，要求政府立法提高它們的執業條件，把（潛在）競爭對手拒於門外，令從事該「專業」的人數大幅下降或被嚴格限制。另一方面又不斷向政府施壓，為它們開拓新市場並立法護航。在市場需求不斷擴大而執業人數又受嚴格限制的情況下，這些「專業」從業員的收入自是水漲船高。可以說，現代意義上的「專業」，是這兩種某程度上相矛盾的力量互相交織下的產品——它一方面具有一種視道德教化以至濟世為己任的使命，但同時亦是一項爭取群體利益的自我保護運動（Larson, 1977）。

英文"professionalism"一字中文可譯作「專業精神」或「專業主義」。前者主要凸顯專業的道德理念，如敬業樂業精神、為人民服務等。在 2003 年中的「沙士」（SARS）危機中，香港一些前線醫護人員的表現，便常被視為一種恪守專業或「專業精神」的體現。「專業主義」則指一套有關專業制度的思想，認為「專業」本質上確

實與一般職業不同，所以其待遇及權利亦應該優於其他行業。「專業
精神」的內涵作為一種理想或理念，本身並無重大不妥之處；但若
認為絕大部分專業人士均從心底裏擁抱這套理念，又或這套理想或
理念足以使專業人士享有的特權變得合理，那便可被視為一種「專
業主義」或「專業霸權主義」了。毋容置疑，本書的批判對象，是
專業霸權而非專業精神（詳見總結）。

本章將先從理論上探討「霸權」這概念的內涵（第二節），繼而
從回顧專業社會學的文獻中，分析所謂專業霸權宣稱的合理與不合
理的地方（第三節）。在第四節，筆者嘗試運用「社會關閘」理論
（social closure theory），分析醫學界到底是如何建立其霸權地位的。
至於有關專業自主的討論和醫學霸權在香港的法律和制度基礎，以
及 2016 年出現有關改革醫務委員會的爭議，則留待第八章交代。

二、何謂霸權？

自從潘慧嫻的《地產霸權》一書的中文版在 2010 年中面世以
來，「地產霸權」一詞迅即成為流行詞語；這不得不拜香港政府多年
來的土地及房屋政策和對貧富懸殊惡化的漠視所賜。不錯，香港的
商界 —— 尤其是地產界 —— 特別受到港府多年來在政策上的偏祖
是事實，但獲得政府優厚待遇的又何止是商界而已？獅子山學會的
王弼便曾在《信報》撰文反駁：

> 地產霸權主宰一切？他們還差得遠呢！遠的不說，香港的
> 銀行業就有本事游說政府立法要市民買「強逼金」，每年數
> 十億元的管理費就這樣進了基金佬口袋。⋯⋯李嘉誠也沒有

能力要政府立例逼人供樓吧？說到霸權，就是特權階級，中華廠商會會長黃友嘉……說過：「現今香港樓盤呎價動輒超越一萬港元，令港人驚呼『地產霸權』；律師費高達每小時一萬港元，亦令人聯想起『司法霸權』。」……因為對外，香港大律師不用直接面對海外大狀的競爭……對內，大律師更有自己友在議會內爭取設立《競爭法》，開拓生意新天地。一面限制供應，一面刺激需求，自己財源滾滾，還可以正義超人上身罵人家地產霸權。……香港的特權階級還多呢！最近，醫務人員短缺，醫管局醫生護士逃亡到私家醫院的問題沒完沒了，而政府卻有意無意間把問題歸咎到大陸孕婦湧港生子上。市民可能不知的，縱是大陸產婦在 2010 年佔了香港產婦總數的 37%，香港的出生率還是由 2003 年全球最低的千分之七回升到 2010 年千分之十二，約是 1990 年代初香港的水平，這也是近年發達國家的平均水平。為何二十年前，我們聽不到孕婦有找不到床位的困難，今天卻「倒瀉籮蟹」？而且，大陸產婦由 2001 年的 620 人，上升到去年的 325,653 人，非一朝一夕的事。……趨勢明顯，私家醫院早已頻頻加建應付硬件上的需求，然而醫生護士培訓和引入卻由政府和醫委會壟斷……，回歸後限制英聯邦醫科畢業生在港行醫。……「香港公立醫院、衛生署及大學醫生協會」等組織……開宗明義為醫生爭取權益，醫委會……又……強烈反對海外醫生回流。……去年醫委會就只批准了三名非本地醫生有限度註冊在醫管局工作；今年……醫管局才計劃……引入在海外工作的香港人醫生……回流返港有限度註冊行醫，局方亦只擬給予……一年合約，……還要他們接受一個合格率由 96 年 20% 突然降到今天 5% 至 10% 的醫生註冊牌

照考試，才能在港長遠執業。地產霸權、司法霸權和醫生霸
權，哪一個更醜陋？

（王弼，2011）

我們同意某些專業界別所享有的「霸權」（而非單王弼所説的「特
權」——霸權當然含有特權的成分，但並非擁有特權就必然是一種
霸權）確實凌駕於包括地產界在內的商界人士或團體，這其中又以
醫學界別為甚。《地產霸權》畢竟並不是一部學術性的專著，潘慧嫻
並沒有在書中為「霸權」一詞立下明確的定義。她筆下的「地產霸
權」，其實用「官商勾結」一詞來形容更為貼切。正如她在書中所
説：「究竟誰在主宰香港、控制港人？是跨行業企業財團，通過把持
沒有競爭的各種經濟命脈，有效操控全港市民需要的商品及服務的
供應及價格。這些行業包括地產、電力、煤氣、巴士／小輪服務及
超級市場貨品」（潘慧嫻，2010：35）。至於這些「跨行業企業財團」
如何可以「把持沒有競爭的各種經濟命脈」，並且能夠「有效操控全
港市民需要的商品及服務的供應及價格」，作者認為主要是政府的
政策所致。可惜作者並沒有清楚説明，各種對地產商有利的政策，
是源於政府官員的無能（即官員無能論）；還是不少有份參與制訂政
策的政府官員，早已被地產商收買（即官商勾結論）；又或制訂政策
的政府官員的利益與思維，本就與地產商或一般商界大同小異、一
脈相承，他們所制訂的政策便自然向商界傾斜（即統治階級論）。
嚴格地説，三者之中，只有統治階級論較為貼近「霸權」一詞的社
會學意義。[2] 當然，以上三者並不相互排斥，甚至可以並存；但在分
析層面上作出區別，仍然是重要的，因為這不單涉及對事情的客觀
理解，對如何改變現狀也具參考價值。姑勿論這三者的比重如何，
要解釋為什麼會有「地產霸權」或任何其他的霸權現象，便有必要

對「霸權」一詞作更清晰的說明，特別近年學界頗為流行的文化霸權論。

"Hegemony"在中文裏通常被譯作「霸權」，[3] 而「霸權」一詞，無論在中國或歐洲皆古已有之。據威廉士（Williams, 1976）的考證，"hegemony"一字的本義是指一個國家的領導人或統治者，以其國力之強大而主導國與國之間的政治關係，與中國古代政治思想中「霸」的概念相若，均含有以實力迫使別國臣服的意思。《康熙字典》便有「以力假人者霸」的解説。而《新華字典》和《漢語大字典》亦增有「依仗權勢或實力橫行一方的人」和「霸道。指憑借武力、刑法、權勢等進行統治的政策。與『王道』相對而言」等解釋。但這種依靠「硬實力」的霸權，並未能窮盡這概念的意涵。《康熙字典》中亦有「伯者，長也。言為諸侯之長也」、「霸，把也，言把持王者之政教，故其字或作伯，或作霸也」等解釋。春秋時代，周室衰落，諸侯割據；當時的所謂春秋五霸（即齊桓公、晉文公、秦穆公、楚莊王和宋襄公），本身既是雄霸一方的諸侯，亦曾嘗試帶領一眾諸侯尊崇周室的宗主地位。可見，「霸道」也似乎不一定與「王道」相悖。霸權作為一種政治領導能力本就包含「硬實力」（武力領導）和「軟實力」（文化領導）的雙重意義。[4] 而率先為這種雙重政治領導能力作一系統分析的，便是二十世初的意大利革命家和思想家安東尼奧·葛蘭西（Antonio Gramsci）。

葛蘭西因應當時歐洲的政治形勢而對馬克思主義所作的獨特貢獻，使"hegemony"成為當代社會理論的一個重要概念。當時主流的馬克思主義思想，主要源自以恩格斯（F. Engels）和第二國際（the Second International）為首對馬克思思想的演繹（後人稱之為"Orthodox Marxism"「正統馬克思主義」或"Scientific Marxism"「科學馬克思主義」）。[5] 他們認為，歷史的發展有其客觀規律及必

經階段，資本主義將不可避免地導向無產階級革命，而無產階級革命亦必然率先在工業化的歐洲爆發。而由於資本主義生產模式的本質（下層建築），在這過程中將催生與革命運動相呼應的文化氣候與政治力量等上層建築元素，無產階級革命便自然水到渠成（即所謂經濟決定論——下層建築主宰着上層建築的發展及形態）。但1917 年俄國布爾什維克革命（Bolshevik Revolution）的成功，卻否定了這種教條化馬克思主義思想——無產階級革命並沒有率先在先進資本主義國家出現，反而在經濟發展上遠為落後的俄羅斯發生。而這之可以成功，葛蘭西認為除有賴於列寧（Lenin）的傑出領導能力外，主要在於俄國社會基本上是一個比較單一化的政治社會，其「市民社會」（civil society）[6] 尚處於非常原始低下的水平，故單靠武裝革命便可奪取政權並帶來整個社會的改變。相對而言，由於高度發達和結構複雜的市民社會，資產階級在西歐國家的統治要穩固得多，因為在這裏資產階級不僅掌握着生產工具和國家機器，而且還通過市民社會確立了自身在道德和思想上的領導地位，把狹猛的自身利益（particular interest）包裝成代表全民的普世利益（universal interest）。所以，在武力推翻現有政權前，必先要改變資產階級在社會文化上的領導地位。再者，葛蘭西雖然認同列寧對組織工人進行無產階級革命的重要性，但卻反對列寧式革命先鋒黨那種由上而下、中央集權的操作模式。列寧所欠缺的，正是一套有關「市民社會」的論述，致使在思考如何推翻現存政權和後續發展等問題上，權力鬥爭變成了唯一的主要考量。而革命成功後的所謂「無產階級的獨裁」（dictatorship of the proletariat），亦變相淪為共產黨壓迫人民的手段。[7] 相對於列寧，葛蘭西更關心的，並不是如何用武力奪取及保持政權這問題，而是一個政權或革命運動如何能取得人民的支持，亦即一個認受性的問題（issue of legitimacy）。[8] 作為一個獻身於

無產階級革命事業的人士，葛蘭西當然不會完全置武力奪權這問題於不顧；但他卻堅持在奪取政權的過程，也應該要同時建立該運動在人民心中的認受性。否則的話，一切只會變成一場權力鬥爭的血腥遊戲（Kolakowski, 1978; Ferrarotti, 1979）。[9]

因此，葛蘭西逐漸意識到真正成功的革命，除了推翻現存政權和統治階級，以及建立一套嶄新的政治和經濟制度之外，更重要的是文化、思想和價值觀念的改變。而這無疑是一項漫長而浩大的工程，絕非短時間內可以完成。所以他認為，歷史的進程時快時慢；動盪與恬靜的時段相互更替，而革命黨的策略亦應適時作出轉變。葛蘭西分別用「策略之戰」（war of movement or manoeuvre，一譯「運動戰」）和「位置之戰」（war of position，一譯「陣地戰」）這兩個概念來概括革命黨在不同情況下所應採納的策略。前者簡單指敵對雙方的正面交鋒；後者則指敵對雙方的長期部署較量，特別在文化、思想和價值觀念的工作上，方可以爭取大多數市民的認同和支持。葛蘭西較之前的所有馬克思主義者更着重上層建築的重要性，他把馬克思主義裏的上層建築，分成兩個主要組成部分——「市民社會」與「政治社會」（political society，即國家政府）。在「政治社會」中，統治階級的權力可直接通過國家政府的立法、司法、執法和行政部門行使，[10] 是一種直接的統治和控制（domination）。這種控制背後的基礎便是武力，但單純訴諸法律和武力來實行統治不單代價極大，亦往往成效不彰。要實施對人民的有效管治，還需要視乎統治階級能否使人民「自發及自願」地接受他們的領導地位。這種「軟實力」，葛蘭西稱之為「文化霸權」（hegemony）。他甚至認為，市民社會愈發達，國家就愈穩定。換言之，一個政權的維持，是同時需要政治的強制力和文化霸權的力量互相配合，造成一個讓市民大眾認為是不可改變或理該如此的現實世界。地產、專業或其他霸

權之所以屬「霸權」，除了擁有法例上所賦予的特權外，是因為還有不少市民自願配合。沒有被統治者的肯首，便沒有霸權的存在。因此，葛蘭西認為，要霸權有所轉變，必須由知識份子先以所謂的「位置之戰」進行長期準備，與社會上的不同組織合作以逐漸促使社會文化和制度上的轉化；取得了一定成果之後，方能進一步使霸權轉移，最後才能成功推翻資本主義（Gramsci, 1971）。我們不一定需要認同葛蘭西這種戰鬥思維，但要改變霸權，絕不是單靠喊兩句打倒什麼霸權的口號便可以成功；也還需要我們作更深一層的反思，我們到底有沒有成為這個霸權的共犯？霸權不是一齣獨腳戲，沒有被統治者的配合——尤其是潛意識或不經意的配合——那只會是特權而非霸權。

值得注意的是，「文化霸權」一詞與其他源自馬克思的概念如「意識形態」（ideology）和「虛假意識」（false consciousness）[11]等雖然有相關的地方——這些概念均嘗試解釋市民為什麼會接受自身被統治的狀況而不作反抗——但亦不無分別。首先，在一般意義上，「意識形態」和「虛假意識」均預設了其相反的概念，即「意識形態」的出現是對應「科學／真理」的埋沒；而假若沒有了「真正」的「階級意識」，則「虛假意識」這概念便變得毫無意義。而「文化霸權」這概念卻是相對地中立和具彈性，它可以用來形容任何社會群體的統治／被統治狀況；也不需要依賴一個相反的概念來確立，從而避開不少複雜的哲學問題，如「科學／真理」的定義、「真／假」意識的界線等。由此亦引申出「文化霸權」與「意識形態」和「虛假意識」另一不同的地方，它並不是靜態的或絕對的，一個勝者全勝、敗者盡敗的零和遊戲。無論某一個政權表面上如何穩固，「文化霸權」總是要不斷地努力經營，因為當前盛行的文化範式既非自然的，也非必然的；它本身既是傳統文化的傳承和社會結構矛盾的展現，也是

一個各方勢力競逐的場域。第三，無論是「意識形態」或「虛假意識」，這兩概念所主要指涉的，往往是人們思想的內容或形態。相反，「文化霸權」一詞的重點卻在於貫通整個社會的統治與從屬關係網絡（Williams, 1977）。重要的不單是人民普遍持有「不科學」或「不正確」的思想和意識，而是人民整個的生活過程，包括其中的所謂「常識」（common sense）、生活習慣和社會制度是如何有系統地被塑造成對統治階層有利的方式。換句話說，統治階層成功的地方，不是因為我們已被徹底洗腦，而是在目前的生活方式和社會制度下，大部分人的實踐意識（practical consciousness）自會告訴他們可以選擇的其實並不多。舉例說，香港人「選擇」去看西醫而不是中醫或其他類型的治療師，往往不是因為西醫的療效「確實」較其他療法更高，也不一定是人們「相信」西方醫學較其他療法更好，而是因為長期以來只有西醫才有法定權力簽發病假紙，亦只有西醫簽發的單據才獲大多數的保險公司或僱主承認。[12] 這自然帶出「文化霸權」與「意識形態」或「虛假意識」的另一分別，即後兩者若關注社會制度的話，着眼點主要擺放在教育、宗教和大眾傳播媒體等制度上，原因是這些社會制度最可以直接灌輸一些訊息給大眾，影響他們的思想，產生潛移默化的作用。[13]「文化霸權」當然也關注這些社會制度，但也可以更廣闊地探討其他社會制度，如專業制度。而這正是本書的重點。[14]

三、專業霸權的虛與實

　　葛蘭西的文化霸權論在七十年代打入英語學術界，亦承接着新一浪的馬克思主義和韋伯學說在七八十年代的興起，在政治

學、社會學及文化研究等領域內產生巨大影響。在「專業社會學」（sociology of the professions）內便掀起了一場「範式轉移」（paradigm shift），[15] 由一個「特質模式」（trait approach）轉向一個「權力模式」（power approach）。佘雲楚（Shae, 1999）便曾概括稱這為一個由「維護專業的社會學」（sociology *for* the professions）邁向一個「批判專業的社會學」（sociology *against* the professions）的轉向。這個轉向的研究重點之一，正是某些專業的霸權（professional hegemony or dominance）特性、其發展過程、後果及如何面對新挑戰。專業霸權的基礎主要來自兩方面 —— 一是其「硬實力」，即通過相關法律條文賦予個別職業的特權；若沒有政府在背後的支撐和保護，所謂專業特權便無從說起。二是其「軟實力」，指的是一個專業能否、及如何獲得大眾市民的信任和支持；沒有後者，則一個專業即使在法律框架下擁有某些特權，仍未能達到享有霸權的地位。

以帕森思（Parsons）為首的結構功能學說（structural functionalism）認為現代社會是一個「結構性分化」（structural differentiation）程度極高的社會，包含着不同層次的「次系統」（sub-systems）和肩負着不同功能責任的社會制度（social institutions）。如何能夠統籌各方面的運作實有賴各行各業的從業員之專業知識和道德操守。專業知識固然受結構性分化的影響而日益獨立，但其道德操守則遵從現代社會之遊戲法規。簡言之，專業人士的工作體現了現代社會的精神價值 —— 包括「知性理性」（cognitive rationality）、「功能專責」（functional specificity）、「成就取向」（achievement orientation）、「一視同仁」（universalism）、「感性中立」（affective neutrality）等（Parsons, 1939, 1954, 1968）。自此之後，不少社會學家對專業的研究一方面凸顯專業對社會的貢獻（功能）遠大於一般行業；另一方面則集中於羅列所謂專業的特質，量

度不同專業或半專業的專業化程度，或以不同專業的道德操守與現代社會精神作比較。這種研究取向，後人稱之為「特質模式」（trait approach）。不同的學者對界定何謂專業之特質縱或有異，然這些特徵仍可以大致上分為四類（Greenwood, 1957; Goode, 1960; Barber, 1963），即：

（一）**「實質特徵」**（substantive characteristics），即專業工作具有獨特的理論知識和技術，故需要天資、教育與培訓。

（二）**「理念特徵」**（ideational characteristics），即強調一個「真正」專業的使命不在金錢誘惑或個人成就虛榮，而在於為人民服務。英文「專業」（profession）一字本就包含着一個使命的宣稱（to profess），而這使命亦通常以一套專業倫理守則的形式體現。

（三）**「結構特徵」**（structural characteristics），即一個「真正」的專業團體是一個對外能獨立運作、釐定標準、自我監察而不需外行人管理，對內則在平等互重的基礎上，選賢與能。

（四）**「法律特徵」**（legal characteristics），即有關專業團體及其成員執業資格能得到政府的認可，並通過法律使該專業在某一範疇內擁有類似專利的經營權。

在這四類特質中，一般均把重點放在「實質特徵」和「理念特徵」之上，理由是若能建立這兩類特質，那「結構特徵」和「法律特徵」則屬順理成章的安排。例如一般傳統的醫學史，均着重凸顯醫學在科學和應用上的重大突破，以及法例上的創舉或重大修改，更往往把前者視為導致後者的主要和直接原因。但這種直線進步史觀卻鮮有深入探討醫學科學上的重大突破背後的社會背景，或法例轉變背後的不同政治和經濟力量的較勁（Shortt, 1983）。這一節我們會先討論到底「專業」是否與別不同的問題。

所謂專業是否真的與一般職業有本質上的差異，具有某些「實

質特徵」？專業人士又是否真的擁抱一套「理念特徵」，以服務市民和保護市民的福祉為最高原則，甚至道德倫理上高人一等？先談後者。專業界別喜歡凸顯其理念特徵，認為專業之所以與別不同，是因為專業人士往往是為理想而工作，以服務大眾為己任。但從「權力模式」的角度看，這只是專業界別建立其「軟實力」的手段。專業人士希望與服務受眾的關係，是建立在一種「信者得救」（credat emptor），而非傳統商業倫理的「買家小心」（caveat emptor）的基礎之上。如何獲取市民信任正是所有專業界別最為刻意經營的重中之重，所以一般專業界別的紀律委員會，會視業內人士的「失德」行為，遠較「服務水平不足」問題為嚴重。根據香港醫務委員會的網站資料，醫委會只會在下列三種情況下，才會對針對醫生的投訴採取行動：一、「有醫生犯了『專業上的失當行為』」；二、「有醫生曾因可判處監禁的罪行而在香港或其他地方被定罪」；和三、「有醫生病重並對其執業的能力有所影響」。其中「專業上的失當行為」指若有「醫生在執行職務時，*曾作出被同業認為是可恥、不道德或不名譽的事情，*而這些同業均為能幹且有良好聲譽者，則香港醫務委員會於證實確有其事後，即可判該醫生專業上行為不當」（*斜體*為筆者所加）。現時醫委會紀律聆訊小組，只能處理較嚴重的失德投訴；至於醫生水平問題，聆訊小組根本難以處理。醫委會十多年前曾倡議設立評審小組處理醫生水平不夠的問題，惜因醫學界反對而不果（《明報》，2002 年 9 月 25 日）。第八章就這議題有進一步的討論。

為了獲取市民的信任，「專業」界別及人士常強調他們對社會的特殊貢獻。如法律界人士便常以捍衛公義自居，作為其形象工程的主要支柱。但美國左翼社會學家米爾斯早於二十世紀中便曾對律師專業作出無情之批判，更反對功能學派和特質模式過於天真地把律師專業視為社會公義之捍衛者；相反，他認為：

今時今日，一個企業之成功往往取決於它能否盡量減低其稅項、增加其融資組合、控制政府各調節機能、和影響國家立法機關。而在這一切行動中律師對大型企業之重要性愈來愈彰顯。

（Mills, 1956: 131）

半個多世紀後的今天，趨勢更加明顯——愈來愈多的律師是受顧於大型企業，或為有能力負擔訴訟費用的富裕階層提供服務。2015年披露的所謂「巴拿馬文件」（The Panama Papers），便明顯涉及大型律師行如何為權貴提供服務。即使是任職一般律師樓的律師，其捍衛公義的意願和能力，亦早已成疑問。納爾遜（Nelson, 1985）對芝加哥四所律師樓的224名律師進行研究，發現75%的律師曾為客戶提供「法律以外的意見」（non-legal advice）。其主要理由是因為涉及「生意上的決策」（business decisions）。整體上只有16.22%的律師曾基於「違反專業守則」或「違反個人價值觀」（各佔一半）的理由而拒絕由上級分派的工作，當中大約三分二為律師樓的合夥人，可見一般律師——即使是任職於律師樓而非大企業的律師——的「獨立精神」何其薄弱。史杜化（Stover, 1997）對法律學生取態轉變的研究，顯示不少法律學生初入學時確實比較有理想，但絕大部分學生在畢業前已變得現實。他發現在開學第一個學期的時候，有33%法律學生表示將來希望從事與公共利益相關的工作（如政府部門、法律援助、消費者權益等）。但在畢業前最後一個學期回答同一個問題時，卻跌至只有16%的學生表示畢業後會作此選擇；絕大部分學生反而更希望加入以商務為主的私營企業。史杜化更發現，促成法律學生這個轉變的，並非院校的教授刻意引導所造成，而是學生實習的經驗所致。換言之，是實習經驗使學生對「現實」世界

這醬缸有更多的接觸後受到感染，從而令他們改變初衷，愈變市儈。

　　賀利狄（Halliday, 1987）對芝加哥律師會的歷史研究亦發現，該律師會在不同發展階段會傾向採取不同的策略。例如在該組織的發展初階，該組織主要集中力量和資源用於開拓和鞏固它的市場地位。只有在該組織已確立其市場地位的時候，它才稍把部分精力和資源用在與它的私利沒有直接關係的地方上，從事一些「壟斷以外」的工作（即賀利狄所說的 “beyond monopoly”）。即是說，專業團體還是先要發財，再來立品。本地時事評論員王岸然亦曾對香港的大律師制度作出批評，認為大律師與其他專業或行業不外都是利字掛帥的經濟動物而已：

　　　　大律師無疑享有不應有的崇高地位 …… 這是由一般人對法治的崇拜以及成了名特別是從了政的資深大狀經常會打下義務官司，一般人以為他們很正義，如此而已。同時，資深大狀那動輒數十萬至上百萬的月薪，令人因羨慕而崇拜。大律師其實是為禍司法公義最烈的行業，因為行業收費極貴，遠超一般人所能負擔，結果是公義只為有錢人而設，窮人想有公道，只能等大狀有空做義工及事件受社會關注之時，事後還要對禍害自己公義的行業千多萬謝。當然還有法援，那是納稅人養富貴大狀，同公義何干？大狀收費太貴，從不見正義大狀批評，要求改變現狀，他們只會促使政府增撥資源予法援署而已，當中的利害關係，「一字咁淺」。在全球一體化的時代，政府早就應該開放大律師行業，讓其他普通法地區的律師可以自由到港執業，打破人為的壟斷情況。更 ……〔應〕取消自中古時代遺留下來的大律師制度，…… 人為地造成少數資深者的壟斷現象，收費高昂，令司法公義不彰。…… 大

律師這行業與其他專業沒有分別，是以行業利益為優先的經濟動物行業而已。

（王岸然，2008）

同樣，也沒有證據證明醫學界較諸法律界或其他界別有更高的道德情操。根據金寶等人（Campbell et al., 2007）對 3,504 名美國醫生進行的全國性大型調查，發現雖然絕大部分的受訪者在意見上認同美國醫生的行為守則，但在行為上卻與部分守則有異。有 1% 受訪者承認過去三年曾向病人說謊；有 11% 受訪者承認曾違反為病人保密原則；25% 受訪者曾把病人轉介至與他們有利益關係的醫療服務機構而沒有告知該等病人；三分一醫生會應病人要求，進行他們認為沒有需要的做影、化驗或其他測檢；更有 45% 的受訪者，承認曾目睹其他醫生的失誤或失德行為而沒有舉報。另一項較新，對 1,900 名美國醫生進行的相關研究，更發現有 11% 的醫生在過去一年內曾向病人說謊；有 55.2% 的醫生在過去一年內曾向病人表示他的病情較事實為佳；有 34.1% 受訪者不同意醫生應該向病人揭示曾犯醫療失誤；更有 35.4% 醫生認為沒有需要向病人透露他們與藥廠和醫療用品機構的金錢關係（Iezzoni et al., 2012）。研究人員認為，部分醫生之所以罔顧專業守則以至遊走法律邊緣，主要是基於「為病人好」的家長主義心態，和害怕被病人控告的自我保護意識作祟。[16] 但大部分文獻卻顯示，若醫生坦誠向病人交代醫療失誤，反而會獲得更多病人及其家屬的體諒（Iezzoni et al., 2012）。這些研究主要以醫生對問卷調查的回應作基礎，其違反行為守則的情況，更大有被低估的可能。

香港方面，《哈佛報告》早已指出，香港的醫生並不熱衷於花時間對病人詳細解釋病情，或所處方藥物的效用和副作用；更有濫開

抗生素給病人之虞。結果除了造成很多病人對自己的病情和所服藥物的了解不足外，更帶來遠較其他先進國家高和嚴重的抗藥性問題（The Harvard Team, 1999: 61, 64-65, 67）。香港醫院藥劑師學會亦曾發表調查報告，發現醫生經常胡亂和不適當地處方抗生素，問題非常嚴重（《明報》，2006年2月17日）。惟《哈佛報告》發表二十年後的今天，情況並沒有顯著改善。[17]

　　我們無意醜化個別專業，每一個行業自有其良莠不齊的情況；更不應否定個別專業人士的服務精神。但整體上，專業界別所強調的服務精神，往往只是維護特權的一道護身符。況且，難道從事「非專業」的人士，便沒有奉獻精神？中國的民間智慧，便早已有「仗義每多屠狗輩、俠女從來出風塵」的體會。專業人士濫收服務費用的情況，亦往往遠高於市井屠夫或性工作者。

　　回說專業中的「實質特徵」。沒有一個「專業」是不標榜其獨特的專門知識及技能，並據此而衍生一系列的「專業特性」如專業人員必須經受一段較長時間的教育和培訓才可掌握這門知識和技能；執業前必須經過嚴格考核以證明具備資格服務市民；亦由於專業工作如此複雜難明，外人根本無從理解，是故有關監管這個專業的工作，亦只能交回行家手中，否則便犯了外行領導內行的嚴重錯誤云云。相信專業確實有其「實質特徵」，正是整個所謂「專業自主論」和醫學霸權的基石。但事實是否如此簡單？

　　費迪臣早已指出，擁有某方面的專門知識從來都不是一個職業是否（或能否成為）專業的決定性因素。一個市民可能清晰地知道自己需要服用什麼藥物，甚至對藥物的知識高於一般醫生，但他仍須找醫生簽發藥方才可合法購買。相反，市民卻無須汽車維修師的任何處方，而仍可在坊間購買零件自行維修汽車（Freidson, 1970b: 117）。從社會後果角度看，也不見得所謂專業對社會的貢獻，必定

大於一般職業。我們甚至可以說，個別市民胡亂維修汽車，對整體市民安全和健康的影響，遠較個別市民胡亂服藥為大；就正如清潔工人對整體市民健康的貢獻，遠大於醫生，甚至整個醫療服務制度。

另一方面，卑臣（Beeson, 1980）在一篇文章中比較了一部流通甚廣的醫學教科書（Textbook of Medicine）的 1927 年版本（第一版）以及他有份參與主編的 1975 年版本（第 14 版），顯示 1927 年版本中所列出的 362 種病症及治療方法，[18] 以 1975 年的觀點看，1927 年時的醫學療法，只有 3% 能達到「有效治療」及「有效預防」，另外 3% 達到「能控制病情但需長期監察」及「明顯改善病情」；34% 屬只「有限情況下有效」和「有限情況下有效預防」。但 60% 的醫療方法更屬只能「紓緩病徵」、「效用成疑」、甚至「對病人有害」。

表 1-1 卑臣對 *Textbook of Medicine* 一書兩個版本就醫學效能的比較

效能	1927 年 （第 1 版）	1975 年 （第 14 版）
有效預防 / 大多數情況下有效治療	3%	22%
能顯著改善病況 / 能壓抑病情但需長期跟進	3%	28%
有限情況下有效預防 / 有限情況下有效治療	34%	28%
只能紓緩病徵病 / 效用成疑		
當時認為有效但現已認為無效（甚至對病人有害的治療）/ 沒有效的治療 / 極其量只能提供一些效用成疑的療法 / 純粹紓緩病徵	60%	22%

資料來源：Beeson, 1980: 81.

卑臣文章原意是想帶出醫學知識在這五十年間的進步，但亦證明了在 1927 年，亦即醫學在鞏固了它的法律和市場地位好一段時間後，仍然是那麼的不濟。即使是在 1975 年的版本，能夠達到「有效治療」及「有效預防」和「能控制病情但需長期監察」及「明顯改

善病情」的治療方法，也分別只有 22% 和 28% 而已（還只是根據 1975 年的醫學知識和準則）！所以，不是因為一個職業的從業員需要具備獨門知識而成為專業；並非因為某些職業對社會有特殊貢獻或功能，才可成為專業；也不是因為一個職業是專業，所以受到法律保障。而是因為一個職業先受到法律保障，所以才成為專業，繼而再發展其獨門知識。

簡言之，獨特的知識和技能本身根本不足以構成一個專業。除此之外，這套知識和技能還必須有其市場，即這套知識和技能還需被用家或買家（市民、商業機構或政府）所接受，並相信這套知識和技能有助解決他們自己所不能解決的問題。市民為何會愈來愈接受，甚至願意高價購買愈來愈多的醫療服務？對這異常複雜的問題，這裏只能提供一個精簡的解説。伴隨着現代化的降臨，是傳統宗教思想的式微；這過程社會學裏稱之為「世俗化」（secularization）。現代人已不能像他們的祖先那樣，視一己的生命為大自然或宇宙秩序的一部分；而宇宙秩序基本上是一個大輪迴，循環不斷、生生不息。在這宇宙觀念的薰陶下，壽命的長短，並不重要。重要的是在他們有限的生命中，能否完成他們被賦予的責任，如傳宗接代、堅守本分或彰顯上帝的榮耀等。他們或會默然接受命運安排，視生死為上天意旨；又或為了堅守本分，而置個人榮辱甚至生死於度外。但在現代化和世俗化的巨輪下，上帝早已被尼采宣佈死亡，而現代人亦被迫要在此世中尋找生命的意義。與此同時，在資本主義的發展下，工作的單一性和工時的增長削弱了人民的自理能力；生產過程的規範化，亦要求工人即使患病亦需盡快回到工作崗位。這些發展趨勢，對能提供多、快、好、省的醫療方法自然趨之若鶩。另一方面，資本主義亦激發了物質主義和享樂主義的滋長。愈來愈多的現代人認為，健康長壽是無價的，因為只有長

壽而健康的體魄，才能充分享受各種物慾所帶來的歡愉和樂趣。最後，現代社會對所謂「人權」的片面執着，往往重生死而輕榮辱，把對生命的尊重，等同為對病人壽命作不必要的延長；更遠遠拋離對生命以至生活應有尊嚴的重視。再加上科學的發展，令人民愈趨接受一種「凡高新科技必好」和「凡可做的必須做」（technological imperative）的思維。引申之下，凡是對延長壽命有稍微貢獻的，均被視為近乎「神聖」的工作。而隨着傳統宗教和道德觀念的瓦解，教士的角色和地位，亦隨着科學和醫學的發展，逐漸被醫生所取替。凡此等等，加上醫學界頗為成功的宣傳策略和政治手段，均有利於醫學界建立它的軟實力。醫學界亦充分明白自己擁有這種軟實力，致令他們慣常運用的「民粹主義」策略（populist strategy），得以事半功倍！（詳見第八、九章）

但無論現代人怎麼信任醫生和喜愛消費醫療服務，這仍不能使掌握這套知識和技能的人士成為一個具霸權的專業；更重要還是有沒有其他服務提供者可供他們選擇，亦即是這個職業群體能否壟斷一個市場（Larson, 1977; Larkin, 1983）。這便引致另一問題，即為什麼國家政府會特別關照或保護某些行業？這當然首要取決於國家政府認為這些行業對其管治社會是否有正面作用，或最低限度沒有反面作用。以醫學為例，一般人士或會認為西方醫學能救死療傷，自然理應受國家政府重視及厚待。但這種觀點卻明顯經不起考驗，因為即使在西方，十九世紀末（甚至二十世紀初）時仍然是一個百花齊放的局面，有各門各派的醫學療法在市場上互爭長短 —— 較為主要的有「對抗療法」（allopathic medicine，亦即是現時主流的西方醫學）、「順勢療法」或「同種／類療法」（homeopathic medicine）、「自然療法」（naturopathic medicine）、「整骨療法」（osteopathic medicine）、和「脊椎療法」（chiropractic medicine）等，至於其他的療法，江湖郎中，

以至騙徒，就更種類繁多，不能盡錄。當時西方各國政府亦沒有介入這些門派之間的競爭，更遑論立法保護某一門派。在香港，中醫不也一樣可以救死療傷嗎？那中醫又為何長期被港英政府和西醫聯手打壓，到現在與西醫比較而言，仍很大程度上只徒具專業之名，而無專業之實。（有關香港中醫專業化之路，詳見本書第七章）

根據拉臣（Larson, 1977）的分析，一個職業的「專業計劃」（professional projects）[19] 能否成功，往往取決於它本行以外的因素；特別是它能否取信於現存之統治階級和大部分的社會既得利益者；及這「專業計劃」與政府發展的時間差距。如果沒有任何社會有力階層支持的話，甚至與現存既得利益者對抗的話，一個「專業計劃」的成功機會便會很低；這在香港回歸前後社會工作專業的境況可見一斑。拉臣進一步指出，隨着資本主義作為一個生產模式，在十九世紀下半葉正逐漸由一個相對地多自由競爭的階段（laissez-faire capitalism），進入一個壟斷性的階段（monopoly capitalism）。新的環境自然需要新的管治手法，而新的管治手法亦自然需要新的管治意識形態，以鞏固其管治的合理性。拉臣認為，這新的管治意識形態正正是建立在「科學」和「效率」之上的一種「專業權威」（Larson, 1977: 137）。不過，這並不表示標榜「科學」和「療效」的現代醫學，事實上真的那麼科學和具療效。首先，拉臣指出，在時序上並不是先有醫學的突破，然後才得到法律上的保護；相反，很多醫學上的突破，是在醫學界擁有特權之後才出現。其次，麥奇安及一眾其他學者（McKeown, 1976; Illich, 1976; McKinlay & McKinlay, 1977），早已指出現代人的健康長壽，與所謂的醫學進步無甚關連。[20] 更有研究發現，當醫生在某地進行罷工時，當地的死亡率往往不升反跌。其中導致死亡率下降的一個原因，是罷工期間「非必要性手術」（elective surgeries）服務的停頓（Roemer & Schwartz,

1979; Cunningham et al., 2008）；由此可見，大部分非必要性手術，對病人往往是害多益少。但這些「不方便的事實」（inconvenient facts）卻無損醫學對資本主義管治的效用。用拿華路（Navarro）的說法，醫學之所以被國家政府器重，並非因為它特別具有療效，而是因為它的意識形態功能（ideological function）：「醫學專業被賦予一件它不可能完成的工作，即要解決一些超越它所能控制的事情，因為這些事情〔市民的健康〕本質上是屬於經濟和政治領域內的。……但醫學在〔維持市民的健康〕這方面的失敗並不等如它〔對統治階級〕毫無用處……。醫學的社會作用正在於它能使大多數人相信〔個人的健康〕——那些原本由政治因素衍生的問題——是可以通過醫療手段在個人層面上被治療或處理〔而毋須要推行大規模的社會改革〕。從維繫資本主義制度的角度看，醫學的實際功用正在於它對增強資本主義制度的合理性有所貢獻。」（Navarro, 1976: 208）事實上在一眾西方醫學傳統中，「對抗療法」是最徹底奉行簡化論（reductionism，即認為所有複雜系統均須要拆解至最少的組成部分才能被充分理解）的一種醫學，與資本主義推崇的個體主義（individualism）文化高度吻合。社會愈「醫療化」，便愈傾向把本質上具社會性和政治性的問題，視為個別人士的健康問題，一舉把這些問題個體化和技術化（亦即是「去社會化」和「去政治化」），最終令挑戰資本主義制度的可能性減至最低。君不見醫學界人士，通常只會鼓勵市民多做運動，或儘量減少一些有損健康的生活習慣；但卻鮮有大聲疾呼地批評一些對市民健康有更大影響的社會制度性源頭，如空氣污染、食物／食水安全、工作環境及壓力、貧富懸殊等。正如立法會議員黃碧雲在《鉛水風暴》一書中慨嘆，有人「指控本人不是專家……沒有資格定奪香港水質安全問題。的確，我們不是……食水安全專家。……〔但〕這〔指控〕更令人唏噓：為何

鉛水不是由相關學者或專業人員揭發呢？為何會由『不是專家』的我們揭發與追查呢？」（黃碧雲，2016：16）不幸的是，問題的答案早已寫在牆上；而黃碧雲所表達的，也是感嘆多於疑問。

　　醫學界與統治階級的親密關係，也不單見於醫學對社會（控制）的貢獻，也見於他們的代表，經常被委任於與醫學知識無關的各個法定組織與諮詢機構的委員會內，甚至擔任主席一職。由殖民地時代到今天，香港不少著名的「公職王」，便是來自醫學界；可見政府對他們的信任，遠高於其他職業。醫學界雖然經常強調「專業自主」，只是希望阻止別人參與有關醫療事務的決策，但對自己參與其他專業及社會事務的規管，卻從不猶疑。

　　同樣，如果一個「專業計劃」出現後於政府制度的發展，那麼這計劃便要面對一個由龐大買家（即政府）主導的市場。從這角度看，教師、護士、社工這些行業之所以被喻為是「半專業」（semi-professions），原因不在於缺乏足以令它們成為所謂真正專業的元素，而是它們之所以有目前之人數及待遇，全賴政府的「恩賜」── 沒有政府的福利、教育及醫療政策，就沒有現在的社工、教師和護士及一眾「輔助」醫療隊伍。相反，醫生之所以能獨佔鰲頭，是因為醫學界早已有所組織；而政府在發展醫療服務過程中，也不得不賦予他們一些利益，從而令他們願意與政府合作。而其他與醫療健康相關的行業，亦只能在醫學界之領導下，成為所謂的「醫務輔助人員」（paramedics），或較為好聽的「專職醫療人員」（allied health professionals）罷了。

　　進一步說，即使某一行業的從業員具有相關的獨特知識，這些專門知識也不一定能夠解釋這個行業的「社會組織」（social organization，或可譯作「運作模式」），或使其現存的社會組織具有任何合理性的地方。所以費迪臣認為，所謂專業其實不外是「一種

具有特別職業組織之職業，它們能夠以其獨特的知識和操守說服別人。但這些知識和操守卻不應被視為客觀事實，它們只是一些或對或錯的宣稱」（Freidson, 1970a: 377）。這些專業宣稱的對錯，只能夠通過客觀分析才可定奪。就以他所研究的醫學專業為例，費迪臣把醫學實務分成四大部分：一、對一些人體狀況作負面的定義，並視之為「不理想的」或「病態的」；二、一套有關人體結構和各類疾病起源的理論知識；三、一套關於人體患病時的各種生理、化學變化，及控制這些變化的方法及技巧；四、一系列應用這些知識的規條、習俗及社會關係。他跟着提出的問題是：這四部分是否同樣建基於一套客觀科學的知識基礎？它們之間又有沒有必然的關係？它們能否合理地解釋醫學界目前所享有的一切特權 —— 包括待遇、工作自主性、缺乏社會監管，甚至能操縱其他醫療衞生界的行業及工作？首先，把某些人體狀況定義為「病態」的做法，最終必定是一個價值判斷，而不單是一個科學定義。嚴格地說，醫學只能就某些「症狀」及其可能發展趨勢作一客觀的描述或臆測，及分析各種療法的可能後果；至於這些「症狀」及後果是否「病態」的、不理想或負面的，則是一個涉及倫理學，甚至社會學和政治學的問題。第二和第三方面，醫學裏有關病源學及治療的理論本就眾說紛紜、爭議不絕，不同的理論各自有其支持的理據。雖然醫生在掌握這些理論及爭論的過程中自需要一段時間的系統訓練，但最終從事這方面研究的不是一般的臨床醫生，而是一些病理學家或科學家。最後，在醫生的實際工作過程中我們有必要把其「社會組織」與其較為純技術性的一面分開。後者相當明顯地是建基於一套較為客觀的醫藥科學知識，但前者則與此無關。為什麼醫生的訓練絕大部分成本由納稅人承擔，但薪酬仍較一般人士高出那麼多？為什麼病人到了預先約定的時間仍要久候才能見到醫生？為什麼在手術室內醫生一伸手

就有其他工作人員把適當的工具傳遞給他？為什麼醫生在病房的時間總是那麼短？為什麼有些工作（如打針）以前多由醫生負責但現在則可交由護士（甚至病人自己）處理？為什麼所有醫護訓練課程在設計和監察過程中總有醫生參與，但在醫生的訓練課程中卻完全沒有其他醫護工作者的成分？以上種種問題全與醫學知識無關，卻直接涉及現行整個醫療制度的「社會組織」及權力關係。值得注意的是，費迪臣之重點不一定是要反對現時醫療服務的「社會組織」，而是要指出醫學知識本身不能令這些現象變得必然或合理，如他所說：「無論〔醫學界的〕專門知識或道德情操 …… 均不足以把其獨立自主的專業宣稱作合理化之藉口。」（Freidson, 1970a: 378）依照費迪臣的思路，如果「專業自主權」所指的只是醫生在建基於醫學知識上的臨床工作自主權，那自有其合理的地方；但也不等如業外人士完全不應該就專業工作的社會組織有任何話語權，或業外人士不能勝任評核醫生相關工作的表現。醫學界更不能以任何專業自主的藉口，圖作各種政治上和經濟上的壟斷行為（有關更多「專業自主權」的討論，詳見第八章）。

　　總結七八十年代間的大量理論探索和實證研究，可說已徹底推翻了特質模式的假設。特質模式極其量只是描述了一些現存「專業」的表象，卻未能解釋這些表象背後的成因；甚至有倒果為因之誤。在七十年代，一個結合了芝加哥大學社會學學派（Chicago School of Sociology）、馬克思主義和新韋伯學說元素的「權力模式」已冒起，並逐漸取代以往功能學說和特質模式的地位，其中心觀點是「專業」作為一種本質上與別不同的職業根本就不存在；相反，「權力」才是界定專業之主要線索，那些自稱為所謂專業的職業團體只不過是一些成功地把它們所提供的服務專利化，並把其他競爭對手成功地拒於門外的行業而已。那些所謂「專業理念」或「專業特質」，

如「專才知識」、「服務取向」、「專業自主」、「自我規管」等全屬公關伎倆。從主觀上看它們極其量是為這些自視為高人一等的職業作裝飾，從而令專業人士能安寢於既得利益中而不需自疚；客觀上這些理念亦有其意識形態功能，像煙幕般亂人耳目，從而合理化他們所享受之高薪厚祿，和以所謂「專業自主」之名拒絕被外界監管，繼續享受其「專業」的超然地位（Freidson, 1970; Johnson, 1972; Berlant, 1975; Illich, 1976; Larson, 1977; Parkin, 1979; Larkin, 1983; Murphy, 1988; Witz, 1992）。

四、醫學霸權的操作

「權力模式」既然否定了所謂「專業」的獨特性，那「專業」便非一個科學概念，而只能回復為一個民間用語（Becker, 1970），而社會學在研究社會內不同群體對「專業」一詞之理解及用法時，便等於研究專業工作的社會組織（the social organization of professional work）。而這亦意味着一個專業之所以為「專業」，權力因素遠高於知識程度、服務精神，或其他所謂專業特質。從權力模式角度出發，所謂專業，本質上它與其他職業並沒有兩樣（事實上英文"profession"一字的其中一個日常用法或意義，便是"occupation"——即普通職業）；再者，所有專業均無可避免地建基於一個社會職業分工的架構之上，而這分工架構又必然是人為的。沒有一門職業是渾然天成的，也沒有與生俱來的職業分工架構；相反，任何職業分工的界線都只是社會建構過程和分工制度下的產品。莊臣（Johnson）率先提出：

> 專業主義…… 是一類獨特的職業控制手段而不是一些與別不
> 同的職業之內在理念。專業不等於…… 一個職業，而是控制
> 一個職業〔及其他職業〕的工具。同樣，專業化是一個某些
> 職業在某一時間內進行的獨特歷史過程，而不是任何職業基
> 於其「本質」會早晚出現的進程。

（Johnson, 1972: 45）

拉臣（Larson）隨後亦指出，所謂「專業化〔其實〕是一個某類服
務的生產者企圖去塑造並控制其專業市場的過程。因為有市場價值
之技能往往是一個不平等制度之重要元素，所以專業化亦成為一個
集體特權宣稱及一個集體向上流動的過程。…… 專業化其實是一個
嘗試把某種稀有資源 —— 獨特知識和技術 —— 轉變成別的稀有資
源 —— 即社會和經濟報酬之努力」而已（Larson, 1977: xvi-xvii）。
另外，亞博特（Abbott, 1988）也指出，沒有一個專業是單獨存在的；
相反，它們總是存在於一個相生相剋的專業系統中。由於現代社會
的職業分工日趨精細，即使要處理一個簡單的問題也往往需要不同
專業人士的協作才能成功；但這種不同專業間的互相依賴卻又同時
隱含互相競爭。不同專業間的管轄權界線（jurisdictional boundaries）
的恆常爭議，本就構成這些相關專業的發展史。

　　事實上不少專業團體的成立均以維護一己利益為宗旨，例如香
港醫學會的會徽雖然誌有箴言：「維護民康」，以表彰照顧病人是醫
生的「天職」，但其網站亦表明該會的成立「主要目的是促進醫療
界的福祉及提升市民的健康水平」。讀者可以想像，假若「醫療界
的福祉」與「市民的健康」有矛盾或衝突時，該會會如何作出取捨。
那專業團體是如何促進該界別的福祉的？權力模式屬下的「關閘理
論」（Closure Theory），認為專業團體主要是通過一些「社會關閘」

（social closure）手段，把（潛在）競爭者拒於門外，令該專業的執業人數受到控制，從而提升自己的市場價值（Parkin, 1979; Murphy, 1988）。柏堅（Parkin）區分兩種「社會關閘」策略——一是現存既得利益團體由上而下地把任何具威脅性的群組「排拒」（exclusion）於外，從而確保只有極少數人士可以成為具資格者；二是有專業計劃企圖的職業群組，嘗試由下而上地「取奪」（usurpation）更多的自主性和發展空間。這當然只屬分析上的區分；事實上絕大部分的職業群組均會兩者同時採用（亦即「雙重關閘策略」，dual closure strategy）（Witz, 1992）。

這些「社會關閘」手段，包括牌照、認證、註冊或考核制度，及嚴格限制收生人數等可以直接控制執業人數的方法；提升入行的代價如延長受訓時間、增加學費等措施，亦可以令入行成本大增而有效地令部分原本有意入行人士卻步（Weeden, 2002）。但關閘理論最有價值的地方，還是針對不同但相近的專業之間的角力。韋利士（Willis, 1989）結合了馬克思主義分析與源自韋伯的「關閘理論」，指出醫學界主要通過四種手段來保持他們在整個醫療隊伍中的領導地位。

第一種方法是「**統屬**」（**subordination**），即嘗試把其他的醫療隊伍統攝在其領導下，特別在醫院的環境以至相關政府部門內，居要職的往往是醫生。醫學界的發展史本就是一部不斷侵佔其他醫療隊伍的領域，並統攝在其麾下的歷史。醫學界對其他醫療隊伍的「統屬」發揮得最淋漓盡致的，非放射技師、助產士和護士莫屬。

X光本由德國物理學家 Rontgen 於 1895 年意外地發現（並因此而獲得諾貝爾物理學獎），並由英國電機工程師 Campbell Swinton 於 1896 年率先應用到臨床診斷上。早期的 X 光片主要是由物理學家或工程師向醫生提供解讀，但因為醫生們不喜歡聽命於他人，在學

習如何解讀這些 X 光片後，便逐漸把他們踢走。當愛迪生（Thomas Edison，一名生產 X 光機的工程師）發現 X 光的幅射對其屬下多名研究員做成嚴重傷害時，便向大眾發出 X 光對人體會造成傷害的警告，卻遭到醫學界的排斥與嘲訕，認為愛迪生的「嘩眾」行為，只是一種「酸葡萄」的表現。但隨着愈來愈多的醫生也變成受害人之時，在二十年代便開始發展一些規管工作。為了提升放射治療科的地位，以及儘量避免自己暴露於 X 光幅射中，醫學界一方面把放射治療發展成為一門醫學專科（radiology），另一方面亦製造了一門屬下的新工種 —— 放射技師（radiographers）。放射技師的工作，只局限於操作 X 光機為病人造影，而不可就 X 光片進行分析或解讀（Larkin, 1978, 1983; Witz, 1992）。而隨着各種影像科技與放射治療的發展，從事放射治療的專科醫生（radiologists），亦從當時醫學界內最低微的專科，躍身成為現今最賺錢的專科之一。

根據《輔助醫療業條例》（CAP 359）中《放射技師（註冊及紀律處分程序）規例》（CAP 359H）附表 4 的第 15 條《對放射技師的執業限制》，詳細列明「放射診斷技師」在「涉及使用造影劑或斷層造影作診斷的醫療照射時」，及「涉及使用透視檢查以替病人在由醫生進行的放射診斷檢查中定位的醫療照射」時，均須「由醫生親自監督，而在有關檢驗進行時，該醫生須在進行該檢驗的處所內」。在《輔助醫療業條例》屬下一眾「輔助醫療業」中，只有放射技師要面對這樣嚴苛的執業限制。但這條文明顯已不合時宜；事實上放射技師在從事以上工作時，一般都不會由「醫生親自監督」，至於當時有沒有「醫生 …… 在進行該檢驗的處所內」，在沒有對何謂「處所」有更清晰定義前，亦不容易界定。更重要的問題，是即使我們接受一般的放射治療專科醫生，對該類工作的認知程度，較一般的放射技師為高；但該條文並沒有規定，監督放射技師工作的，

必須是放射治療專科醫生。換言之，任何普通科醫生也可監督放射技師工作。問題是，普通科醫生在六年的醫學教育當中，接受相關課程的時數往往不足十小時，在影像科技日新月異的今天，明顯不足。反觀放射技師在四年的大學教育中，至少有一半的內容直接與該類工作有關。但放射技師不單沒有權對其為病人所造的影像進行分析或解讀，即使知道醫生犯錯也沒有權提出指正，最終受害的還是病人。

與放射技師不同，助產士[21] 的歷史更為悠久，但其命運卻更坎坷。在英國，一如其他地區，助產士一直由女性主導，直至十七世紀中葉時，始有男助產士（male midwives）出現並與之競爭。所謂男助產士，即產科醫生（obstetricians），當時屬「理髮 — 手術師」（barber-surgeons）[22] 的一種。雖然產科醫生強調他們有更優越的知識和先進的技術，並不斷矮化、醜化（甚至妖魔化）助產士，但一直也不太成功。主因除了是來自助產士的反抗外，事實上在由產科醫生主導的醫院裏，產婦和嬰兒的死亡率一直遠高於由助產士主理的在家產子做法。但由於在十九世紀中葉以後，中、上階層婦女的生育率持續偏低，早已引起深受社會達爾文主義（Social Darwinism）影響的統治階層擔憂。「社會達爾文主義」一方面源自十九世紀初的馬庫薩斯學說（Malthusianism），再斷章取義地把以達爾文（Charles Darwin）為代表的「進化論」簡化後挪用至分析社會的層面，企圖以「物競天擇、適者生存」的原則（survival of the fittest）證明社會不平等實乃「自然演化」的「正常」及「必然」現象；並用以支持一種自由放任資本主義制度（laissez-faire capitalism），反對政府對窮人提供任何福利援助。他們認為，一切社會福利政策最終不但徒然，甚至會直接鼓勵資質低劣的窮人增加生育，把早已存在於不同社階層間的生育率差異，更加擴大，造成劣幣驅逐良幣的結果（他

們視貧窮為資質低劣的鐵證！）。他們擔心這將不單會危害整個國民質素以至國家前途，長遠來説更會危害人類「自然」發展（即進化）前景。[23]

當時的經濟不景氣，亦令醫學界面臨異常惡劣的經營環境，極欲開拓新市場以增加收入。亦適逢止痛藥、麻醉藥和消毒藥物的突破，醫學界遂重新發展產科（obstetrics）（同期醫學院數目下降，更加排斥女生及非洲裔美國人入讀，詳見下文），主要針對當時富裕階層孕婦的產科（低下階層婦女被視為一沒有錢、二不怕痛[24]），並希望提升她們的生育率，才可扭轉社會達爾文主義者所擔心的劣幣驅逐良幣現象。站穩陣腳後，醫學界企圖壟斷產子市場的第二步，是開拓富裕階層以外的市場，遂先尋找一道缺口，讓醫生進駐。於是他們便創造了兩個區別 —— 即「正常分娩」（normal childbirth）和「不正常分娩」（abnormal childbirth）；及「協助產子」（assistance at childbirth）和「介入產子」」（intervention at childbirth）。換言之，在「正常分娩」的情況下，助產士的工作是「協助產子」；但若遇到任何「不正常」的情況，便只有醫生才可以為產婦進行「醫療介入」。當然，在醫學界介入之後，「正常分娩」已變得愈來愈不正常地少，而「不正常分娩」則愈趨「正常」和普及。即使所謂「正常分娩」在產前產後的階段，亦愈來愈難逃醫學界的操控（Strong, 2000）。今天，傳統助產士作為一門獨立職業在不少先進國家 —— 如香港的接生婆 —— 已幾近消失（Chow, 2000）；而「助產」亦已成為護理學的一門專科。至此，助產士亦已淪為名符其實的「助醫士」（Ehrenreich & English, 1973; Oakley, 1976; Donnison, 1977; Arney, 1982; Starr, 1982; Willis, 1989; Witz, 1992; DeVries, 1993; Abbott & Wallace, 1998; Kirkham, 1998; Lingo, 2004）。

但醫學界的介入，在初期並沒有為孕婦和嬰兒帶來福音。證據

顯示，美國在 1915 年至 1930 年間，亦即醫學界大規模介入之後的十多二十年間，孕婦和嬰兒在分娩過程中的死亡率大幅上升；而同時期由助產士接生的數字則大幅下降（Wertz & Wertz 1979; Loudon, 1992）。至於後來死亡率的回落，有多少是歸功於產科醫學的進步，還是歸因於整體社會環境的改善，也是一個見仁見智的問題。況且只要具有正常智力的何任人士，在持續從事一類工作十多二十年後，多少總會有點進步。但即使到現在，在產子市場已被婦產科醫學大規模侵佔的情況下，美國一個大型研究便指出，原本預算在家中由助產士協助分娩的低風險產婦，由於遇到意外而最後需要入院接受各類「醫療介入」手段的機率，仍然較相同風險背景但早已選擇在醫院分娩的產婦為低（Johnson & Daviss, 2005）。今天，除了瑞典、荷蘭和美國部分地區等極少數地方仍有相對獨立的助產士制度外，絕大部分的先進資本主義國家的「產子醫療化」（medicalization of childbirth）程度，早已超越合理界線。就以剖腹產子來說，世界衛生組織早於 1985 年已指出（WHO, 2015），剖腹產子佔所有分娩的比率不應高於 15%（實情是醫學上需要剖腹產子的，更不足 10%），理由是在這百分比以上的剖腹產子，已無助降低嬰兒的夭折率和產婦的死亡率，而只會增加死亡率和其他不良後果的風險。英國在 2016 年剖腹產子佔所有分娩的比率是 24%，美國在 2010 年時已高於 31%。反觀香港在 2015 年時，剖腹產子比率是高於 41%（差不多倍於全球已發展國家平均的 21%），而私家醫院的剖腹產子比率更高於 60%！（Lo, 2015）當然，私家醫生總會有他們的藉口；《南華早報》早前便曾引述一些私家醫生的解釋，有醫生指出，剖腹產子比例較高的其中一個原因，是因為內地產婦留港的時間有限。也有醫生指出既然大部分選擇剖腹產子的孕婦是因為「風水」理由，所以即使他不做，其他醫生也會接手。另一私家醫生

則認為，現今的女性對痛楚的忍受程度較以往低，而現時剖腹產子的安全度亦已上升，所以他會鼓勵孕婦接受。即使是一些所謂要進行剖腹產子的「醫學理由」，其實也在不斷放寬中。例如以往若嬰兒重於四公斤，醫生便會選擇剖腹；但現今嬰兒只要重於 3.7 公斤，醫生便會作同樣選擇（Ng, 2010）。這些原因是否合理，固然可以個別再深入討論（例如「現今女性對痛楚的忍受程度較以往低」的證據、「你不做其他人也會做」等如正確？）；更值得深思的，是醫生的責任問題。這些醫生既想從中獲取厚利（剖腹產子對醫生的好處是收入倍升、時間上更能控制、有助提升個人履歷等），但又堅持只為病人好（所謂尊重病人的選擇），便顯得較一名又要騙財、又想要有貞節牌坊的性工作者，更令人討厭。更何況現實中既要騙財又想要有貞節牌坊的性工作者，可謂絕無僅有。

護士的發展亦可以說是一部護士和醫生的角力史。現代護士的出現，本就與現代資本／帝國主義的出現有關。資本主義發展至十九世紀中葉時，已有不少中、上階層的年經婦女有機會接受教育；但社會氣氛仍相當保守，普遍不接受中、上階層女性從事「公共領域」（public sphere）中的工作（即政府部門和商業性質的工種）。另一方面，資本主義和工業化的急速發展，亦令低下階層（特別是青少年）的道德行為成為統治階層擔憂／關心的對象（Platt, 1969）。這便開啓了一個讓中、上階層的婦女參與社會事務的機會。南丁格爾（Florence Nightingale）便是在這種環境下冒起的女性佼佼者，而她在克里米亞戰爭（Crimean War, 1845－1846 年）中的表現 —— 在細菌學和消毒藥物還未出現時，她把一所英軍醫院的死亡率由 40% 降至 2%（Starr, 1982: 154）—— 亦證明了現代護士對病人康復的重要性和對國家發展的貢獻。但南丁格爾始終認為，護士的角色，只是協助醫生，並強調護士在工作時要對醫生有絕對

的忠誠與服從。[25] 在現代醫院的架構下，醫生亦的確需要護士的配合與協助。亦由於傳統上絕大部分醫生都屬男性，而早期的護士絕大部分屬女性，所以有不少論者早已指出醫護關係實屬一個男權社會內男尊女卑關係的縮影（Ashley, 1976; Carpenter, 1993; Ehrenreich & English, 1972; Gamanikow, 1991; Roberts & Group, 1995; Group & Roberts, 2001）。護理工作的「被女性化」不單令護士的專業化面對更大的挑戰，也使她們在日常工作上，必須服膺於醫生的權威之下。史鐵因（Stein, 1967）便曾以「醫護遊戲」（the doctor-nurse game）一詞為題，撰文指出醫護關係的奧妙之處，在於即使個別經驗豐富的護士，可能較一名年輕醫生更熟知醫生工作的程序，但她卻萬萬不可以直接告示醫生，應如何進行。相反，她只能從旁引導，或間接提點 —— 例如在手術枱上順序置放手術器具，以防醫生出錯 —— 但又不致令醫生覺得難堪或尷尬。更高手的護士甚至會令到該醫生還以為自己一直主導着整個醫療過程。有趣的是，史鐵因雖然在後期一篇文章中（Stein, Watts & Howell, 1990），指出他當年的分析，已隨着社會環境的轉變而變得不合時宜；但該學術期刊的主編，卻在該期的〈編者語〉中表示，即使到今天，仍有部分比較傳統的醫生，覺得護士的專業化，只會導致後者的不務正業。這種情況，在私家醫院中尤烈。陳慧慈有關香港護士專業化的研究，亦支持這觀察。她訪問了 27 位資歷豐富的護士，發現他們認為護士在專業化過程中，最大的障礙便來自醫學界的阻撓。她引述其中一位受訪者：「我們在 1986 年首次提出護士教育需要學位化，卻因為缺乏醫生的支持而遭到政府的拒絕。香港整個醫療系統都是由醫生操縱，而他們並不認為護士需要大學教育。〔護士專業化〕最主要的障礙便是醫生，他們只把護士視為下屬。」（Chan, 2002: 618）

近期的一宗事例，更清楚地帶出醫學界對它的管轄權界線，甚

為敏感。在 2016 年初，香港踏入流感高峰期，公立醫院服務量大增，多家醫院內科病房出現爆滿，令本已人手不足的情況，更添壓力。醫院管理局推出的應對措施之一，是在普通科及專科門診推出藥物重配服務。病人若屬定期例行檢查和取藥，情況穩定，或不需要見醫生，則由護士按醫生之前的指示，直接為病人延續醫生既定的處方。這安排其實非常合理，事實上大部分這類病人的情況相當穩定，見醫生只屬「例行公事」，一般情況在數分鐘內已完成。但由於這類病人數量多，也確實佔用不少醫生時間。這建議若能落實，省卻的醫生時間便可用在更有需要的病人身上。可惜時任食物及衛生局局長高永文醫生在解釋這構思時，不幸地亦不準確地用了護士可為病人「配藥」一詞；讓醫學界有可乘之機，進行攻擊。公共醫療醫生協會會長陳沛然在醫管局公佈後的翌日，即在電台節目上發言，表示「**配藥是醫生的工作**，現時交予護士，會加重護士本身的工作 …… 對護士和病人都不公平，亦不符合公眾利益」（《明報》即時新聞，2016 年 3 月 10 日。**斜體**為筆者所加）。醫學會會董蔡堅亦致電該節目，表示「**現行法例只容許醫生處方及配藥，**故若要推出這措施，要先修改條例」（同上。**斜體**為筆者所加 [26]）。可見醫學界的地盤意識，何其強烈！更令人可惜的，是護理界內的重要團體或代表性人物，並沒有就此表態。相反，香港護士協會只在報章刊登致行政長官的公開信，對食物及衛生局和醫管局未有採取有效措施應付流感高峰期人手不足，表示不滿。而護士出身的立法會衛生服務界議員李國麟，甚至為陳沛然接棒，表示「**要求**護士為情況穩定的病人配藥，無助解決問題」（《香港電台》，2016 年 3 月 17 日。**斜體**為筆者所加）。現時一名在大學受訓的護士，需時要五年（是全世界最長的），與醫生的只差一年，加上適當的經驗，理應絕對有能力擔當鑒別病人情況是否穩定的工作。但觀乎護理界的反應，

似乎更在意的是不希望增加自己工作量，以及不希望被賦予更多的「要求」（前線護士大多反對這建議，主要是因為前線護士人手目前已嚴重不足，新增工作只會令情況惡化。政府若要成事，自需要處理這方面的訴求）；更間接助長了醫學界的氣燄。這與醫學界的視野和心態，相距何止萬里！

當然，醫學界和護理界對政府的提議之所以有所戒心，其中極可能涉及一旦發生醫療事故，該由誰人負責的問題。醫學界可能擔心，在自己缺席的情況下，自己是否仍須為護士延續由他以往所開的處方負責。另一方面，護理界亦可能不願意承擔額外責任。筆者不知道政府在提出這建議之前，有沒有事先考慮和處理這問題；若沒有的話便倉促提出，本就難辭其咎。觀乎主要媒體對事件的報道，各方似乎未有就此問題有任何公開討論。筆者初步認為，護士既然可以在這建議下為病人延續醫生開給病人的既定處方，亦可在有疑慮的情況下把病人交回醫生診治，理應為此負責。須知權力與責任，理應是一個正比的關係。至於這個「責任」的具體內容，自當需要更仔細的考量；但這已超越本章範疇。現今護士無論在教育水平或薪酬回報方面均不亞於不少其他「專業」，不能亦不應永遠躲避在醫生的威權背後，或依賴人多勢眾的工會意識撐腰。無論如何，政府若有決心改變，這根本不成障礙。

二是「限制」（limitation），主要指在現存醫療制度之下，一些並非直接統屬於醫學界的專業 —— 如視光師、物理治療師、藥劑師和牙醫等 —— 卻仍然受制於醫學界的間接控制。這種間接控制，主要通過兩種方法體現：一是對其職業範圍（occupational territory）的規限，例如限制牙醫和視光師的服務範疇，只能是牙齒和視力的檢測和修護；二是對其對治療技巧和方法的限制，例如物理治療師和視光師便只能採用非藥物和非手術的矯治手法。韋利士認為，受

「限制」的專業,自主空間始終較受統屬於醫學界的專業為高,其從業員的日常工作亦免受醫生的直接指令。但亦正因如此,醫學界對他們的戒心卻只會更大。藥劑師的被「限制」,明顯見於香港醫學界長期以來對所謂「醫藥分家」之建議的強力反對。由於這議題將在本書的總結中有所論及,以下將以視光師為例子,對這一策略作一闡述。

眼科醫生(ophthalmologists)與眼科視光師(optometrists 或 ophthalmic opticians,下簡稱「視光師」)的地盤之爭由來已久,其歷史背景亦不乏重疊的地方。眼鏡的歷史源頭眾說紛紜,一說由十三世紀的英國僧人學者 Roger Bacon 所發明;另一說則源自更早之前的印度或中國。1629 年英王查理斯一世(King Charles I)頒發特許狀給一家眼鏡製造商,到 1756 年"optician"(即光學儀器的製造者或售賣者)一詞首先出現於該公司文獻記錄中。眼鏡的出現,亦助長了眼科醫學專科(ophthalmology)的發展,但像其他醫學專科一樣,要到十九世紀中之後,才可受惠於眼膜曲率鏡(ophthalmoscope,又稱「眼底鏡」)的發明,和細菌學、麻醉學、消毒學等的突破,而有明顯的進步(Rosen, 1944; Peterson, 1978)。與此同時,資本主義的大規模工業化,對工人的視力水平要求,亦遠較農業社會和資本主義初階時期為高。我們甚至可以說,工人若沒有良好的視力,那資本主義的發展便受到局限。普及教育在十九世紀後期的歐洲出現,再加上平均壽命的增長,令矯治「近視」(myopia)和「老花」(presbyopia)的需求大增。到十九世紀末,英國的「視力檢測師」(sight-testing opticians,又稱 ophthalmic opticians)已大概可分為三類:少部分為眼科醫生,大部分為學徒制出身的檢眼師,和少部分沒有受訓的檢眼師。

關於眼睛健康的工作,大致可分為四部分 —— 眼鏡的配置和

銷售、視力的檢測和量度、各種眼疾的診斷，和治療各種眼疾的方法。第一和第四部分的責任誰屬比較清晰，法例也清楚限制後者只能屬於眼科醫生的工作。但第二和第三部分則爭議性頗大，尤其是關於各種眼疾的診斷。現時醫學界普遍接受視光師對視力的檢測和量度方面的能力，但仍不願意把這類工作全面讓給視光師——亦即醫學界仍然認為視光師可做的，醫生更加可以做，甚至做得更好。至於對各種眼疾的診斷，醫學界更是堅決壟斷。相反，視光師從來接受治療各種眼疾基本上屬於醫生的範疇，但卻認為他們有能力分辨各種眼疾的徵狀。香港理工大學眼科視光學院榮休教授胡志城，多年來一直推動視光師的教育和專業發展，特別是希望視光師可以成為基層醫療服務[27]的提供者。他認為現今視光師的教育已涵蓋全面的眼睛檢查，除了配鏡片時做的對焦能力測驗外，也包括視界、辨色、眼球檢查，以及查看血管和量度視神經的損毀程度等。簡言之，香港的視光師要完成五年的大學課程，有足夠知識和能力為病人進行篩選，並視乎病人情況而協助分流至不同專科醫生跟進。但在現行法律框架下，視光師被歸類為「輔助醫療業」之一，在沒有轉介權（referral rights）的前提下，[28]不能直接為病人診斷眼疾，並轉介給眼科醫生跟進（陳穎欣，2008）。

香港理工大學前校長潘宗光曾公開為視光師爭取更大的發展空間，認為若驗眼工作只由眼科醫生負責，是浪費資源。但此番言論旋即惹來醫學會、香港眼科醫院、香港眼科學會、香港執業眼科醫生會，以及立法會議員郭家麒醫生的炮轟。「醫學會的聲明謂，眼科醫生曾受 6 年醫科訓練，獲得執業資格後，再接受六年專科培訓，先後有十二年或以上的訓練。聲明對潘宗光指眼科醫生主力進行手術尤其不滿，強調眼科醫生有足夠能力，為市民進行視力或眼鏡測試、藥物處方、隙光顯微鏡檢查，以及其他必要的全套視覺檢

驗。…… 聲明認為正確診斷各種眼疾,正統的醫學培訓不可缺,如青光眼 …… 可以是局部性的眼疾,也可以是身體其他疾病引致。只受過局部的眼科訓練,不足以作出準確的判斷。」(《明報》,2007年 12 月 13 日)

香港醫學界對視光師的抵制理由,並不新鮮。相同的論據,在差不多一百年前已曾在西方出現,亦早已被視光學界所駁斥(Willis, 1989)。眼科視光師與眼科醫生認同一樣的科學觀,使用相同的儀器檢測眼睛,甚至連用語也一樣。視光師甚至不反對西方醫學的知識體系,而只針對眼科醫生的倚勢凌人。要證明視光師有沒有診斷各種眼疾的能力,歸根究底是一個可經驗證的問題,亦即可通過客觀測試來評定。在美國、加拿大、澳洲和新西蘭等地,視光師亦早已是基層眼部健康服務的提供者,不單可以為病人診斷各種眼疾,甚至可處方某些藥物和提供某種治療方法,從而減輕眼科醫生的工作。問題是,政府及眼科醫生有沒有膽量與胸襟,容許市場出現競爭。這在眼科醫生嚴重短缺的情況下本應是一項理性選擇,但香港醫學界從不承認有醫生短缺的問題(見第八章),更從不希望別人分擔他們自以為屬於自己的工作。

三是「**排拒**」(**exclusion**),對於一些潛在競爭對手如中醫、脊醫等,醫學界會用盡方法,把它們排拒於正規醫療制度之外。例如醫學界往往會反對讓這些「另類醫學」(alternative medicine)成為法定註冊團體,或反對政府對這些另類醫學的培訓或科研提供任何資助(同時又批評這些另類醫學缺乏科研基礎),又或企圖影響保險公司接受另類醫學在補償範圍內等;最終令這些另類醫學極其量只能成為主流醫學以外的「補充或輔助性醫學」(complementary medicine)。前香港大學醫學院的一位醫學人類學家,便曾指出殖民地政府對傳統中醫在香港發展的政策,基本上是「四沒有一少許」

的態度：「沒有為中醫建立一個註冊制度；沒有興建任何正規而受認可的中醫學院；沒有對執業中醫的資歷和質素作任何規管；沒有在任何政府醫院或診所提供中醫診治的服務；以及只有資助極其少量與中醫相關的研究。」（Koo, 1997: 682）香港中醫藥管理委員會要到 1999 年才根據《中醫藥條例》而設立，醫管局要到 2001 年才推出有關中醫藥臨床研究的指引，中醫師到 2006 年才可簽發病假紙；而在公營醫院內提供中醫診症服務更是 2009 年後的事。[29]

在港遭受打壓的另類醫學，又何止中醫？長期以來，脊醫（chiropractors）也同樣面對政府的「四沒有一少許」政策。香港從 2001 年起才開始實行脊醫註冊制度，由法定的脊醫管理局處理。香港主流的醫學界便曾嘗試壟斷英文 "doctor" 和中文「醫生」的稱謂，企圖阻止脊醫可被稱為 "doctor" 或「醫生」，就正如他們一直反對中醫師可稱為「醫生」一樣。法庭最終判定脊醫可稱為 "doctor"，理由之一是 "doctor" 一字本解作「博士」而非「醫生」，只是英語國家傳統上習慣把醫生稱為 "doctor"；況且有不少脊醫卻又的確擁有博士學位。[30] 但這次小勝仍蓋不住脊醫被打壓的事實。在 2011 年，勞工顧問委員會宣佈接納政府一個跨部門小組的建議，拒絕承認由脊醫簽發的病假證明書。這決定令病人須經由西醫或中醫轉介後，才可到脊醫診所就醫；既會延誤病情，亦造成不便和增加病人開支。勞方代表表示，他們對承認由脊醫簽發的病假證明書持開放態度，但資方代表則擔心會帶來混亂及保險問題。勞工處亦回應，指不承認由脊醫簽發的病假證明書，是因為脊醫業內仍未有完善的病歷儲存制度，以及在本港未有培訓系統。香港脊醫學會主席陳顯強批評，該跨部門小組早於 2005 年成立，卻一直少與學會溝通，沒有做好諮詢的工作（《文匯報》，2011 年 5 月 10 日；《成報》，2011 年 11 月 5 日）。簽發的病假證明書的法定權力，本來便是官、商、

醫（政府、僱主、醫生）三者為防止工人無故缺工，合謀之下的設計，自然是愈少人能簽發病假證明書愈好。

四是「**吸納**」（**incorporation**），當「排拒」未能阻止這些「另類醫學」的發展時，醫學界會嘗試把它們的部分內容收編，據為己有。最明顯的例子便是骨療法（osteopathy）和針灸；前者大部分內容已被主流醫學吸納，作為一個獨立的醫學門派已大不如前。針灸作為中醫的一部分，長期受主流西方醫學排拆打壓。但這並沒有令針灸消亡；相反，更有愈來愈多的研究證實針灸的效應。所以，一些西醫學院近年已在傳統醫學課程內增添針灸的元素。[31]

在對抗療法的霸權下，所有「另類醫學」均難免作一痛苦的決擇：一是與對抗療法作出妥協，並逐漸被收編；或負隅頑抗、誓死不從。第一個策略會令自己的身份認同慢慢減弱，以至消亡；但卻有機會令該療法成為主流醫學的一部分（甚至可能改變一少部分的主流醫學）。第二個策略能否有一線生機，最終取決於自己的團結性、市場實力和政府的態度。對它們最為不利的倒是第三種情況：出現「妥協派」和「基本派」路線之間的分裂，並被主流醫學趁機擊破。最理想的情況，當然是跨越「主流」與「另類」醫學之分，大家互相尊重，平等地共存於一個醫療多元格局體制中（Cant and Sharma, 1999）。要達到這理想境況，[32] 首先便要打破主流醫學的霸權地位。

五、結語

這些關閘及排拒手段，在香港、英國和美國的醫學界發展史裏面，得到充分的印證。醫學史很大程度是一部不斷安內、排外和擴

張的歷史；當然，何謂「內」和「外」亦不斷轉變。香港最早的
《醫生註冊條例》，是在 1884 年訂立的；其背景正是由一群英國受
訓醫生為了阻止其他資歷成疑的醫生對他們的威脅，而要求政府立
法保護其專利權（Gould, 2006: 18）。英國的 1540 年法案，把部分
內科醫生的一些權利，延伸至理髮－手術師（亦即後者某程度成功
由「外」轉「內」）。醫學界隨即發動一場攻擊專為窮人服務而又不
獲認可之醫生的運動。由於該場運動嚴重影響民生，英王享利八世
（King Henry VIII）被迫出手干預，於 1542 年頒佈「江湖醫生特許狀」
（Quack's Charter），容許他們繼續行醫。雖然法庭於 1625 年嘗試澄
清該特許狀只容許「江湖醫生」在不收費的情況下才可行醫，但實
際上卻難以監管（Clark, 1964; Mullins, 1988）。英國的醫學界要到
十九世紀才扭轉局面 —— 英國醫學會（British Medical Association）
於 1832 年獲得特許地位；而 1858 年的醫務註冊條例更正式地鞏固
了醫學界在整個醫療制度中的官方地位。

　　美國在十九世紀時，遵從對抗療法的醫生只屬少數；單計從事
同類療法的醫生數目已較他們高出一倍。在這個百花齊放的年代，
各種療法的培訓院校學額充裕；而即使當時醫學教育並未被規範
化，[33] 美國人在這時期的健康狀況在多類健康指標中均超越其他先
進國家，嬰兒夭折率更屬全球最低。反觀現時美國多類健康指標
的成績均落後於大多數先進國家。但正因為當時醫生供應充足，令
其時美國的醫生無論是收入或社會地位也不特別令人羨慕。美國醫
學會（American Medical Association）的成立（1847 年）目標，正
在於要把其他門派的醫生踢走，並壟斷市場，企圖在根本上改善醫
生的經濟環境。經過多次不大成功的努力後，美國醫學會最後發現
石油大王洛克菲勒（John D. Rockefeller）亦想染指醫療市場，並
委託受其操控的其中一個卡內基基金（Carnegie Foundation for the

Advancement of Teaching），由費力士拿（Abraham Flexner）操刀，進行研究，並於 1910 年發表一份影響深遠的報告。費力士拿的報告認為大部分的醫學院課程低劣，甚至無藥可救，並建議關閉。自此之後，以洛克菲勒為首的私人「慈善」捐獻，便只捐給擁護對抗療法的大學醫學院。而一些在這些醫學院裏任教的醫學教授，亦同時負責設定醫生執業試的試題；結果自然令到絕大部分非對抗療法醫學院的學生難以取得執業證書。其實在這報告發表的時候，美國醫學院的數目已由 1906 的 160 所下降至 1910 年的 131 所。但費力士拿的報告卻為美國醫學會提供彈藥，向政府施壓，並加速了這趨勢──1915 年和 1922 年分別只有 95 所和 81 所；到 1930 年時，更只剩 76 所。而遭關閉的，絕大部分均是對抗療法以外的醫學院。這令美國醫學會不單成功大幅削減醫生的供應量，亦同時大幅減少女性和黑人醫科生的數目（Brown, 1979; Starr, 1982; Blevins, 1995）。1914 年，亦即費力士拿的報告發表後四年，一名同類療法醫生便慨嘆：「美國醫學會已快速墮落成為一部為求達至醫學至尊的目的，而不擇手段的政治機器。它甚至不惜自甘墮落，與軍方醫療部門結成邪惡聯盟，企圖控制國內所有醫學院和醫院，以至全國的醫學考核及牌照局。」（Wilcox, 1914）

　　值得注意的是，醫學界經常以「質素保證」及「保障病人」等為藉口，為嚴格的篩選和發牌制度辯護。牌照制度是否可以保證服務質素這問題，爭論了多年仍未有定案，不同行業和不同類型的牌照制度，在不同的時間和地方，自然會有不同的結果（Svorny, 1999）。但若以醫生牌照而言，大部分的研究卻發現兩者沒有明確關係，甚至有反效果。佛利民早已指出，消費者根本不需要政府的牌照制度，而仍能從多方面了解個別醫生的服務水平；牌照制度只會扼殺服務的創新性和多元性（Friedman, 1962: 158）。他與古斯

納茲更指出牌照制度只會導致醫生收入的不合理上升（Friedman &
Kuznets, 1945）。關馬爾在回顧了相關研究後，得出的結論是研究證
據並不足以支持廣泛地規管醫療專業人員有助於提升服務質素這觀
點，或對維護公眾利益有明顯裨益（Gaumer, 1984）。

筆者認為，牌照制度可以保證服務質素這論點最脆弱的地方，
是它的自相矛盾和虛偽性質。一方面牌照制度把「不合資格」的人
士拒於門外，但另一方面法例卻列明「每名註冊醫生有權從事內
科、外科及助產科執業」（CAP 161，《醫生註冊條例》第 16 條）；
即容許一名普通科醫生替病人施行心臟手術。在現行醫學霸權制度
下，一個普通科醫生，即使他並沒有接受過足夠的相關專科訓練，
法例上已是一個全科醫生，有權施行任何手術，處方任何藥物，為
病人簽發任何病患證明書，或監督任何其他醫護專科從業員。當
然，有沒有心臟病人要求一名普通科醫生替他施行心臟手術，則是
另一回事；但既然即使在沒有法律的規管下，市民也不會要求一名
普通科醫生施行心臟手術，那為什麼我們又認為，市民需要牌照制
度的保護，把「非主流醫生」擠出市場？即使在現有的牌照制度下，
香港近年不也持續出現不少被稱為「丸仔醫生」的普通科私家醫生，
胡亂處方精神科藥物給「有需求」而非有需要人士，從中牟取暴利
嗎？（《東方日報》，2012 年 12 月 22 日；《蘋果日報》，2013 年 3 月
12 日；《東方日報》，2014 年 2 月 20 日）。牌照制度是否能夠保護
市民，實在值得反省。要保護市民，還需要其他更為有效的監管制
度——市民舉報、傳媒監察、法律制裁和保險賠償等的整體配合。

主流醫學界虛偽、言行不一、自相矛盾的地方，可謂不勝枚
舉。多年來他們抨擊其他醫學傳統不夠科學，但自己卻又壟斷了大
部分的醫學院和醫院，以及研究經費。就正如他們一方面認為屬下
的醫護專業，無論知識層面上的深度和廣度，均有所不及；但另

一方面，卻又處處小心翼翼地監視並限制它們的發展，確保自己的超然地位不被威脅。主流醫學界既認為其他醫護專業不夠科學，但當「新管理主義」（new managerialism，又稱「新公共管理」，new public management）在八十年代開始入侵公營醫療制度，並以強硬手法推行「循證醫學」（evidence-based medicine）[34] 時，除了少數有參與醫學科研和教育的醫生外，大部分前線醫生均極其抗拒。除了認為這既侵犯了他們的專業自主，否定了醫生多年的臨床經驗外；也擔心醫學科研，可謂日新月異，要醫生們不斷更新知識，對忙於工作或賺錢的他們，更是強人所難。更嚴重的是，循證醫學在多數情況下亦難以執行，原因是很多疾病的診治方法，根本就沒有所謂「足夠」的科研依據。況且醫學科研愈豐富，雖然會減少過往的無知並對知識的累積有所貢獻，但同時亦會揭示更多的未知與不確定性（甚至會發現或製造愈來愈多的病種）。循證為本的政策取向，本是為了節省資源，但其「科學主義」傾向（即盲目相信科學）同時也不經意地揭露了醫學在科學和實踐上的有限和不確定性，以及醫學界的虛偽和自相矛盾。

　　醫學界所採取的關閘和排拒手段，並不表示其他醫療及護理隊伍永遠不能成為專業（這當然要視乎如何界定何為「專業」）。無可否認，各醫護專業近年的「專業計劃」均有長足的發展，但仍然要面對不少障礙和關卡。前面的討論已清楚顯示，醫學界主要通過有關規管各醫護專業的法例，以保障醫生的超然地位。而這些法例中，最重要的，莫過於醫生的轉介權。沒有轉介權的醫護專業（亦即除中醫、西醫和牙醫外的所有其他醫護專業。西醫的轉介權當然最為廣闊），便不能繞過醫生，而直接為病人提供服務，從而成為基層健康服務的提供者。相反，病人必須持有醫生簽發的轉介信，才可得到其他醫護專業的服務。在第八章我們會更詳細地比較香港

醫學界與其他醫護專業在規管上的差異，以及有關所謂「專業自主權」的迷思；下一章則先從較為宏觀的政治經濟學角度，審視醫學霸權和醫療服務及制度的關係。

註釋：

1　這可能是史上第一份把「專業精神」視為香港「核心價值」重要元素的文獻。

2　《地產霸權》一書的原本英文名稱亦正是 *Land and the Ruling Class in Hong Kong*（Poon, 2005, 2011）；但這並不影響我在正文的分析。「統治階級」這概念在書中似乎是不辯自明的東西。

3　由於部分中文學者認為葛蘭西對 "hegemony" 一詞的用法與中文的「霸」有不少出入的地方，遂把他的概念翻譯為「領導權」；但堅持用「霸權」一詞的亦大有人在。詳見孫晶（2004）和陳燕谷（1995）。

4　「軟實力」（soft power）一詞的創始人為當代專研國際政治的美國政治學家 Joseph Nye。他率先在 1990 年的一部著作使用此概念；而 2004 年的另一著作更以此為書名（詳見 Nye, 1990, 2004）。Nye 雖不是馬克思主義者，但他這概念的構思明顯來自葛蘭西。

5　所謂的「科學」或「正統」馬克思主義，不一定是馬克思本人的「真正」觀點。當時已出版的馬克思著作主要是其較晚期的作品，亦較受恩格斯的詮釋影響。很多馬克思的早期著作，要到二次世界大戰後才陸續被重新發現並翻譯成英文。由於馬克思在不同階段的作品在用詞以至分析重點上時有差異，在六七十年代便曾在馬克思學術界內掀起一場有關「早期」與「晚期」馬克思思想的爭論 —— 即到底是較強調歷史發展規律和對資本主義的科學分析的晚期「科學馬克思主義」（Scientific Marxism）才是「正統」的馬克思理論；還是體現於馬克思較早期的作品而又更重視批判精神和人本關懷的「人文／批判馬克思主義」（Humanistic／Critical Marxism）才是馬克思思想的真諦？葛蘭西雖然在 1937 年已病逝，但他的獄中筆記和書信要到戰後才被編輯出版。他的思想亦被後來的人文／批判馬克思主義者視為先鋒及同路人。有關文獻非常豐富，Gouldner（1980）是其中較為可讀的一本。

6　英文 "civil society" 一詞有多重意義，特別是「自由主義」與「黑格爾－馬克思主義」兩大學術傳統各自衍生出不同的意思。在前者的理論脈絡下，"civil society" 一般譯作「公民社會」，但在後者的語境中，則譯作「市民社會」（甚至「私伙社會」）較為貼切。

7　葛蘭西認為「無產階級的獨裁」（dictatorship of the proletariat，現今一般譯作「無產階級專政」）這概念本身便包含了一種由下而上、人民對政府的授權。這概念中的「獨裁」所指的並非希特拉、史太林或毛澤東式的極權統治，而是一種具擴展性的民主概念。具擴展性（expansiveness）的意思，是社會主義民主較資本主義民主間接和被動的民意授權，更能積極地把民主的理念落實到政治體制以外的公共場域如工作單位、學校等（詳見 Sassoon, 1982）。Ollman（1978: 58）曾指出，馬克思使用 "dictatorship" 這詞時，希特拉和墨索里尼等獨裁者

（dictator）還未出現；而現代社會對「獨裁」的理解，主要是依據後人對希特拉和墨索里尼作為「獨裁者」的範例。在這之前，此詞的一般理解，則主要源自古羅馬時期——即在危急時期政府可根據憲法選出一名「獨裁者」（dictator），在特定時段內全權處理某些特定事務。馬克思所説的「無產階級的獨裁」，意思是指在過渡時期（即資本主義已被推翻，但社會仍未達至共產主義之前），全體無產階級參與政治決策的權力均受憲法保護，並逐步通過一系列措施（包括強制性的），把資本主義殘餘勢力消弭。可惜馬克思並沒有詳細交待所謂「無產階級的獨裁」一詞的意涵，在斷章取義的情況下亦為後來史太林式的極權統治提供理據（Bottomore, 1983）。至於 "dictatorship of the proletariat" 如何被翻譯成「無產階級專政」而非「無產階級的獨裁」，見李博（2003）。

8 見本書〈導論〉之註 1。

9 有關第二國際、列寧主義與葛蘭西的關係，請參閱 Costello（1981）。

10 葛蘭西認為在資本／自由主義社會裏，國家政府的立法和司法部門與民間社會有較為密切關係；而行政和執法部門與民間社會的關係則遠為薄弱。

11 「虛假意識」一詞並不來自馬克思本人，而是出自他的拍擋恩格斯（F. Engels）於 1893 年寫給梅林（F. E. Mehring）的一封私人信件中。該信件之目的是向梅林解釋馬克思與他的著作中物質環境與意識形態的關係。恩格斯也僅此一次使用此詞。當然，恩格斯沒有能力阻止後人對此概念的使用及引申。

12 回歸後情況已開始慢慢改變，自 2006 年 11 月 30 日起註冊中醫已可為病人簽發有效的病假紙，亦愈來愈多的保險公司的保險計劃覆蓋中醫師為投保人所簽發的賬單。

13 葛蘭西本人便特別重視教育和宗教這些環節的文化霸權功效。

14 以上就「文化霸權」與「意識形態」這兩概念的討論，只能算是一個粗略的比較，絕對沒有表示學界應拋棄「意識形態」這概念的意思。葛蘭西本人便經常運用「意識形態」這概念於其社會分析中，並擴闊了馬克思原本對此概念的意義。「意識形態」這概念的涵義相當豐富複雜、且不斷發展演變；雖然難有共識，始終是社會科學界中的一個核心概念。

15 「範式轉移」（paradigm shift）一詞的廣泛使用主要由科學史學者庫因（Kuhn）於 1962 出版的《科學革命的結構》一書所引起。隨着這詞的普及化，大部分用法——包括我們現在的用法——已與庫因的原意變得無甚關係，而只簡單地表示某種重大轉變。

16 醫生這種自我保護意識自然導致「自衞性醫術」（defensive medicine）的流行。Studdert et al.,（2005）對 824 名美國賓夕凡尼亞州專科醫生的研究顯示，93% 醫生承認曾施行自衞性醫術，其中最常見的是為病人進行毫無需要的測試。亦有42% 醫生坦承曾因為自保而避免了某些可能會增加訴訟風險的病人或治療方法。

17 為處理近年細菌抗藥性不斷惡化的問題，醫院管理局聯同衛生防護中心，2006年在十六間公立醫院展開「抗生素導向計劃」，覆核醫生經常使用的八種強效抗生素。計劃推出一年即見成效，醫生處方的強效抗生素使用量減少 5%，不恰當開抗生素的比例，亦由 2005 年的 17%，下降至 2006 年的 8%（《明報》，2007 年 3 月 10 日，A12）。醫管局數據在 2017 年 2 月公佈的數據顯示，近年各種抗藥惡菌肆虐公立醫院，抗藥大腸桿菌「產碳青霉烯酶腸道桿菌（CPE）」成為最新「頭號敵人」。感染該菌的病人個案由 2011 年的 19 宗，激增近 18 倍至 2016 年的 340 宗（《明報》，2017 年 2 月 17 日）。但細菌抗藥性問題最嚴重的災區，不在公立醫院而在私家診所。根據衛生署 2012 年曾做調查，發現

70% 私家醫生經常會就傷風咳、喉嚨痛等處方抗生素；2011 年調查更發現，34.6% 市民曾在過去一年服抗生素，當中 2.3% 更非由醫生處方，自行在藥房購買（《蘋果日報》，2016 年 11 月 2 日）。

18　該書的 1927 年版本列出了 560 項病症及其治療方法，但由於醫學的轉變，當中只有 362 項可與 1975 年版本作比較。

19　拉臣認為，由於「專業化」（professionalization）一詞帶有某些自然進化的涵義，建議應由「專業計劃」（professional projects）一詞所取代。

20　麥奇安具有醫學背景，但他並沒像大多數醫生那樣，一味歌頌醫學的進步和貢獻。他早在上世紀五十至七十年代曾發表多篇文章，質疑醫學對人類健康的貢獻；並在學界引起了一場相關的辯論（the medical contribution controversy），影響深遠。他指出英國自十八世紀開始，死亡率便持續下降；其主因是生活水平的不斷上升和整體生活環境的改善。絕大部分傳染病的有效療法，均在其死亡率已下降至微不足度的時候才出現。麥堅尼與麥堅尼（McKinlay & McKinlay, 1977）把麥奇安的分析應用到美國，也得出相同的結論。曉列治（Illich, 1976）更創立了一個新名詞──「醫源病」（iatrogenesis）── 來形容現代醫學的禍害。他區分了三種醫源病，即「社會性的醫源病」（social iatrogenesis），「結構性的醫源病」（structural iatrogenesis），和「臨床性的醫源病」（clinical iatrogenesis）。前兩者主要涉及社會制度和文化上的醫源病，後者則直接批評醫生在臨床上的失誤和失德對病人造成的傷害。吊詭的是，麥奇安對醫學貢獻的質疑，不單沒有改變一般市民對醫學及醫生近乎盲目的信任，他更直接助長了在八十年代出現，由一種跡近「健康法西斯主義」（healthism）策動的「新公共健康運動」（new public health movement）。這已是後話，不贅。

21　中文「助產士」一詞很大程度上是醫學界建立了其霸權地位之後的產品。中國傳統上稱在民間以替產婦接生為業的人為「穩婆」，屬「三姑六婆」中六婆之一。由於古代選取穩婆的準則是要有良好的體質和端正的相貌，所以稱為「穩婆」，含有穩定、穩妥、可靠、能順利為母子帶來平安等意思。又由於中國幅員遼闊，不同地域也有不同稱謂；如香港則一般稱為「接生婆」。但無論是「穩婆」或「接生婆」，均早已成為歷史。相反，英文 "midwifery" 一字雖也源遠流長，卻一直沿用至今。"Midwife" 的字面意思為 "with the woman"，即「與該婦人（產婦）同在」；意謂在分娩過程中產婦才是主角，其主體性不容褫奪。中文「助產士」一詞卻突出助產士的工作是協助產婦分娩（甚或協助產科醫生為產婦進行分娩），故「分娩」才是主角。這翻譯或許多少受到西方醫學霸權的影響，因為產科醫學及其執行者的首要目的是要把嬰兒和母親「安全地」分割開來。這目標當然無可厚非，問題是若果產科醫學把重點放在所謂「真正的」分娩過程，把後者抽離於當事人的社會、心理和身體狀態，再用一連串的醫學術語告誡該產婦，那只會令整個分娩過程更形異化。詳見 Rothman（1989）。

22　英國醫學傳統上分為兩大科，即「內科」和「外科」；從事前者的稱為 "physician"（港譯「內科醫生」），在十九世紀前多來自富裕階層，主要畢業於牛津、劍橋、愛丁堡等傳統大學。其教育着重古典醫學理論和書本知識；其中對拉丁文的掌握更視為身份象徵。從事後者的稱為 "barber-surgeon"，多從師徒制出身，並強調實踐經驗。"Surgeon" 一字源自古希臘文的 "kheirourgia"，意指「手工」（Turner, 1995: 28）。因為理髮師對剪刀等工具熟練，不時亦替客人進行脫牙、割息肉等小手術，故稱「理髮 ─ 手術師」。而這些小手術，亦被自認為尊貴的內科醫生視為低三下四的工作。踏入十九世紀之後，現代大學（如倫敦大學）的建立，病理解剖學、麻醉學、消毒學等的出現，令手術的可行性和成功率大幅改善，進而提升了外科醫生的社會地位和收入；外科醫生亦與理髮師分

道揚鑣。內、外科之階級差別，到今天仍可從對醫生稱謂上看到。英國人習慣把內科醫生稱為 "doctor"，是因為內科醫生自古以來多受教於大學，屬「有識之士」（雖然他們並不擁有博士資歷）。相反，由於古時的「理髮─手術師」大多沒有接受過大學教育，並不屬於「有識之士」，故只稱為 "mister"。現今外科醫生的教育程度當然已不可同日而語，但英國及一些英聯邦地區仍保留此傳統，堅持以 "mister" 為稱謂（香港和加拿大則跟隨美國，統稱 "doctor"）。自上世紀八十年代起在英國和澳洲等地不時有聲音要求改革，把內、外科醫生一律稱作 "doctor"，以減少混亂，但均遭到大部分外科醫生反對而作罷。

23 「社會達爾文主義」也直接導致二十世紀初「優生學」（eugenics）的出現和「納粹主義」（Nazism）的興起。香港家庭計劃指導會的前身，便是香港優生學會（成立於 1936 年）。二戰後因需要洗脫優生學與納粹主義關係密切的污名，各地的優生學會紛紛更改名稱；而香港優生學會亦於 1950 年改稱為香港家庭計劃指導會。更改名稱的另一原因是因為戰後出現的兩個新情況：一是以美、蘇兩國為首的兩大陣營，進入了一個在經濟、意識形態、政治和軍事力量上較競的「冷戰」時期。二是戰後出現的去殖民化趨勢，令西方多個前殖民宗主國擔心若這些前殖民地 / 新獨立國出現動盪，可能會令當地人民大規模湧「回」前宗主國；又或令蘇聯有可乘之機，危害他們利益。在這背景底下，美國為首的西方國家陣營，便積極炮製出一個所謂「人口爆炸論」，在這些地區推動生育規劃，嘗試控制當地人口增長。家計會亦於 1952 年成為國際計劃生育聯合會（International Planned Parenthood Federation, IPPF）的八個創會成員之一。

優生學運動與生育控制運動（birth control movement）本為兩個各自獨立的社會運動。後者源自受社會主義影響的女性解放運動，主張兩性平權和女性自主；本質上屬於左翼運動，與右翼的優生學運動本應水火不容。當生育控制運動出現的二十世紀初，優生主義者確實擔心所謂生育控制（即避孕措施）的普及化會加大原有貧富階級和白人與有色人種在生育率上的差異，更擔心生育控制會變成白人的種族自殺（race suicide）。但由於富裕階層女性早已廣泛地實行各種避孕措施（這亦正是為何她們的生育率早在十九世紀初已開始顯著下降的主因），況且生育控制運動所針對的，正是希望通過教育和立法，令低下階層女性能夠像她們的富裕姊妹們般享有更多的生育自主權。這恰巧與優生學運動的目標 ── 降低窮人及有色人種的生育率，從而保存白種人的優良血統 ── 不謀而合，生育控制遂被優生主義者改視為種族自殺的出路。由於優生學的倡議者或支持者，不少來自醫學界，其他大多數亦屬建制精英；他們對生育控制運動的支持，亦令後者更容易被社會大眾接受。所以，IPPF 的前身 ── 國際計劃生育委員會（International Committee on Planned Parenthood, 1946）── 的創辦人之一，便正是創立「生育控制」（birth control）一詞、美國生育控制運動的其中一位主要領導者、護士出身的珊格（Margaret Sanger, 1879—1966）。珊格後期的優生主義傾向以及向醫學界靠攏，令她的政治思想啟蒙導師 ── 無政府主義者愛瑪‧高曼（Emma Goldman）── 大感不滿。不無諷刺的是，一場意圖解放女性的生育控制運動，最終竟與孕育納粹主義的優生學運動結盟；最後更受二戰後的冷戰邏輯所左右，合流成為「計劃生育」。結果是國家政府（尤其是西方先進國家）的利益考慮，變成凌駕於貧窮及第三世界女性自主權之上；而生育控制運動中原初的一切基進（radical）立場 ── 女性自主、對資本主義和男權的批判、以至對傳統家庭制度的質疑等 ── 亦早已在包裝成科學中立的「家庭計劃」幌子底下煙消雲散（詳見 Engelman, 2011; Gordon, 1977, 2002; McCann, 1994; Rao, 2004）。

24 中、上階層婦女對分娩所帶來痛楚的懼怕也不是全無道理的。她們從青春期便開

始穿戴緊身腰封（corsets），造成內臟變形或移位，一定程度上增加懷孕及分娩的風險和痛楚。

25 這並不表示南丁格爾本人不敢於挑戰當時的醫學界。她一直運用自己富裕的階級背景和豐厚的人際網絡，積極爭取護士自己的管治權，並在一定程度上成功（詳見 Abel-Smith, 1960; Group & Roberts, 2001）。

26 現行法例雖然容許醫生配藥，但絕不是「只容許醫生配藥」。配藥並非一般醫生的日常工作，而是藥劑師和配藥員的工作。但在醫學霸權下，藥劑業界當然不會發表聲明，以正視聽。

27 根據政府的定義，「基層醫療服務，是個人和家庭在一個持續醫護過程中的第一個接觸點，目的是改善他們的健康狀況和預防一般疾病，以及減少需要接受更深切醫療的機會。基層醫療服務包括多種與保健和預防疾病有關的服務、治療性醫療服務，以及社區醫護服務。基層醫療服務的另一重要組成部分是 …… 公共衛生 …… 主要由衛生署負責。」（食物及衛生局，2008：101）

28 香港政府在 2008 年對視光師的定義，是「受訓提供全面眼睛及視力護理的醫護專業人員，所提供的護理有改善視力及診斷有關眼睛或視光的普遍疾病。他們並非醫生，但*在有需要時可轉介病人接受眼科醫生的治療*」（食物及衛生局，2008：97。*斜體*為筆者所加）。這明顯與《輔助醫療業條例》（CAP 359）附表中對視光師的釋義有所不同。這裏雖然表示視光師作為基層醫療服務提供者，可以轉介病人；但實際上其轉介權仍受不少限制。一方面政府既沒有積極推廣，另一方面不少專科醫生以至公營醫院仍選擇不接受視光師的轉介。

29 有關中醫在香港的發展及其面對的困難，本書第七章會有更詳細的討論。

30 醫學界一向希望能夠壟斷 "Dr." 的稱謂，最常用的理由是病人需要清楚地知道哪些工作人員才是醫生。隨着其他醫護專業的發展，近年也愈來愈多醫護專職人員擁有博士學位。這些具博士學位的醫護專職人員，也曾經歷一番努力後，才最終成功爭取到在工作環境中有前提下使用 "Dr." 稱謂的權利。

31 當然，在「收編」過程中，醫學界只會選擇性地吸納部分另類療法；那些較難與主流醫學及現代科學觀念兼容的部分，自不會被吸納。有關另類醫療近年的發展以及對主流醫學的挑戰，見 Saks, 1992, 1994, 1995, 1998; Cant & Sharma, 1999; Kelner et al., 2004a, 2004b, 2006；陳永新、蕭至健，2016。

32 這理想境況也真的不易達到。Cant and Sharma（1999: 197）指出，有人認為「我們可以採納一個自由意志主義立場（a libertarian view），讓人民自由選擇他們想要的療法；並認為政府及醫學界無權干預他們的選擇」，但細思之下便會發覺事情並沒有這樣簡單。在公營醫療制度提供另類醫療服務自會帶出使用公帑的理據，而這又必然涉及這些另類療法的效用問題。不幸的是，目前只有西醫學發展出一套較具「科學性」和規範性的檢測制度。而這制度又被視為不利或不適用於其他醫療傳統（詳見上註所提及的文獻）。即使在私營醫療服務的範疇，保險公司也未必願意為所有另類療法承保。

33 在十九世紀，美國大部分醫生只接受過為期數個月的學徒訓練。即使在醫學院受訓也不需接受任何考核便可拿到畢業證書。即使到 1871 年，一名哈佛大學醫學教授依然反對醫科生要經過考試才可畢業，理由是因為有超過一半醫科生是文盲（Ludmerer, 1985）。

34 即醫生在決定為病人進行何種治療方法時，必須有足夠的科研依據支持。

參考資料

（中文）

《文匯報》（2011 年 5 月 10 日）。〈勞顧會研認可脊醫假紙〉。

王岸然（2008 年 1 月 23 日）。〈大律師也是經濟動物而已〉，《信報》，頁
　　12。

王弼（2008 年 5 月 18 日）。〈司法霸權，醫生霸權！〉，《信報》。

《成報》（2011 年 11 月 5 日）。〈增加病人開支、拒納脊醫假紙勞顧會揖轟、
　　被指延誤病情〉。

李博（Lippert, W.）（2003）。《漢語中的馬克思主義術語的起源》，趙倩、
　　王草、葛平竹譯。北京：中國社會科學出版社。

《明報》（2002 年 9 月 25 日）。

《明報》（2004 年 6 月 7 日）。〈294 專業人士聯署籲保香港核心價值〉，A14
　　版。

《明報》（2006 年 2 月 17 日）。

《明報》（2007 年 3 月 10 日）。A12 版。

《明報》（2007 年 12 月 13 日）。

《明報》（2016 年 3 月 10 日）。

《明報》（2017 年 12 月 17 日）。〈「頭號抗藥菌」個案 3 年增 9 倍、3 人細
　　菌入血、本地感染增〉。擷取自：http://m.mingpao.com/pns/dailynews/
　　web_tc/article/20170217/s00002/1487267028994。

《東方日報》（2012 年 12 月 22 日）。〈丸仔醫生楊嘉俊 停牌四年〉。

《東方日報》（2014 年 2 月 20 日）。〈病人父充偵探 檢舉丸仔醫生〉。

食物及衛生局（2008 年 3 月）。《掌握健康、掌握人生：醫療改單諮詢文
　　件》。

《香港電台》（2016 年 3 月 17 日）。

孫晶（2004）。《文化霸權理論研究》，北京：社會科學文獻出版社。

陳永新、蕭至健（2016）。〈醫療化下循證醫學融合另類醫學的爭議〉，《香
　　港社會科學學報》，第 48 期，頁 109－141。

陳燕谷（1995）。〈Hegemony［霸權／領導權］〉，《讀書》，第 2 期，擷取
　　自：www.ln.edu.hk/mcsln/2nd_issue/key_concept_04.htm。

陳穎欣（2008 年 2 月 29 日）。〈視光師被廢武功？〉，《信報》。

黃任匡（2016 年 3 月 30 日）。〈名為醫委會改革的郵包炸彈〉，《明報》。

黃碧雲（2016）。《鉛水風暴》，香港：圖桌文化。

楊志剛（2015 年 12 月 24 日）。〈醫療本土主義〉，《明報》，A31 版。

潘慧嫻（2010）。《地產霸權》，香港：天窗出版社。

《蘋果日報》（2004 年 6 月 7 日）。〈核心價值受衝擊、三百專業人士聯署：
　　不要失去靈魂的香港〉。

《蘋果日報》（2013 年 3 月 12 日）。〈衛生署派員調查涉賣藍精靈西醫〉。

《蘋果日報》（2016 年 11 月 2 日）。〈7 成私家醫生濫用抗生素 袁國勇：話
　　一定要食晒係錯〉。

（英文）

Abbott, A. (1988). *The System of the Professions: An Essay on the Division of Expert Labor*. Chicago: University of Chicago Press.

Abbott, P. & Wallace, L. (1998). "Health Visiting, Social Work, Nursing and Midwifery: A History." In *The Sociology of the Caring Professions* (2nd ed.) (edited by P. Abbott & L. Meerabeau, p. 20-53). London: UCL Press.

Abel-Smith, B. (1960). *A History of the Nursing Profession*. London: Heinemann.

Arney, W.R. (1982). *Power and the Profession of Obstetrics*. Chicago: University of Chicago Press.

Ashley, J.A. (1976). *Hospitals, Paternalism, and the Role of the Nurse*. New York: Teachers College Press.

Barber, B. (1963). "Some Problems in the Sociology of the Professions." *Daedalus*, 92(4), pp. 669-688.

Becker, H.S. (1970). *Sociological Work*. Chicago: Aldine.

Beeson, P.B. (1980). "Changes in Medical Therapy during the Past Half Century." *Medicine*, 59, pp. 79-99.

Berlant, J.L. (1975). *Professions and Monopoly*. Berkeley: University of California Press.

Blevins, S.A. (1995). "The Medical Monopoly: Protecting Consumers or Limiting Competition?" *Cato Policy Analysis*, No. 245, pp. 1-22. Retrieved from: www.cato.org/pubs/pas/pa-246.html.

Bottomore, T. (ed.) (1983). *A Dictionary of Marxist Thought*. Cambridge: Harvard University Press.

Brown, E.R. (1979). *Rockefeller Medicine Men: Medicine and Capitalism in America*. Berkeley: University of California Press.

Campbell, E.G. et al. (2007). "Professionalism in Medicine: Results of a National Survey of Physicians." *Annuals of Internal Medicine*, 147, pp. 795-802.

Cant, S. & Sharma, U. (1999). *A New Medical Pluralism? Alternative Medicine, Doctors, Patients and the State*. London: UCL Press.

Carpenter, M. (1993). "The Subordination of Nurses in Health Care: Towards a Social Divisions Approach." In *Gender, Work and Medicine: Women and the Medical Division of Labour* (edited by E. Riska & K. Wegar, pp. 95-130). London: Sage: Publications.

Chan, S. (2002). "Factors Influencing Nursing Leadership Effectiveness in Hong Kong." *Journal of Advanced Nursing*, 38(6), pp. 615-623.

Chow, A.W.M. (2000). "Metamorphosis of Hong Kong Midwifery." *Hong Kong Journal of Gynaecology, Obstetrics and Midwifrey*, 1(2), pp. 72-80. Also as "Root of Hong Kong Midwifery." *Hong Kong Midwives Association*, Retrieved from: www.midwives.org.hk/aboutmidwifrey.html.

Clark, G. (1964). *A History of the Royal College of Physicians of London*. Oxford: Clarendon.

Costello, P. (Nov-Dec. 1981). "Antonio Gramsci and the Recasting of Marxist Strategy." *Theoretical Review*, 25. Retrieved from: http://www.marxists.org/history/erol/periodicals/theoretical-review/19833101.htm.

Cunningham, S.A., Mitchell, K., Narayan, K.M.V. & Yusuf, S. (2008). "Doctors' Strikes and Mortality: A Review." *Social Science and Medicine*, 67, pp. 1784-1788.

DeVries, R.G. (1993). "A Cross-national View of the Status of Midwives." In *Gender, Work and Medicine: Women and the Medical Division of Labour* (edited by E. Riska & K. Wegar, pp. 131-146). London: Sage: Publications.

Donnison, J. (1977). *Midwives and Medical Men*. London: Heinemann.

Ehrenreich, B. & English, D. (1972). *Witches, Midwives, and Nurses: A History of Women Healers*. Old Westbury, New York: The Feminist Press.

Engelman, P.C. (2011). *A History of the Birth Control Movement in America*. Santa Barbara, CA: Praeger.

Ferrarotti, F. (1979). *An Alternative Sociology*. New York: Irvington Publishers.

Freidson, E. (1970a). *The Profession of Medicine*. New York: Dodds Mead.

Freidson, E. (1970b). *Professional Dominance: The Social Structure of Medical Care*. Chicago: Aldine Publishing Company.

Friedman, M. & Kuznets, S. (1945). *Income from Independent Professional Practice*. New York: National Bureau of Economic Research.

Friedman, M. (1962). *Capitalism and Freedom*. Chicago: University of Chicago Press.

Gamarnikow, E. (1991). "Nurse or Woman: Gender & Professionalism in Reformed Nursing 1860-1923." In *Anthropology & Nursing* (edited by P. Holden & J. Littlewood, pp. 110-129). London: Routledge.

Gaumer, G. (1984). "Regulating Health Professionals: A Review of Empirical Literature." *Milbank Memorial Fund Quarterly / Health and Society*, 60, pp. 380-416.

Goode, W. (1960). "Encroachment, Charlatanism, and the Emerging Profession." *American Sociological Review*, 25.

Gordon. L. (1977). *Woman's Body, Woman's Rights: Birth Control in America*. Harmondsworth: Penguin Books.

Gordon. L. (2002). *The Moral Property of Women: A History of Birth Control Politics in America*. Champaign, IL: University of Illinois Press.

Gould, D. (2006). "A History Review: The Colonial Legacy." In *Hong Kong's Health System: Reflections, Perspectives and Visions* (edited by G.M. Leung & J. Bacon-Shone, pp. 17-26). Hong Kong: Hong Kong University Press.

Gouldner, A. (1980). *The Two Marxisms: Contradictions and Anomalies in the Development of Theory*. New York: The Seabury Press.

Gramsci, A. (1971). *Selections from Prison Notebooks* (edited and translated by Q. Hoare & G.N. Smith). London: Lawrence and Wishart.

Greenwood, E. (1957). "Attributes of a Profession." *Social Work*, 3. pp.45-55.

Group, T.M. and Roberts, J.I. (2001). *Nursing, Physician Control, and the Medical Monopoly: Historical Perspectives on Gendered Inequality in Roles, Rights, and Range of Practice*. Bloomington, IN: Indiana University Press.

Halliday, T.C. (1987). *Beyond Monopoly: Lawyers, State Crisis, and Professional Empowerment*. Chicago: University of Chicago Press.

Iezzoni, L.I. et al. (2012). "Survey Shows That at Least Some Physicians are Not Always Open or Honest with Patients." *Health Affairs*, 31(2), pp. 383-391.

Illich, I. (1976). *Medical Nemesis: The Expropriation of Health*. New York: Pantheon.

Johnson, K.C. & Daviss, B. (2005). "Outcomes of Planned Home Births with Certified Professional Midwives: Large Prospective Study in North America." *British Journal of Medicine*, 303, pp. 1416-1419.

Johnson, T.J. (1972). *Professions and Power*. London: Macmillan.

Kelner, M., Wellan, B., Boon, H. & Welsh, S. (2004a). "Responses of Established Healthcare to the Professionalization of Complementary and Alternative Medicine in Ontario." *Social Science and Medicine*, 59(5), pp. 915-30.

Kelner, M., Wellan, B., Boon, H. & Welsh, S. (2004b). "The Role of the State in the Social Inclusion of Complementary and Alternative Medical Occupations." *Complementary Therapies in Medicine*, 12(2-3), pp. 79-89.

Kelner, M., Wellan, B., Welsh, S. & Boon, H. (2006). "How Far Can Complementary and Alternative Medicine Go? The Case of Chiropractic and Homeopathy." *Social Science and Medicine*, 63(1), pp. 2617-2627.

Kirkham, M. (1998). "Professionalization: Dilemmas for Midwifery." In *The Sociology of the Caring Professions* (2nd ed.) (edited by P. Abbott & L. Meerabeau, pp. 123-156). London: UCL Press.

Kolakowski, L. (1978). *Main Currents of Marxism, Volume 3*. Oxford: Oxford University Press.

Koo, L. (1997). "Chinese Medicine in Colonial HK (Part 1): Principles, Usage, & Status Vis-a-vis Western Medicine." *Asia Pacific Biotech News*, 1(33), pp. 682-684.

Kuhn, T. (1962). *The Structure of Scientific Revolutions*. Chicago: University of Chicago Press.

Larkin, G. (1978). "Medical Dominance and Control: Radiographers in the Division of Labour." *Sociological Review*, 26, pp. 843-858.

Larkin, G. (1983). *Occupational Monopoly and Modern Medicine*. London: Tavistock.

Larson, M.S. (1977). *The Rise of Professionalism: A Sociological Analysis*. Berkeley: University of California Press.

Lingo, A.K. (2004). "Obstetrics and Midwifery," *Encyclopedia of Children and Childhood in History and Society*. Retrieved from: http://www.encyclopedia.com (accessed date: April 29, 2016).

Lo, A. (2015, February 18). "Doctors the Winners in C-section Surge." *South China Morning Post*.

Loudon, I. (1992). *Death in Childbirth: An International Study of Maternal Care and Maternal Mortality, 1800-1950*. Oxford: Clarendon Press.

Ludmerer, K.M. (1985). *Learning to Heal: The Development of American Medical Education*. New York: Basic Books.

McCann, C.R. (1994). *Birth Control Politics in the United States, 1916-1945*. Ithaca, NY: Cornell University Press.

McKeown, T. (1976). *The Role of Medicine: Dream, Mirage or Nemesis*. London: Edward Arnold.

McKinlay, J.B. & McKinlay, S.M. (1977, Summer). "The Questionable Contribution of Medical Measures to the Decline of Mortality in the US in the Twentieth Century." *Millbank Memorial Fund Quarterly*, pp. 405-428.

Mills, C.W. (1956). *The Power Elite*. New York: Oxford University Press.

Mullins, E. (1988). *Murder by Injection: The Story of the Medical Conspiracy against America*. Staunton, Virginia: The National Council for Medical Research.

Murphy, R. (1988). *Social Closure – The Theory of Monopolization and Exclusion*. Oxford: Clarendon Press.

Navarro, V. (1976). *Medicine Under Capitalism*. New York: Neale Watson Academic Publications.

Nelson, R.L. (1985). "Ideology, Practice, and Professional Autonomy: Social Values and Client Relationships in the Large Law Firm." *Stanford Law Review*, 37(2), pp. 503-551.

Ng, Y.H. (22/3/2010). "Four in 10HK Babies Born Under the Knife." *South China Morning Post*.

Nye, J.S. (2004). *Soft Power: The Means to Success in World Politics*. New York: Public Affairs.

Nye, J.S. (1990). *Bound to Lead: The Changing Nature of American Power.* New York: Basic Books.

Oakley, A. (1976). "Wisewoman and Medicine Man: Changes in the Management of Childbirth." In *The Rights and Wrongs of* Women (edited by J. Mitchell & A. Oakley, pp. 17-58). Harmondsworth: Penguin.

Ollman, B. (1982). *Social and Sexual Revolution: Essays on MarXand Reich.* Montreal: Clack Rose Books.

Parkin, F. (1979). *Marxism and Class Theory: A Bourgeois Critique.* London: Tavistock.

Parsons, T. (1939). "The Professions and Social Structure." *Social Forces*, 17, pp. 457-467.

Parsons, T. (1954). "A Sociologist Looks at the Legal Profession." In *Essays in Sociological Theory.* Glencoe, Ill.: The Free Press.

Parsons, T. (1968). "Professions." In *International Encyclopedia of the Social Sciences*, XII (edited by D. Sills). New York: the Free Press.

Peterson, M.J. (1978). *The Medical profession in Mid-Victorian London.* Berkeley: University of California Press.

Platt, A.M. (1969). *The Child Savers: The Invention of Delinquency.* Chicago: University of Chicago Press.

Poon, A. (2005). *Land and the Ruling Class in Hong Kong.* Richmond, B.C.

Poon, A. (2011). *Land and the Ruling Class in Hong Kong* (2nd ed.). Hong Kong: Enrich Professional Publishing.

Rao, M. (2004). *From Population Control to Reproductive Health: Malthusian Arithmetic.* London: Sage.

Roberts, J.I. & Group, T.M. (1995). *Feminism and Nursing: An Historical Perspective on Power, Status, and Political Activism in the Nursing Profession.* Westport, CT: Praeger Publishers.

Roemer, M.I. & Schwartz, J.L. (1979). "Doctor Slowdown: Effects on the Population of Los Angeles County." *Social Science and Medicine*, 13C(4), pp. 213-218.

Rosen, G. (1944). *The Specialization of Medicine with Particular Reference to Ophthalmology.* New York: Froben.

Rothman, B.K. (1989). *Recreating Motherhood: Ideology and Technology in a Patriarchal Society*. New York: W.W. Norton.

Saks, M. (1994). "The Alternatives to Medicine." In *Challenging Medicine* (edited by J. Gabe, D. Kelleher & G. Williams, pp. 84-103). London: Routledge.

Saks, M. (1995). *Professions and the Public Interest: Medical Power, Altruism and Alternative Medicine*. London: Routledge.

Saks, M. (1998). "Medicine and Complementary Medicine: Challenge and Change." In *Modernity, Medicine and Health* (edited by G. Scambler & P. Higgs, pp. 198-215). London: Routledge.

Sassoon, A.E. (ed.) (1982). *Approaches to Gramsci*. London: Writers and Readers Publishing Cooperative Society.

Shae, W.C. (1999). *From the Sociology FOR the Professions to the Sociology AGAINST the Professions and Beyond: Unsettled Issues and Challenging Themes*. Hong Kong: Research Monograph Series No. 2, Department of Applied Social Sciences, The Hong Kong Polytechnic University.

Shortt, S.E.D. (1983). "Physicians, Science, and Status: Issues in the Professionalization of Anglo-American Medicine in the Nineteenth Century." *Medical History*, 27, pp. 51-68.

Starr, P. (1982). *The Social Transformation of American Medicine*. New York: Basic Books.

Stein, L.I. (1967). "The Doctor-nurse Game." *Archives of General Psychiatry*, 16, pp. 699-703.

Stein, L.I., Watts, D.T., & Howell, T. (1990). "The Doctor-nurse Game Revisited." *New England Journal of Medicine*, 322, pp. 546-549.

Stover, R.V. (1997). "Making It and Breaking It: The Fate of Public Interest Commitment in Law School." In *Lawyers: A Critical Reader* (edited by R.L. Abel, pp. 75-89). New York: The New Press.

Strong, T.H. Jr. (2000). *Expecting Trouble: The Myth of Prenatal Care in America*. New York: New York University Press.

Studdert, D.M., et al. (2005). "Defensive Medicine among High-risk Specialist Physicians in a Volatile Malpractice Environment." *Journal of the American Medical Association*, 293, pp. 2609-2617.

Svorny, S. (1999). "Licensing, Market Entry Regulation," In *Encyclopedia of Law and Economics* (edited by B. Bouckaert & G. De Geest, pp. 296-328). Edward Elgar and University of Ghent.

The Harvard Team (1999). *Improving Hong Kong's Health Care System: Why and For Whom?* Hong Kong: President and Fellows of Harvard College.

Turner, B. (1995). *Medical Power and Social Knowledge* (2nd ed.). London: Sage.

Weeden, K. (2002). "Why Do Some Occupations Pay More Than Others? Social Closure and Earnings Inequality in the United States." *American Journal of Sociology*, 108(1), pp. 55-101.

Wertz, R.W. & Wertz, D.C. (1979). *Lying In: A History of Childbirth in America.* New York: Free Press.

Wilcox, D. (ed.) (1914). "Medical Organizations in Annual Session: The AMA Meeting." *Journal of American Osteopathic Association*, 13, p. 650.

Williams, R. (1976). *Keywords: A Vocabulary of Culture and Society.* London: Fontana.

Williams, R. (1977). *Marxism and Literature.* Oxford: Oxford University Press.

Willis, E. (1989). *Medical Dominance: The Division of Labour in Australian Health Care* (rev. ed.). St. Leonard, N.S.W.: Allen & Unwin.

Witz, A. (1992). *Professions and Patriarchy.* London: Routledge.

World Health Organization, WHO (2015). *WHO Statement on Caesarean Section Rates.*

第二章
醫學霸權與醫療服務的政治經濟學

馮可立
（香港中文大學社會工作系兼任副教授）

一、引言

如果孤立地了解醫療服務，那只是一個診症治療的過程，研究的是醫藥及器材的療效，醫者的判斷及醫德，以及與病者的關係，這的確不足以構成一個社會議題。不過，在過去的二十世紀，醫療逐步成為一個「集體消費」（collective consumption）體系，或者更精確地說，成為了一個產業，社會中無數的人力物力資源相繼投入其中以確保這個產業的發展。有些學者認為，這是拜「大科學」（Big Science）及「大藥物」（Big Pharma）所賜，使這個產業的資源投入不斷增加，侵吞着社會財富，對民生產生甚大的影響力，甚至成為一股強大的政治經濟力量。就是因為這個原因，醫療的政治學、經濟學、社會學等在上世紀中期開始冒起，成為一個特殊的研究議題。

在美國這一個崇尚自由市場的社會，不少醫療的研究都指出醫療集團佔據着重要的經濟位置，同時也訴說着低下階層的苦況，就算是中產階級也提出申訴，要求政府改善醫療產業所加劇的「有病缺錢看」現象。醫療集團在這方面極力抵制任何變化，而民間的訴

求卻又無日無之，美國政府在兩者之間如何取捨，卻顯得有點拖拖拉拉。在香港，過去的二三十年有關醫療融資的討論，也讓人看到在醫療界中，政治經濟角力充滿糾纏，結果是政策拖了這麼久，也難以達到一個較合理的結論。本書的其他章節對香港的情況已有詳盡的介紹，本文的目的是將攝影鏡頭稍為拉闊，希望對醫療的現代化過程作一簡略介紹，多些介紹醫療政治經濟學的一些基本理念，尤其是醫療在現代化過程中對社會的影響，讓讀者認識不同國家體系如何回應這個「大科學」及「大藥物」所建立的霸權，以及如何去制衡它對國民經濟的侵蝕。

二、醫療：從服務演化為產業

　　醫療服務並非一個孤立的體系，而是受着三方面的影響，例如 (1) 社會的政治歷史背景、意識形態、行政制度、公民權利意識等結構性政治因素；(2) 經濟水平、科學與科技水平、工業化水平等經濟制度因素；(3) 人民教育水平、宗教力量、社區組織、家庭結構等社會文化因素。例如美國的歷史發展着重自由市場，任何建議推行全民可享用的公共醫療服務，都被美國醫生協會譴責為「社會主義醫療」，並加以抵制，以致歷屆美國總統要推出一套像樣的公共醫療服務及融資計劃都像是愚公移山般困難。上世紀九十年代希拉莉·克林頓（Hillary Clinton）的醫改方案遭遇滑鐵盧，奧巴馬（Barack Obama）雖然強行通過醫保方案，但仍面對不少醫療集團的抗拒，甚至在共和黨的特朗普（Donald Trump）總統攻擊下，面對取消的可能。英國的經驗不同，它在與南非的第二次波耳戰爭（Second Boer War）中，發現七成的士兵體能甚弱，於是開始關注國民健康

的重要性。在第二次大戰後，積極推行以政府為主導的國民健康服務來統一處理全民健康的問題，從嬰兒期便開始提供營養資助，以致被冠以「從搖籃到墳墓」的福利國家稱號（Byrne, 1978）。歐洲的其他國家因為經歷過嚴重甚至血腥的階級鬥爭，社會政策着重社會和諧及政府的「責任分擔」（shared responsibility）角色，於是德國與法國等都是用社會保險的模式來經營醫療服務，希望能夠疏解勞資糾紛，減少社會對立（Roemer, 1991）。無論是經濟發展、國民體質還是社會和諧，政治及經濟制度、意識形態、歷史機遇等都對醫療服務的性質及形式有決定性的影響。

在啓蒙運動（大約 1650－1760 年）之前的歐洲，很多人仍然相信禱告可以治病，法國的外科醫生在 1731 年才脫離理髮師行會，英國的外科醫生也在十四年後效尤，可見當時醫學的地位處於什麼位置（彼得·蓋伊，2008）。在十九世紀之前，無論在亞洲、歐洲還是美洲，醫學還是介乎於藝術與科學之間尷尬地位的行業。以往大多數的服務模式都是零散的診所，而少數比較具規模的住院服務主要是由慈善機構提供，但主要的作用是隔離傳染病人及精神病者，以及待死之病人，外科手術多是醫者在家訪下進行。十九世紀是醫學突破的一世紀，醫療科技研究的發展相當蓬勃，計有瑪啡、聽診器、麻醉劑、歌羅芳、抗菌藥、巴斯德消毒法、可卡因等的發現及發明，逐步使以往傳統的醫院被重新整理，成立抗菌室等設施，外科手術才可達到較高成效的地步，簡單的診所亦逐步規模化，醫療服務逐漸步向一個較為全面的產業結構。

這個產業的經濟地位亦逐步改變。以往醫療人員的收入並不算高，很少醫生稱得上屬於富裕階層，而一些行會通過自組的合作社社員供款來平擔風險，聘請醫生看病也負擔得來。但到了十九世紀，隨着歐洲資本主義擴張、中產階級的興起及歐洲諸國向全球殖

民，醫生亦逐漸納入中產階級行列，歐洲人民生活質素的提高，亦使醫者的收入亦步亦趨。到了十九世紀末至二十世紀初，醫療產業的社會經濟角色，已經上升到國家關注的層次，德國在 1883 年開始建立疾病保險，不少歐洲國家都繼而模仿，使以往行會式的自願供款保險逐步被取締，到第一次世界大戰時已有十個歐洲國家採取了醫療保險制度。醫療服務的專業化因而得到政府的監管及支援，而其他科學的進步也提供了發展的基礎，例如電力及光學的發展引致 1895 年發現了 X 光，使醫療科學在診症方面超越了很多傳統醫學。美國的醫療亦在內戰後加速專業化，政府在 1863 年成立國家科學院，到了 1900 年已經成為頭號工業大國，國民的生活水準及期望提升，追求生活上的改善，歐美的醫療科學因此穩坐在經濟急促成長的列車上，西方醫學的「產業霸權」開始成形（Ashford, 1986）。

但從第一次世界大戰（1914－1918 年）到第二次大戰（1941－1945 年）之間，因為經過經濟大蕭條，所以就算醫療科技有些突破，也要在大戰之後才得到普及，例如消炎的盤尼西林在 1928 年發現，亦要到五十及六十年代才普及使用。不過，因戰爭產生的傷亡人口使醫院的需求大增，醫院數目迅速增加，而且專業化亦使醫務人員成立工會來保護自己的利益，在龐大的需求下，醫生及醫院集團迅速發展。在 1918 年美國，醫院服務佔家庭的總醫療開支是 7.6%，到了 1929 年是 13%，1934 年上升至 40%（Ross, 2002）。醫療科技在二戰後有甚大的突破，例如抗生素（盤尼西林）在 1941 年的應用，1949 年類固醇的出現，使疾病的治療率上升，藥物的科技地位得到鞏固，而 1952 年在哥本哈根成立的急症室、1955 年可以在醫院做開胸心臟手術，甚至在 1967 年還可以成功換心，更使外科手術產生革命性的突破，享有極高榮譽，這些成就進一步鞏固了西方醫學產業的科學地位，逐步形成一個全球性及發展迅速的產業，

醫學畢業生成為天之驕子，醫者的權威可說是一時無兩，享有極高的社會經濟地位。

在市場的競爭下，醫療服務日趨科學化、專業化、商品化、企業化，成為資金的集中地，使各集團（包括醫生集團、醫院集團、輔助醫療集團、藥品集團，甚至聲稱有治病效益的食品業）賺取豐厚利潤。醫療費用從二戰後到現在短短的數十年內，膨脹成天文數字（Martin, 1990）。例如英國在 1960 年的人均醫療支出是 19 英鎊，1970 年上升到 41 鎊，1980 年急劇上升到 234 鎊，1990 年 550 鎊，到 2000 年已是 1,126 鎊，在四十年內上升近六十倍；美國亦從 1960 年的 51 鎊上升至 2000 年的 3,057 鎊，而在這些數字背後是龐大工商業集團的形成。美國的醫院供應公司（American Hospital Supply Corporation）的市場佔有率為 20%，擁有足以左右醫院物料價格的地位（Salmon, 1977）。另外，在美國，全國二百間大公司的行政首腦組成了商業圓桌會議，成立了國家醫療商業組（National Business Group on Health），成員來自「財富雜誌」的五百企業，例如美國銀行、藍十字會、藍盾等，希望影響醫療討論議題，與政府討價還價，儘量減少結構性改革（National Business Group on Health, Principles for Health Care Reform, 2009）。在奧巴馬總統推行全民健保的過程中，醫療保險集團的 CEO 得益不少，一方面控制醫療價格，另一方面獲得金錢的補償，PhRMA 的 CEO 除了獲得 210 萬元底薪外，還加上 240 萬元花紅（Bara Vaida, 2011）。藥物工業也獲得甚高利潤，美國的藥物價格每年的升幅約 12% 至 18%，而藥廠的利潤可高達 25%，不少藥物只是改變了包裝及分量而抬價，科研的貢獻減少。在 2002 年，美國的製藥廠商只是用了 14% 科研費，反而推銷費增加至 31%，因而賺了 17% 利潤（Angell, 2005）。醫生的收入也提高了不少，據 2004 年的資料顯示，美國普通科醫生平均每年

的收入是 146,000 美元（OECD, 2008），專科醫生更是超過雙倍的數目。在 2004 年的 *Forbes Asia* 一篇文章說，在中國，一個一萬億的產業正在形成中（a trillion dollar industry is in the making），醫療已經開始成為一股龐大的力量（Perkowski, 2004）。

羊毛出自羊身上，這個工業體系所賺的錢，大都是出自病人身上及政府的開支。在二十世紀初，很多政府基於良好的意願，提供醫療服務及醫療保險給市民，但是過了數十年後卻發覺難以應付這個急速膨脹產業所帶來的財政後果。不少大學開設了健康及醫療經濟學，研究如何去應付這個日漸龐大的產業開支。有些政府開始將問題拋給市場競爭，期望看不見的手可以自然而然地解決問題。有些政府從基礎健康教育及法律着手，希望藉此減低需求。有些政府維持原有制度，但用嚴苛的手段來提高效率，減少浪費。有些學者提倡「另類醫療」（alternative medicine），希望傳統的民間醫學得以發揮，提供多層面的服務供應，釋稀現代科技的昂貴價格。

三、醫療市場的分析

從經濟學的角度來看，計劃經濟是一個僵硬的制度，應該由靈活的市場來提供服務，確保有效的資源分配。不過，醫療服務是一個不完全的市場（Fuchs, 1986；Sorkin, 1992），不應以簡單的供求定律來分析，生命的保障並不簡單地反映在「供應－需求」價格的曲線上。

我們首先從服務需求方面來分析。其一，疾病的突發性難以預測，所以病人在購買醫療服務時，是被動地反應而非主動及有計劃地挑選適合的服務供應者。其二，疾病的緊逼性及嚴重性很容易產

生慣性行為，病人在痛楚焦慮的情況下，只會依賴相熟供應及有限知職決定，是一種「有限度的理性」（bounded rationality），並不會吹毛求疵地「格價」，因為在病情及痛楚的騷擾下，尋求更多市場消息來議價，只會拖延病情，引致因小失大，危及生命。其三，醫療服務需求是一種「供應者誘導的需求」（supplier-induced demand）（Evans, 1974），病人只能夠提出「需求前奏」（episode of demand），決定應否去看醫生，但是他不能決定自己患什麼病、是否需要某種儀器來診斷、療程的步驟是否應該要做手術、是否應該住院、以及付出多少錢。這些都有賴於醫療服務者的專業判斷來決定。病人可能不喜歡某一位醫生而選擇另外一位，提出另一個需求前奏，但是他不能決定醫者如何醫治自己。甚至，醫者未知病情的複雜性之前，也未必能計算整個醫療服務的費用。一個人的病並非一件已製成的商品讓買賣雙方可以隨便拿來議價。

因此，醫療市場挑戰了兩個經濟學的基本假設：其一是「理性選擇」假設，相信每一個人都充分了解自己最大的利益，有無數選擇進入市場購買服務。其實，病情所引起的痛楚及恐懼感可以令人思想混亂，所以醫療服務並非是滿足慾望，而是紓解困境及憂慮。其二是「需求 — 供應」假設，以為只有需求才會帶動供應量，漠視了「資訊不平衡」（information imbalance），不曉得供應者的專業知識其實是控制供應量的重要因素。所以，Aaron（1991）提出了醫療市場的模糊需求線（fuzzy demand curve）理論，認為簡單的經濟供求定律不能硬套入醫療經濟的分析。

其次再分析供應方面的問題。其一，醫療服務亦是一個不完全的市場。它是一個專業，醫護人員要得到證書才能執業，它有「入市障礙」（barriers of entry）（Fuchs, 1986），普通人不可以隨便成為服務提供者。其二，醫生、護士、麻醉師、藥劑師等都必須經過一

段長時期的訓練才能執業，所以供應量及價格不會因需求量的短期變化而可以作出迅速的市場調節（market adjustability）。醫療服務價格與經濟波動及循環沒有直接的因果關係。其三，一般的商品市場可以同時提供優質及劣質商品，有貴價市場及平價市場供消費者選取。但是，醫療服務因牽涉病人的健康及生命，責任甚大，專業操守使服務者難以將價就貨，縮短療程，或提供低劣服務。服務者如果玩忽職守，將會被撤消專業資格，甚至有可能被起訴。其四，一件商品壞了可再購買或得到賠償，但是健康損壞了便難以回復前況，服務的可取代性甚低，以致醫療服務失誤所牽涉的賠償，往往涉及大筆金錢，保險金額甚大。

　　就是因為這個市場的交易成本對病者十分不利，但同時又與人民的生命及健康有極大的關係，因此世界各國政府都很難將醫療服務的供應完全倚賴自由的市場機制，而是把它看作一種「公共財產」（Savas, 1987），通過不同的途徑去干預醫療服務的經濟及社會關係，提供一定的資源來保障市民的生存權利。

　　Santere（1996）指出，醫療融資的問題是一個「病者 — 服務提供者 — 第三者」的三角關係，病者的議價能力十分弱，而服務提供者佔盡優勢，市場力量十分不均衡。如果有一個中立的第三者來判斷及磋商一個合理的價格的話，療程的價格便會得到制衡，病者的權益得到保障，而社會的醫療費用便會得到控制（下圖）。

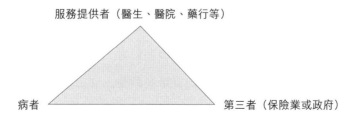

服務提供者（醫生、醫院、藥行等）

病者　　　　　　　　　　　　　　第三者（保險業或政府）

在這個三角關係中，第三者起着很重要的制衡作用，使市場不會太一面倒地被供應者控制。這個第三者可以由政府或保險業擔當，但當然兩者的公共權力與責任有很大的分別。從制衡的角度來說，保險公司的權力和責任當然比較少，它只是為醫療服務提供資金而已。它可以做到的，是邀請供款者集腋成裘，採用統計學上的概率方法，訂定索償規則與賠償金額，用以控制用家及供應者的濫用行為。保險業的主要功能，是風險集約，但不一定對全民健康有很大的幫助，例如在預防及公眾教育等方面。

政府的制衡範圍及角色遠遠超過保險業的功能。首先，醫療服務是保障勞動力再生產的主要因素，政府有責任照顧勞動階層，使國民健康受到保護，確保勞動力的再生產不會受到損害。所以它的角色並不單只限於融資，而是要保障勞動力質素及工作損耗的問題。其次，它必須處理社會公正（social justice）的議題，照顧弱勢社群如低收入人士、傷殘老弱、兒童、少數民族等等，使社會資源得以協助有需要的人士。所以，政府無可避免地需要用不同的方法使勞動階層及弱勢社群得到醫療的照顧。它可以採取三個主要策略：一、直接提供服務（direct provision），例如成立部門、提供資金直接興建醫院、購買機器、招聘專業人手、提供一般市民可負擔的醫療服務。二、津貼服務（subsidy），通過調撥公款來購買或津貼一些非政府機構所提供的非牟利醫療服務，以降低政府直接服務的規模壓力。政府並不擁有這些服務組織的資產及管理主權，但可以用一些行政要求及措施來管制民間提供的服務質素。三、調節服務（regulation），通過立法及訂定規則的方式去管制市場，提供公平競爭的環境，以便調節服務的質量與價格，亦可以通過專業組織來懲罰服務者的訛騙欺詐行為。一般來說，政府可以採取某一個方式作為主導，或者三者共用地為市民提供服務（Le Grand, 1984）。

政府介入醫療服務市場，引起無數的政治爭端。有些人將它上升到意識形態的層次，認為這些都是歪曲市場機制的做法，渴求「社會主義計劃經濟」，是必然失敗的。有些人不滿市場「適者生存」的叢林定律，覺得普羅大眾及弱小市民被嚴重剝削，社會公義不能伸張。不過，無論如何界定政府的角色，我們都清楚地明白，保險業的第三者角色相當有限，因為保險業也是市場的一部分，它也要從中取利，對醫療服務者的制衡只是在經濟行為上，它不需要維護公共利益及弱勢社群，它的制衡甚至增加了交易成本，加劇醫療價格的通脹。政府作為第三者，要處理的範圍卻又超越了純粹融資的安排，牽涉到政府如何衡量公共健康的重要性，如何理解民生疾苦及社會公義，達至社會和諧，以及政府如何承擔責任。從這裏，我們難以避免地進入了醫療服務的政治學的分析。

四、醫療體制的政治選擇

面對這一個迅速興起的產業，各國政府都積極地面對它的影響力，或多或少地干預市場的運作。在全世界層次來說，我們可以簡化地分三種醫療體制：自由市場與商營保險體制、國民健康服務及稅務承擔體制、公私型混合與社會保險體制（Roemer, 1991）。

要在這裏評價這三種醫療體制及融資模式的好壞，是十分困難的，因為它們成立的時候是被很多不同的政治經濟因素影響，包括人民對政府公共責任範圍的要求、醫療權力的分配及制衡、政治制度的制衡力量、專業團體的成熟程度及與統治精英的關係、貧富懸殊水平、整體社會健康知識的水平等等。而且，從各國的歷史發展看來，選擇了一個醫療體制及融資制度後，除非有很重大的政治事

件，否則很難作一百八十度的轉變，因為改革醫療體制牽涉醫療制度內千絲萬縷的權力關係，還波及經濟制度內的既有利益集團，改革必須有很強大的社會支持才能達致。

目前，在世界的醫療融資制度中，美國是唯一一個國家堅持商營保險制度，配以國家資助老貧無依的社群。社會保險制度的國家包括德國、比利時、法國、日本、加拿大、澳洲等，而稅務承擔的國家包括英國、紐西蘭，北歐國家如瑞典、芬蘭、丹麥，南歐國家如西班牙、意大利、希臘等國。可以說，世界主流是屬於後二者。

五、自由市場與商營保險

自由市場提供的醫療服務，主要是將醫療問題看作是個人自由選擇的問題，所以多以「理性選擇」作為它理論分析的依據。它假定醫療服務是通過自由買賣的情況之下進行，病人可以有權選擇醫院、醫生及醫護人員。服務的數量及素質與市場掛勾，高素質的醫院及醫護人員可以要求比較高的價格，低收入的人士只可以獲得較低素質的服務。這是在兩廂情願的情況下達成交易的。在理論上，自由價格將會成為資源最優分配的機制，所以，如果以自由市場為醫療政策的主導策略的話，理論上只有市場選擇的分析，應該沒有醫療融資的問題。

自由市場的醫療體制，強調自由場的重要性，配以國家的最低介入程度。自由企業精神崇尚市場競爭，物競天擇，贏家通吃。美國是一個最有代表性的例子。在供應及商品化方面，因為競爭劇烈，所以美國不少大學的醫學院都收取相當高昂的學費，而不少醫生都因要提高競爭力而放棄家庭醫生的位置，進修專科，以至目前

有 85% 的醫生有專科資格，普通科就診醫生由 1970 年佔整體醫生數目的 17.3% 跌到 1994 年的 2.9%，形成一方面專家過剩，另一方面普通服務卻又停滯不前的現象。在商品企業化方面，美國的牟利醫院在 1971 年佔的病床比例只是 6.2%，到了 1986 年上升到 13%，1990 年達到 19%（Martin, 1990），而這些醫院的邊際利潤在 1980 年代已經是 15% 至 30%（Abramovitz, 1987）。在藥品供應方面，競爭更為激烈，同類型及同成分的藥物有無數牌子，必須講求包裝及廣告推銷，以致有研究估計大約有 20% 藥品成本來自廣告開支（Santere, 1996）。醫療服務及器材在商品高度競爭的情況下的確提高了服務素質，但是因為專利權大多維持二十年左右，所以新藥與新器材的起點價格甚高，而後來者亦難以用降價的方法來競爭。

　　自由醫療市場的主導力量，是供應者領導的市場。這種體制很容易引起服務供應者濫收費用的情況，政府與保險公司不得不加以管制，否則醫療費用將會侵蝕經濟發展的成果。在美國差不多每一個醫生都要買「瀆職保險」（malpractice insurance），現時這些保險金額不斷提高。在 1996 年，美國醫生協會（AMA）報告，在一個一般診所成本的 183,100 美元中，大概有 12% 是用在瀆職保險，不過，這些保險對病人並非有利，因為病人每取 1 美元的賠償，法律索償費卻是 1.65 美元。在這種情況之下，「防守醫療」（defensive medicines）便應運而生，服務者為了保護自己，不必要地大量提供檢驗及治療品給病人，以致醫療成本不斷上漲。不單如此，瀆職保險費極其高昂。在美國，平均醫療瀆職個案賠償從 1975 年的 42 萬美元上升到 1986 年的 200 萬美元，保險公司不得已提高保費，使醫療保險額以倍數激增（Stiglitz, 1988），而瀆職保險總開支從 1996 年的 2 億 9 千萬美元上升到 2001 年的 30 億，五年之內增加了十倍（Hartwig & Wilkinson, 2003）。在市場交易成本不斷上升的情況下，

美國在九十年代的總體醫療開支已佔國民生產總值的 11%，比起英國公費醫療的 6% 高出差不多一倍，到 2007 年更高達 16%（Pearson, 2009）。

保險公司亦必須開源節流地賺取最大的利潤。一般來說，醫療保險最重要的原則就是分擔風險，而分擔風險的評估可分為社群評估（community rating）與背景評估（experience rating）。前者的保金及待遇都是以所有投保人的數目加起來計算，用概律的大數法則來計算風險的成本、收費及待遇。在這種計算當中，比較健康的人暫時津貼患病的人，到自己病時便得到其他人津貼，互相津貼（cross subsidization）的效果很大。後者將投保人分類，保金與待遇是以投保人的健康風險背景來計算，如年齡、職業、以前的病歷等等。在這種計算方法中，分擔風險及互相津貼的效果較低，而保險公司很多時都會通過擇優棄劣的「摘車厘子行為」（cherry-picking behavior）來選取風險低又利潤高的社群來投保，風險高的人需要付更高的保金才能受保。如此一來，服務的可達性（access）便因病者的風險程度而受到很大的排擠。

由於低收入與健康水平低有很密切的關係，所以沒有一個國家會全然採用自由市場為唯一的做法。無論是基於政治理由還是人道立場也好，這些國家都會採用一些慈善性質的公共服務或政府津貼來解決低收入人士與貧病者的醫療服務需要。可以說，老年人和窮人在自由保險市場中是最不利的，政府的首要角色是去提供一些津貼給貧病老弱的人士。美國政府就是在這個社會壓力下為這兩個脆弱社群提供社會保險（通過保險公司為長者而設的 Medicare 及貧窮人士的 Mediaid），但是，在極端企業化和商品化的醫療工業推動下，政府的開支不斷受市場力量的帶動，所以儘管出了很多錢，但是如果缺乏調節市場競爭的手段的話，政府的醫療支出將會丟入無

底深潭，難以自拔。

美國是自由市場的堅持者，它用兩個主要方法來管制這個產業霸權的擴建。其一是引入管理式護理（Managed Care），在醫療市場中成立健康維護組織（Health Maintenance Organization, HMO）。HMO 的形式有很多種，但基本上，管理式護理是一個醫療預繳合約，HMO 是中介組織，會員只需要每年預繳一筆年費，便可使用 HMO 及其合約承辦單位所提供的服務，包括門診，昂貴住院或其他預防性醫療。這個模式是管理服務的供應及為其會員確保權利（Enthoven, 1987: 42），一方面給予醫療機構一個誘因去控制成本，另一方面 HMO 有責任不會因為健康風險而拒絕會員的資格。每一個健康計劃都包含高風險及低風險人士，可作互相資助（cross-subsidy），風險平均分擔。而且，由於 HMO 可參與醫療機構資源分配及服務質素等決策，使醫療服務者不能單方面定價，確保合理收費水平。

另一個方法是用相當嚴厲的「診斷相關組別」（Diagnostic-Related Groups）方法來控制成本的上升及服務的濫用，可以說是自由市場中十分罕見的措施。這是一個在 1982 年美國推動的成本控制方法，政府要控制 Medicare 支出，訂下保險「產品」的底線成本，要求保險公司嚴格執行以免政府負擔太重。這個保障計劃相當複雜，很難在這裏作介紹，但它難以壓抑醫療供應者的收費，只會使病者自掏腰包（out-of-pocket）的負擔加重，尤其是當醫療通脹高升時，老人家叫苦連天的聲音更形高昂。

六、稅務承擔下的國民健康服務

國民健康服務的主要目標，是解決醫療服務的分配問題。稅務

承擔有濃厚的經濟平均分配思想，尤其是國民的健康體質是社會穩定及發展的重要基礎，人人都有平等的發展機會，社會的財富亦需要比較平均地分配。

政府基於公民權利的原則，主動及主導地在財政及行政方面為公民提供醫療服務。政府直接參與醫療服務的設立及運作，例如興建醫院、購買機器、成立部門、招聘人手、提供資金及直接服務。這些設施與服務，無論在資產及管理的主權，都屬於政府。醫生及其他醫務人員均享受國家統一規定的工資待遇；私人開業的醫生及醫院較少。政府舉辦的醫院實行基本上近於免費性質的醫療保健制度，向一切病者提供醫療保健服務。病者不需要交任何費用，便可得到服務。醫療經費的來源主要來自一般稅收及醫療保險稅。通過稅收及分配的調節，醫療服務成為一個重要的再分配社會政策。

嚴格來說，在這樣的醫療體制下根本沒有自由交易的醫療經濟學，因為醫療服務提供的經濟交換誘因根本不存在，亦根本沒有「需求 — 供應 — 價格」關係。在這些國家，如英國、新西蘭、北歐國家等，醫療經濟問題基本上是財政問題及政治問題，必須在控制浪費、提高效率的情況下，使市民醫療權益得到保障。甚至有經濟學家說，微觀經濟分析對國民健康服務制度的政策影響甚微（Jonsson, 1990）。

有些人以為這個制度會使政府過度投入，財政亦會陷入難以回轉的困境。但是很多國際比較研究都顯示，這些國家的醫療開支都比自由市場模式為低，最主要的原因是這個制度的成本控制方法比較容易。

稅務承擔最大的優點，是成本控制。醫生因為是公務員或者是合約僱員，基本的薪金受到保障，不會因為經濟誘因而提高甚或濫收費用。政府又因為是最大的僱主及服務買家，所以在購買藥品、

儀器、人手方面有很大的議價優勢，有利於控制成本。另外，這個制度可以提供很多預防措施，減少發病率，例如在市民飲食習慣方面多作教育及監察食品工業，使到健康政策的計劃及執行得到最大的發揮，使資源的運用不至於過度浪費。健康教育及監管、基層醫療、社區照顧、醫院服務等政策重點相對上較為平均，不會導致頭重腳輕，本末倒置。同時亦試圖在醫療科學之外，考慮另類醫療（alternative medicine）所起到的治療或紓緩作用。

這個體制所得到最主要批評並非是市民覺得難以承擔沉重的財政支出，反而是服務的短缺、輪候的隊伍相當長，政府規劃及分配的錯漏、公共醫院的官僚架構、醫生缺乏成本意識引致的嚴重浪費等問題。如同一般的公共服務一樣，當醫療服務成為了一項公共服務之後，它要面對的已不單是服務本身的問題，還牽涉到服務的「公共」含義。服務策劃者需要處理市民所投訴有關服務的公平性、可近性、公民問責性，與提供一定的服務水平等等的問題。這些問題，在自由市場當中，是通過保險業用高昂的保險費用來支付，而在公費醫療模式中，是由政府的財政與行政機構來承擔。市場是一隻看不到的手，透明度不高，所以責任的主體問題可以互相推諉，但是政府卻是一個可以掌握的公共實體，公眾的責任是政府的存在基礎，在面對公眾的責難下，政府官員通常用官僚制度和程序來自保，所以這個體制的致命傷是官僚制度所產生的效率及效益問題。

近年來，這個模式的改革，大多數是用「內部市場」（internal market）及增加收費（fee charging）的方法來紓緩財政壓力。前者的目的主要是針對供應方面，希望提高效率，減低浪費、提高素質、清洗因循守舊的官僚架構。後者的目的是針對需求，儘量想減低不必要的求診住院，亦提高病者對醫療服務的成本意識。

香港醫療的醫院服務，是採用了國民健康服務模式。從上世紀

七十年代，政府對住院病者提供公立醫院服務，到今天的七百多萬人口中，大多數市民都可以享用這個服務，而公立醫院病床數目大約二萬八千張。不過，雖然人人都可以享用此服務，但新症輪候時間可長達二三十個月，而且病床的佔用率甚高，引致病人怨聲載道，連供應服務的醫生亦因超時工作嚴重，而叫苦連天。究竟香港這個供應模式的問題，是經濟的衰落、公營服務與私營服務的失衡、還是規劃的缺乏或失誤、政府的決策意志、官僚效率等等問題，則是以下章節所要介紹的內容。

七、混合模式與社會保險

混合模式的醫療體制，可以說是自由市場體制與稅務承擔這兩個極端之中的灰色地帶，它包含不同的模式，但是大多數混合模式的國家都希望一方面保持自由選擇的權利，另一方面通過一些社會基金進行再分配。有些政府比較強調自由，有些強調再分配，但它們都用一個強大的社會保險制度來調節醫療服務市場的變化。可以說，政府與保險業都同時是第三者，是雙主角。通常，這些國家都是循序漸進地先從就業人口開始提供醫療保險，然後逐步擴展到全民保險。

它包括很多不同的變種。德國與日本是以行業為集資基礎的傳統社會保險模式，保險業的角色比較強，國家成為一個重要的配角，主要的功能是津貼保險基金的不足及調節市場價格。日本與德國的工業化過程都是政府帶動的，醫療政策的融資亦是一樣，國家在不同的醫療利益集團中擔當一個中間人的角色，以國家的整體利益為依據來協調自由市場與利益集團的平衡。這些國家的醫療服

務都是私營的，但商品化的程度並不高，主要是因為政府與專業團體都有相當大的影響力，它們訂定規則，管制醫療服務的質素及利潤，使醫療費用不會劇增。例如德國建立了社會市場經濟，使政商民通過政治協調制度（concertation）制訂政策，減低醫療商品化，醫療通脹仍受到一定的控制。德國的公共醫療住院開支亦只不過從 1970 年的 115 億馬克增加到 1987 年的 545 億馬克，十七年的增幅只是 4.7 倍。但美國卻從 169 億美元增至 1,221 億元，增幅達 7.2 倍（OECD, 1990）。通過整體預算管制（global budgeting），德國醫療開支從 1970 年的 432 億馬克增加到 1996 年的 3,730 億馬克，二十六年增幅是 8.6 倍，而美國從 732 億美元增至 10,300 億元，增幅達 14 倍之多（OECD, 1997）。

　　法國和加拿大是以政府為主導，保險業為輔助，建立以國家為集資及管理基礎的國民保險模式。在加拿大的國民醫療保險制度中，國家是最大的醫療服務買家，在各利益集團中的議價能力極高，可以用全局預算（global budgeting）的方法來壓價。加拿大國民，不論貧富，均可獲得醫院及一般診療服務。根據加拿大健康法例規定，各省份醫療保險計劃必須符合五個基本原則——全面性（comprehensiveness）、全民受惠（universality）、可攜性（portability）、可近性（accessibility）及由不牟利中央機構管理（public administration）（adams, 1993），才可接受聯邦政府的資助。這些原則奠下了加拿大保險制度的特色，目的是保障國民不會因為職業，醫療狀況，居住地點及負擔能力差異而受到歧視，包括殘疾人士及那些有特殊醫療需要的人。法國的醫療保險資金由國家疾病保險基金集中管理，有助於醫療經費的計劃安排及資源的合理運用，從而有助於控制醫療費用的支出。

　　混合模式體制的特點，是希望將自由選擇、可達性、效率、成

本控制等的醫療服務原則糅合在一起，達到一個整體的國內的平衡。但是，它面對一個很大的問題，就是醫療服務工業現在已經成為一個國際工業，醫療科技、器材、藥品等的價格都不是國內制度可以控制的。

社會保險模式的醫療經濟學，是一個複雜的學問。它將一般普羅大眾與低下階層的積蓄，通過一個政策的制訂便帶進了醫療服務市場，它製造及強化了需求，並因此帶動了新的供應量如人手及設備的增加。在經濟繁榮下，需求與供應量不斷互相刺激，醫療通脹的上升比較快，因此亦促使各國在經濟發展速度放慢後着力管制支出和提高效率。而且，在新科技及新藥物的開拓下，Big Science 與 Big Pharma 的確對醫療保險產生甚大的壓力，所以不少國家都採用收緊總額預算（global budgeting）的方法來控制醫療成本。

八、醫療霸權還有多少發展空間？

以上談到的，主要是針對西方醫療科學推動的「產業大爆炸」所做成的政經效果，「大科學」與「大藥物」在資本主義的起飛及加速期對歐美所帶來的影響，後來還發展到全球化的霸權。

但到了今天，這個霸權是否會繼續膨脹及擴張，而西方的政經措施能否有效控制這個「大科學」呢？有一些醫療學者批判說，醫療的科學主義開始面對以下的幾個挑戰：其一當然是診斷科技的浪費使用（Misuse of Diagnostic Technology），醫者為了不費心思便用高科技產品去作診斷，殺雞用牛刀，一方面產生很大的浪費，另一方面是「智能衰敗的象徵」（a sign of intellectual degeneration），醫者的經驗及智能不進則退。第二個挑戰是太信任科技因而不留意

一些科技檢查不到的病徵，以致機械化的測量反而引起專業化的漠視（professional negligence）。第三個挑戰是高度昂貴的死亡（high cost of dying），從上世紀七十年代開始，美國大概有一半的醫療開支是為了服務病者死亡前的六十天。到了 1995 年，美國花在急症室的開支達 620 億美元，其中有三分一是屬於「可能無效的照顧」（Potentially Ineffective care, PIC）（Fanu, 2011）。

Fanu 在《現代醫學的興起與衰落》（*The Rise and Fall of Modern Medicine*）一書指出，醫療科學在上世紀六七十年代已經發展到一個高峰，之後沒有太大的突破，美國的博士後研究學者人數銳減，其中一個原因是因為市場的高薪誘惑實在太大，利潤豐厚只是靠以往的成就「吃老本」。他認為在九十年代以後的二三十年醫療科學只有兩大發展，其一是基因學的各種研究，其二是醫學的「社會理論」。前者包含基因工程（genetic engineering）、新遺傳學（new eugenics）及基因治療（gene therapy），不過這三項研究雖然有某些進展，但這些進展並未產生對醫學具有實效的作用。後者「醫療社會理論」反而上升，由上世紀五十年代吸煙會引起肺癌開始，到九十年代的「環境對健康的影響」（例如城市壓力、居住質素）、「合理均衡飲食」對心血管系統的影響等等，其療效是否得到臨床的證實（例如防癌防心血管疾病等），其實並不重要，最重要的是使身體不適的人多了一些選擇，使一般人不用對醫療科學有太多的倚賴、迷信及期望。可以說，歷史有點倒轉過來，以前是醫療科學陪伴着資本主義的興起而成為一個重要產業，但目前的趨勢是社會發展的意識有所變化，以至另類社會發展的要求對醫療科學產生了影響力。

另外，傳統的醫學雖然站在較為邊緣的位置，並沒有很確實的科學根據，但不能說它們沒有效用。在香港，雖然政府提供的醫療服務全屬西方醫學，但中醫始終是一個普及的另類選擇，在昂貴西

藥以外提供治療慢性病的草藥，雖然效用未必像西藥那麼精準，但在固本培元方面培養起信心及精神，亦不失為一種治療方法。除了中國醫學之外，脊醫、物理治療、語言治療師、水療等輔助性治療亦逐步發展，市面上亦興起不少保健、養生、推拿、按摩、針灸、跌打、氣功等服務，無論是補充性還是治療性，始終是一般市民喜歡享用的另類醫療。

醫療科學會否還有突破的可能，使病者能夠到適切的、有效的、就近的、可負擔的服務？正如 Fanu 指出，「大科學」是需要「大計劃」及「大成本」，這便牽涉到更加廣闊的政治經濟問題，現今的社會環境與醫療關係有沒有改變？西方醫療科學是否應該仍然佔領首位？社會利益如何分配及制衡？醫療融資應該如何組合？如何防止醫療資源的過度浪費？政府應該擔當什麼的角色？公民亦可以起到什麼作用？。

這些問題當然並非今天才提出，但必須繼續問才能得到答案。

參考資料

（中文）

彼得・蓋伊（2008）。《啟蒙運動：自由之科學》。台北：國立編譯館與立緒文化有限公司合作譯發行。

（英文）

Aaron, H.J. (1991). *Serious and Unstable Condition: Financing American's Health Care*. Washington, D.C.: The Brookings Institution, 1991.

Abel-Smith, B. (1992). *Cost Containment and New Priorities in Health Care: A study of the European Community*. Aldershot: Avebury.

Abramovitz, M. (1987, October 17). "Privatizing Health Care: The Bottom Line is Society Loss." *The Nation*, pp. 410-412.

Angell, M. (2005). *The Truth About the Drug Companies: How They Deceive Us and What to Do about It*. New York: Random House Trade Paperbacks.

Ashford, D.E. & Kelly, E.W. (1986). *Nationalizing Social Security in Europe and America*. London: JAI Press.

Bara V. (2011, January 5). "Many CEOs of Health Industry Groups Earned Big Bonuses." *Kaiser Health News*.

Berkowitz, E.N. Kerin, R.A. & Rudelius, W. (1989). *Marketing* (2nd ed.). Homewood IL: Rickard D. Irwin.

Brus, H. (1994). "Pharmaceutical Consumption and Pricing in OECD Countries." In *OECD (1994) Health Quality and Choice*, Health Policy Studies No.4.

Byrne, T. (1978). *Social Services*. London: Heinemann.

Donabedian, A. (1969). *An Evaluation of Prepaid Group Practice Inquiry*, col.6:3-27.

Enthoven A.C. (1987). *Theory and Practice of Managed Competition in Health Care Finance*. North-Holland, Amsterdam.

Evans, R.G. (1974). "Supplier-induced-demand: Some Empirical Evidence and Implications." In *The Economics of Health and Medical Care* (edited by M. Perlman). London: MacMillan.

Fanu, James Le (2011). *The Rise and Fall of Modern Medicine*. Great Britain: Abacus.

Fuchs, V.R. (1986). *The Health Economy*. London: Harvard University Press.

Getzer, T.E. (1997). *Health Economics: Fundamentals and Flow of Funds*. New York: John Wiley & Sons. Inc.

Gordon, M. (1988). *Social Security Policies in Industrial Countries: A Comparative Analysis*. Cambridge: Cambridge University Press.

Griffith, B. (1987). *Banking on Sickness*. London: Lawrence & Wishart.

Hartwig, R. & Wilkinson, C. (2003, June). "Medical Malpractice Insurance." *Insurance Issues Series,* Vol 1/No. 1, Insurance Information Institute.

Retrieved from: http://www.iii.org.

Jonsson, B. (1990). "What can Americans learn from Europeans?" In *OECD Social Policy Studies No.7Health Care Systems in Transition: The Search for Efficiency*. France: OECD.

Le Grand, J. & Robinson, R. (1984). *Privatisation and the Welfare State.* London: George Allen & Unwin.

Majnoni d'Intignano, B. (1992). "Analysis of Recent Developments and Reforms in the Financing of Health Service Systems." In *International Social Security Association, Studies and Research No.32, Cost Control for Quality Care: Meeting the Challenge of Health System Financing*. Geneva: ISSA.

Marmor, T.R. et al. (1980). "National Health Insurance: Some lessons from the Canadian Experience." In D. Nachmas, *The Practice of Policy Evaluation*. New York: St. Martin's Press.

Martin, G.T. Jr. (1990). *Social Policy in the Welfare State*. New Jersey: Prentice Hall, Englewood Cliffs.

McCarthy, E.G. et al. (1981). *Second Opinion on Elective Surgery.* Auburn House, Boston. National Business Group on Health. Retrieved from: Http://www.businessgrouphealth.org.

OECD (2008, December). "The Remuneration of General Practitioners and Specialists in 14OECD Countries: What are the Factors Influencing Variations Across Countries? " *OECD Working Papers*, No. 18.

Pearson, M. (2009). "Health Expenditure in the United States is far Higher Than in Other Developed Countries. Disparities in Health Expenditure Across OECD Countries: Why Does the United States Spend So Much More Than Other Countries? " Written Statement to Senate Special Committee on Aging, Mark Pearson, Head, Health Division, OECD.

Perkowski, J. (2014, November 12). "A Trillion Dollar Industry in the Making." *Forbes Asia*.

Roemer, M.I. (1991). *National Health Systems of the World, Volume I: The countries*. Oxford: Oxford University Press.

Ross, J. (2002). "The Committee on the Cost of Medical Care and the History of Health Insurance in the United States." *Einstein Quart. Biol. Med.* 19, pp. 129-134.

Salmon, J.W. (1977). "Monopoly Capital and the Reorganization of Health Care."

Review of Radical Political Economics, 9(12), pp. 125-33.

Santere R.E. & Neun, S.P. (1996). *Health Economics: Theories, Insights and Industry Studies*. USA : UNWIN.

Savas, E.S. (1987). *Privatization: The Key to Better Government*. New Jersey: Chatham House.

Sorkin, A. (1992). *Health Economics: An Introduction* (3rd ed.). New York: Lexington Books.

Stacey, M. (1988). *The Sociology of Health and Healing*. London: Unwin Hyman.

Stiglitz, J.E. (1988). *Economics of the Public Sector*. New York: W.W. Norton & Company.

第三章
香港醫療政策的發展與分析

林昭寰

（香港明愛專上學院社會科學院副教授）

一、引言：大而難的醫療政策

　　健康的身體和健康的社會，是人類夢寐以求的理想。[1] 從廣義的角度看，各個社會都有極多而又不同的因素影響着市民健康，而且不少是在醫療衞生系統之外，政府必須要有廣闊的視野，才能夠全面照顧市民的健康質素。與市民健康有關的政策，橫跨不同的政府部門和政策範疇，例如：環境（污染、食水、排污）、房屋（安全、環境衞生）、教育（學童保健、健康教育）、勞工（職業健康）、公共衞生（港口檢疫、食物衞生）及運輸（道路安全）等。維護市民健康不單要有不同部門的協作，還要有政府和社會各階層的共同合作。另一方面，從狹義角度看，醫療和衞生服務政策（以下簡稱「醫療政策」）包括：

　　（一）各個層面的醫療健康服務的策略和整合，包括預防疾病的服務及基層醫療（primary care）；以專科治療為主的第二層醫療（secondary care）；和屬於第三層醫療（tertiary care）的住院治療和復康治療（rehabilitation）。

　　（二）醫療從業人員的供應與需求，包括基層的醫護人員及專科醫生的訓練，以及日益重要的醫療行政人員的培育。

（三）藥物的開發和研究、註冊與管制，醫生與藥劑師的合作方式（例如應否實行醫藥分家的制度）。

（四）醫療融資的方法，例如集資的形式、政府負擔的比例，如何支付給服務提供者和控制支出。

在眾多關注的議題之中，醫療融資是最棘手也是最爭論不休的問題，政府首要決定需要多少融資和它能夠作出多少承擔，市民如何分擔責任，而其中必然牽涉不同收入、不同階層和不同健康狀況的人士如何分擔醫療開支的問題。集資途徑方面，包括一般稅收、公共保險金、收費、私人保險，或醫療儲蓄計劃——如何選擇，卻又會觸動不同利益團體的神經和底線。在控制支出方面，原則上政府應保證公共資源能發揮最大的效率，實際上如何支付服務提供者的問題更為重要——不同的方法和財政誘因，會影響保險公司、病人、醫生、醫院及其他服務提供者的行為。例如：病人使用私營醫療保險金支付醫療費用，便有可能令醫生誇大真正的醫療需要和開支。在個人層面方面，政府為了善用公共資源，或會調撥較少公帑去照顧罕見疾病的病人，卻會因此招來「冷酷無情」的指責。醫療人力資源的規劃，也是醫療政策的重要部分——首先需要保證各類醫療從業人員的質量，才能夠提供有一定素質的服務；另一方面，醫療從業員的供求和「價格」（政府薪金或營業收入），反過來又大大影響了政府的醫療支出和人力規劃，例如近年醫護人員大量從公立系統外流至私家醫院，令到公立醫療系統時常處於不穩定的狀態之中。

一般而言，在各個層面的服務均有政府和私營者的參與，政府需要有相應的政策處理兩者的關係與互動；既要鼓勵雙方合作，又要在質素和目標上作出模範及指引。因此，理想地說，政府政策需要照顧整體社會的效益及個別病人的利益，常常需要在以下四個不同的價值作出取捨與平衡（陳懷嬋，2009）：

（1）優良的服務素質

（2）公平和公正的資源分配

（3）病人選擇的自由

（4）成本與成效的均衡

　　然而，社會政策的發展從來不是在「真空」的社會條件裏面運作，香港醫療政策近年的變化，持續受到「新自由主義」的影響，尤其是英國保守黨在 1979 年上台以後，戴卓爾政府拆毀了「福利國家」的制度，鼓吹公共服務「私營化」以增加成本效益（Le Grand & Robinson, 1984），香港作為英國殖民地也自然受到波及。此外，面對撤離香港的政治現實，醫療服務私營化有助減低港英政府管治後期的財政負擔，一個獨立於政府的醫管局，更是尚佳的政治選擇，可以為政府背黑鍋，減輕政府面對的政治風險。1989 年臨時醫院管理局完成報告，一個獨立於政府之外的公營機構醫院管理局，於 1990 年正式宣佈誕生。醫管局其後成為一個龐大而又壟斷本港醫院服務的機構，主導醫療政策的發展和改革。回顧醫院管理局這二十多年，改革只是集中在公營醫院服務，沒有觸及私營服務和整體的醫療政策；動員了無數資源，卻只觸及了問題的小部分，錯失了一個又一個改革基本問題的黃金機會。另一方面，在實際運作方面，醫療政策主要受着醫生專業的操控，他們專業文化的局限和界別利益的考慮，對醫療政策發揮了不可低估的負面影響。

　　在下面的段落我們首先回顧醫療健康政策在戰後的發展情況。為求脈絡清晰，筆者把政府各段時期的重要文件，串連而成為主線，梳理出不同階段的主要問題，和當時提出的解決方法，再加以分析和討論。

二、《香港醫療服務發展》白皮書（1964 年）

二次世界大戰後大批難民湧入，本地人口激增，大多數市民處於貧困邊緣，居住環境與衛生欠佳，傳染病流行，其中肺癆病尤其嚴重。當時香港政府的醫療政策，主要集中在控制傳染病、防癆和母嬰健康服務（黃大偉，2001）。1950 年的統計顯示，產婦死亡率高達千分之 1.7，嬰兒夭折率亦高踞於每千名嬰兒中有近百人未滿周歲死亡。踏入六十年代，港府的預防策略頗見成效。傳染病基本上已受控制，到 1961 年，母、嬰死亡率下降了一倍有多，分別降至千分之 0.48 與 36.9。肺癆病的死亡率，亦由 1950 年的每十萬人有 144 人死亡（平均年齡：24 歲），降至 1962 年的 56 人（平均年齡：46 歲）（Census & Statistics Department, 1969）。港府在公共衛生方面雖然取得了一定的成績，但政府所提供的住院和門診服務，仍是遠遠未能滿足市民的需要。按政府當時估計，需要政府資助門診服務的市民大概佔人口的五成；至於住院服務方面，起碼有八成市民需要政府資助（黃大偉，2001）。

在這樣的背景下，政府 1964 年公佈了戰後首份有關醫療服務政策的白皮書——《香港醫療服務發展》白皮書（Hong Kong Government, 1964），是戰後第一份全面檢討醫療政策的文件，為未來十年的醫務發展作出規劃。白皮書建議政府大興土木，加建診所和醫院。當時政府的目標很明確，政府病床的比例必須由 1963 年的每千人 2.9 張，增至 1972 年的 4.3 張（Hong Kong Government, 1964）。港島區的主要醫院除了政府的瑪麗醫院外，還有那打素醫院、東華醫院和東華東院，以及戰後新建的醫院，如律敦治療養院（1949 年）、贊育醫院（1954 年）、葛量洪醫院（1957 年）等。九龍半島方面，人口雖然愈來愈多，卻只有九龍醫院和廣華醫院，專

治肺癆病的靈實療養院，病床明顯不足。政府在推出《白皮書》之後大力發展住院服務，伊利沙伯醫院落成啟用，廣華醫院擴建，再加上其他新建的政府與補助醫院的投入服務，十年間病床增加了四成有多（表 3-1）。在融資方面，白皮書清楚指出，今後十年，政府仍需要大量資助醫療服務，在經濟情況許可下，各階層的市民應公平地分擔醫療費用。

表 3-1 全港醫院病床數目（1958 — 2014 年）

年份	床數	每千人床數 *
1958	7,600	2.7
1963	11,719	3.3
1968	14,899	3.9
1973	16,848	4.0
1978	20,135	4.4
1983	22,935	4.3
1988	25,057	4.4
1993	26,998	4.5
1997	30,800	4.7
1998	32,836	5.0
2003	35,526	5.3
2008	35,048	5.0
2015	38,287	5.2

* 包括公立補助和私立醫院病床，1958 年及 1963 年的每千人床數為大約估計。
資料來源：香港政府統計處（1947－1967）、《香港統計年刊》（各年）

　　然而當時香港經濟剛剛起飛，普遍市民收入微薄，能力有限，縱然增加收費能夠成事，所得收入也只會是杯水車薪，無足輕重。話雖如此，假若當時決策者高瞻遠矚，早作籌謀，在醫療融資和控制支出方面早着先機，定下更實際的計劃和實施步驟，卻肯定能夠

為以後香港的醫療政策發展奠下基礎，可惜這方面的工作一直沒有得到貫徹實行。

三、《香港醫療及衞生服務的進一步發展》（1974 年）

　　麥理浩（Crawford Murray Maclehose，1971－1982 在任）在1971 年履新為港督，他把教育、房屋、社會福利及醫療服務作為社會的支柱，在他任內經濟起飛，上述各項都有很大的發展（Jones, 1990）。在這樣的背景下，政府推出新的諮詢文件《香港醫療及衞生服務的進一步發展》，為下一個十年籌謀（Hong Kong Government, 1974）。政府的目標是要保障及促進整個社會的公眾衛生，和確保市民能夠得到醫療及個人保健服務，尤其是保障需要倚賴政府醫療服務的大部分市民。麥理浩政府對醫療政策有前瞻的眼光，全面地提出長遠計劃和整體規劃，包括病床數目、門診服務、人力和各種類服務的發展等。當時公立醫院的病床仍然不敷應用，病房非常擠迫，常常要加開「帆布床」應急。新的白皮書建議加建醫院，令病床比例增至每千人有 5.5 張（可是這個目標到 2015 年還未能達到，見表 3-1）。白皮書還提出整理日漸擴大的醫院網絡，把全港劃分為五個區域，每區設立一區域醫院（Regional Hospital），行政工作區域化，區內的政府和補助醫院可以互補長短，更有效率地處理每區不同的醫療問題，以增加效率，更好的運用病床，讓病人可以從過度擠逼的政府醫院，轉送到使用率較低的補助醫院（Hong Kong Government, 1974）。

　　七十年代新界的新市鎮發展方興未艾，醫療服務追不上人口增

長。為了應對這個趨勢，白皮書建議新建醫院和診所集中在人口漸多的新市鎮。白皮書處理的其他課題還包括：加強人力資源培訓，擴建醫院和增加急症病床，並重點發展較新的服務，例如在瑪嘉烈醫院開設老人科病床，和興建新精神科專科醫院（即葵涌醫院）。公共衛生方面，當時認為傳染病已不是重大的威脅，白皮書只建議成立一中央健康教育小組，和添加三個基層醫療服務範疇：家庭計劃、美沙酮戒毒和學童牙科保健。

政治上，政府通過委任制度，「以行政吸納政治」，廣邀「社會精英」進入諮詢委員會和決策架構，讓他們共同分擔決策的責任（King, 1973）。通過委任制度進入行政、立法兩局的醫療界專業人士，如方心讓醫生和後期的立法局議員葉文慶醫生，在決策體系內發揮很大影響力。1973 年成立的「醫務發展諮詢委員會」，亦讓醫療專業有力地影響醫療政策的方向；此外，當時的醫務衛生署署長是行政及立法兩局的當然議員，西醫於是成為了制訂醫療政策主要的政治力量，在醫療政策上有舉足輕重的影響力（何敏嘉，2001）。另一方面，當時政治體系封閉，重要資料都掌握在政府官員和諮詢委員會內的「社會精英」手中；壓力團體也尚未成熟，基層市民完全沒有參與的機會。這種「精英共識政治」讓醫療專業人士進入決策體系，分享規劃政策和分配資源的權力，也給予了醫療專業人士自我監管的特殊地位，這些特權間接導致今天對私營醫療服務幾乎沒有監管的放任政策。

自七十年代以後，醫療專業（確切地說是「西醫」）成為了香港醫療政策台前和幕後的計劃者和決策者；他們壟斷了醫療改革的話語權，地位和權力日趨鞏固（Jones, 1990），至今亦然。所謂成也蕭何，敗也蕭何；今天醫療系統的種種弊漏，他們實在難以置身事外。

四、《司恪報告書》和「醫院管理局」
（1985－1990年）

八十年代香港面臨政治巨變：中英兩國在 1982 年展開談判，兩年後簽署了《中英聯合聲明》，決定香港在 1997 年回歸中國，英國人開始了看守政府的角色。醫療方面，在兩個十年計劃之後，新的十年醫療白皮書再沒有出現，政府醫院和診所的擠迫情況並未改善，需求卻是有增無已，公立醫院體制飽受重大壓力。加上市民對政府的期望日高，民權意識漸漸提升，認為政府提供的服務，實為市民權利而非政府的恩惠。在這樣的背景下，政府聘請了澳洲顧問公司（W. D. Scott Pty. Co.），審視公立醫院的運作模式，公佈了簡稱《司恪報告書》的檢討報告（Scott, 1985）——其後我們知道，政府是另有所謀。

《司恪報告書》指出，本港公立醫院的行政工作以區域劃分，但是區域醫院（Regional Hospital）規模龐大，以致管理上缺乏了連貫性和整體性，醫療制度缺乏靈活性，未能應付所要面對的連串問題。經過多年發展，公立醫院的病床數目雖然已有增長，但以人口比例計，1985 年每千人只有大約 4.5 張病床，離開 1974 年白皮書的指標每千人 5.5 張病床，仍然有很大的距離；政府醫院仍然過分擠迫，而某一些補助醫院的病床卻未充分使用。顧問報告書因此建議成立一個獨立於政府的「醫院管理局」，收編所有政府醫院和補助醫院，並且統一所有員工的服務條件。醫療收費方面，報告書建議把三等病床的住院費與「住院每天平均成本」的某個百分比率掛鈎；急症室、手術室，及主要醫療程序（如電腦掃描），也應該增設特別收費。簡言之，政府應該啟動醫療健康服務「私營化」的進程，揭開公共醫療政策的新一頁。

政府接納了《司恪報告書》的建議，在落實過程中，衛生福利科的政務官扮演了整個統籌和推動的角色，主動地到各個區議會解釋和諮詢，向兩局議員、傳媒和社會團體游說；在架構內也動員了強大隊伍：1986 年委任醫學界立法局議員招顯洸醫生進入行政局，1988 年委任重量級人物前行政、立法兩局首席議員鍾士元爵士為「臨時醫院管理局」的主席，負責建立醫管局的研究和向當時的港督提交建議，確保建局過程不會受到阻礙。

由於公立醫院嚴重擠迫，輪候時間漫長和資源不足，公眾要求改善的情緒到了八十年代已達沸點。隨着壓力團體和論政團體興起，代議政制的發展，和 1985 年立法局首次引入間接選舉和功能組別選舉，政府要面對更多公眾要求改革的聲音。根據曾任立法局醫院（衞生服務界）的何敏嘉（2001）分析，政府也利用市民希望改革的民意，通過了成立醫管局的方案。醫生、護士或其他醫療專業人士方面，在政府承諾不會減少醫療撥款，和公佈了薪酬及晉升方案之後，均支持成立獨立的醫院管理局；到了中後期更積極參與改革，在新架構中穩奪多個有影響力的職位，通過管理和改革鞏固了醫療專業在醫管局的影響力 —— 西醫專業明確地成為了建立醫院管理局的一個主要力量。

「臨時醫院管理局」（Hong Kong Government, 1989）在 1988 年成立，政府把前補助醫院的員工福利提高到和政府醫院同一級別的水平，順利吸納補助醫院及政府醫院的員工加入。1990 年 12 月，醫院管理局正式成立，逐步接管全港所有政府和補助醫院，成為一個比過去更加龐大的醫院網絡。政府從此採用「私營化社會政策」的方針：政府不再為香港居民直接提供醫療服務，改為只負責調撥經費，通過政府架構以外的醫管局提供服務。政府也首次提出「成本收回」的概念，建議需要通過收取費用以收回公共醫療成本的某

個百分比。香港政府把整個醫療服務的發展綁在醫管局這輛「大轎車」上，再沒有在醫療政策上提出新的社會目標或整體規劃。

醫管局的新管理策略是，把行政權力下放至個別醫院和臨床部門，容許各部門主管在高度財政自主及更有彈性的制度下運作，醫院的自主權大大提高，可以更改人手編制和調動資源，醫院管理的效率和服務質素得以改進，「應付不同的需要，創造美好的成績」。然而，業餘的董事局成員沒有時間和能力有效地監察醫管局的運作，權力下放後亦未有同步的機制作出有效制衡，濫用和浪費資源的弊端難免滋生。以人力政策為例，在公務員編制下，「顧問醫生」屬政府首長級第二至四級職位，開設和裁減有關職位必須得到立法局（或立法會）的財務委員會的屬會批准；由於醫院管理局脫離了公務員編制，開設有關職位無須經立法局的審批（何敏嘉，2001）。各部門主管及行政總監手握大權，可以變更各類員工的組合，肥上瘦下，結果出現了薪酬相等於署長級的顧問醫生，在 1992 年至 1999 年七年之間，大量增加九成，高級醫生的數目增加百分之六十，基層醫生卻只有三成多的增長的荒謬現象。近年公立醫院的基層醫生流失嚴重，二十二年以來，一方面顧問醫生及高級醫生的升幅超過兩倍，但基層醫生卻只有八成的增長，情況變得更加荒謬和惡化（表 3-2）。

過去影響着醫療政策發展的醫療專業人士，今天成為了「既得利益者」。醫管局用高昂的薪金建構了它的員工隊伍，水漲船高，也抬高了私營醫療服務的收費；有資料顯示，香港醫生的稅後收入比英國醫生高，與美國不遑多讓（PayScale, 2016）。

無可否認，醫管局成立之後，公立醫院的服務曾經令市民感到面目一新；可是，醫療制度的破洞未得修補，醫管局也是獨力難支，以致今天一再出現「深層次矛盾」的困局。早已有學者提出：政府將

表 3-2 醫管局各級醫生人手情況（1992 — 2015 年）

年份	顧問醫生	高級醫生	醫生	總數
92/93	247	531	1,591	2,369
93/94	291	548	1,703	2,542
94/95	366	611	1,798	2,775
95/96	416	705	1,848	2,969
96/97	435	764	1,913	3,112
97/98	466	791	2,030	3,287
98/99	494	860	2,112	3,466
7 年累積升幅	100%	62%	33%	46%
99/00	496	873	2,292	3,661
02/03	509	888	2,883	4,280
04/05	486	927	3,113	4,526
09/10	590	1,242	3,147	4,979
14/15	799	1,785	2,872	5,456
22 年累積升幅	224%	236%	80%	130%

資料來源：醫院管理局年報（各年）

龐大的公帑投放在醫管局的發展，冷落了基層健康服務，影響深遠；醫管局的官僚機構和專業團隊，只會集中發展「醫院服務」，而非如何「服務病人」（Hay, 1992: xxiv）。這些好壞的結果，令人不知道應該如何評價醫院管理局的成績，是成功？還是失敗？

五、《人人健康展望將來》（1990 年）

政府的工作重點，向來放在第二層和第三層的醫療服務，強調醫院的改革，對於基層健康的問題重視不足；當年港英政府對

此並非全無知曉，為了改善這個問題在 1990 年發佈《人人健康展望將來：基層健康服務工作小組報告書》（Hong Kong Government, 1990），報告書開宗明義指出，醫療政策的重點應該放在基層健康服務，它是市民與醫療系統的第一個接觸點，扮演着守門人的重要角色，保障着人民健康水平和預防疾病，應由政府一力承擔。報告書中最重要的建議是成立一個「超級的」衛生管理機構「基層健康管理局」，統籌這方面的工作，在其下則設「地區健康系統」，負責管理各區醫管局的工作和基層健康服務。可惜這個報告並未引起社會的關注和重視，設立「超級管理局」的建議隨風而逝，基層醫療服務的重要性，也在公眾討論中被淡忘（陳懷嬋，2009）──直至十年後的「沙士危機」（非典型肺炎）爆發，整個香港社會方才如夢初醒。

政府於幾年後發表《促進健康諮詢文件》（香港政府，1993），文件在前言中提出醫療政策的未來路向：使公共健康服務的財政結構變得更為合理，以及加強公營機構與私營機構的聯繫。文件列舉了香港醫療服務所面對的問題：體系負荷沉重、人手短缺、不公平的收費制度、市民缺乏選擇、公私營醫療缺乏聯繫，各自為政。然而，諮詢文件視野太窄，涉及的內容主要是醫療融資的問題，提供的方案主要有三個，包括：一、讓政府醫院的收費與成本掛鈎，收回的比率可逐漸提高到成本的百分之十五至百分之二十；二、鼓勵市民參加自願的投保計劃，政府只作協調和批核的角色；三、定立強制性的投保計劃，政府作中央承保人。建議的兩個保險方案若能夠付諸實行，均有助於整合公營與私營的醫療服務，也是公共醫療服務的融資問題獲得解決的一個契機。

雖然九十年代的香港變得日益政治化，民眾參與政府決策的呼聲高漲，立法局引入了直選，可是有關方案卻未見有詳細論證，各個政黨對各項建議也不積極討論，只懂得批評政府輕忽民艱，市民

和政團對文件所提的「收回成本」建議，大加反對，其他建議也一併受到冷落。諮詢過後，基本上一切沒有改變。由於九十年代本港的經濟發展十分理想（尤其是地產方面），儘管政府每年增加公共開支卻還有龐大盈餘，政府也就在完全沒有觸動醫療政策的問題癥結的情況下，仍然能夠增撥資源，維持甚至改善服務（陳懷嬋，2009）。如此安排，既讓民間的不滿情緒不致惡化，也確保了過渡期間的穩定。話雖如此，醫療政策的問題持續存在，而且還變得根深蒂固，成了今天我們要面對的其中一個「深層次矛盾」。

在過渡期間，中英兩國不停爭拗，中方不斷向港英政府提出「小心車毀人亡」和「不要你請客，我付鈔」等警告，任何長遠的福利計劃都被看成是港英陰謀，要為特區政府留下沉重包袱，甚至是定時炸彈。加上夕陽政府不思進取，難有作為，因此整個九十年代都沒有認真的醫療政策的檢討或者改革；即使政治強人末代港督彭定康（Christopher Patten，1992－1997 在任），在這方面也是毫無貢獻（陳懷嬋，2009）。

九七年回歸之後，香港人「當家作主」，香港社會再次有機會為未來作出高瞻遠矚的計劃，問題是：政治團體、學者、市民，和特區政府，是否有所準備？

六、從《哈佛報告書》到《自願醫保計劃》（1999－2014 年）

回歸前香港醫療制度的最大改革，是成立了醫管局。這個龐大的官僚架構，既是香港醫療服務改革的動力，也是阻礙改革的沉重負擔；它的角色在 1999 年政府發表的研究報告《香港醫護改革：

為何要改？為誰而改？》（簡稱《哈佛報告書》）中受到懷疑。政府邀請的哈佛大學研究團隊還指出（Harvard Team, 1999），由於人口老化、醫療費用的高通貨膨脹率、民眾期望不斷提升和科技發展等因素，公共醫療開支將不能夠維持在每年政府開支的百分之十四之內，而會在 2016 年大幅攀升至百分之二十八或更高，長此下去，會發展至公共財政不能夠負擔的水平。可供選擇的其實有限，既不能夠維持現狀，要不然就是實行「封頂」政策，犧牲醫療服務的質素和水平 —— 然而也因此會帶來難以預測的政治風險。另一個選擇是實行「用者自付」政策，只豁免低收入階層的費用，其他使用者卻要負擔一半甚或七成的醫療成本。可是，這個方案也將會受到市民（尤其是中產階級）的反對，造成嚴重的政治後果。

哈佛團隊因此指出：香港的醫療制度其實到了非改不可的階段，只是我們採取鴕鳥政策，視而不見。他們提出大刀闊斧的改革方案：建議在香港設立「聯合保健計劃」（Health Security Plan）和「護老儲蓄」（MEDISAGE）並行的社會保險制度 —— 前者是強制性保險計劃，全港僱員及僱主按大約百分之二的工資供款，建立中央基金，由政府設立的半官方機構負責管理及承保；並運用「錢跟病人走」的理念，讓市民自行選擇合適的醫療服務（包括公立或私營醫院），並從上述計劃中提取款項應付開支，政府則負責監管有關收費是否合理。「護老儲蓄」是強制性的個人醫療儲備，建議在職人士按百分之一的收入供款，在 65 歲退休以後，或不幸變成殘障時，用有關儲蓄購買某些醫療機構的長期護理服務（哈佛團隊提議可借鑒外國經驗，在香港發展這方面的新服務）。

在控制醫療成本方面，團隊建議改變醫管局的角色：改變它一方面是「供應者」，另一面又是「購買者」的雙重身分。具體言之，是把醫管局分拆為多個以地區為本的機構，變成為「醫療綜合系統」

（Health Integrated Systems），作為「買家」（病人）和「賣家」（醫院及醫生）的中介者，與各區的公共和私立醫療機構（包括各醫院、診所、專科及普通科醫生）訂立服務協議，以協議的內容，向有關單位提供給每個病人有關的診斷、治療計劃和收費等項目，作出評審指標、要求和監管，以保障病人用合理的價錢，購買適當的服務。

以上簡述了哈佛報告書的內容。筆者認為，它的建議具有前瞻性和開拓性，所提出的變革雖然很多，卻也切中香港醫療制度的時弊。從這份報告書發表至今，它所提出的警告，尤其是公共醫療開支變得愈來愈沉重這個問題，卻是不幸而言中了（雖然 2016 年的醫療開支仍然能夠控制在政府經常開支的百分之十七）。而他們提出的「聯合保健計劃」和「護老儲蓄」，無可否認是一個較為公平的社會政策，能夠發揮各個階層互相分擔風險的效益。哈佛團隊的政策目標是希望建立一個政府與市民分擔責任的制度，確保每個市民均可獲得質素合理而且個人能夠負擔的醫療衛生服務；有能力的市民需要負擔較多的費用，以幫助低收入者 —— 通過這一個「再分配」機制，打造一個公私結合、強弱互助的「社會醫療體制」。可惜以香港醫學會為首的醫生專業隊伍卻大力反對（香港醫學會，1999），加上原任醫管局首腦的楊永強醫生在 1999 年 10 月接任衛生福利局局長，主導了公共醫療政策的發展和改革，其立場明顯不同於哈佛專家小組的方向（張炳良，2003：119－124），不少公眾和政黨也因為片面的理解，將整個社會的注意力，集中在報告書的弱點之上（例如提出要病人負責一部分的留院費用，當時坊間稱為「墊底費」）。結果是哈佛報告書的精華和各項重要建議全部「被忘記」了。過程中也反映出當時社會各界的眼光是何等短淺，何等貧乏，未曾看到公共醫療服務的危機，使到問題變得愈來愈難解決，這個計時炸彈也變得愈來愈危險。

之後政府發表了《你我齊參與，健康伴我行》，說市民對哈佛

專家小組建議制定的聯合保健計劃「反應欠佳」，而政府也「不建議實施這項計劃，以免令年輕一代承受沉重的負擔」（衛生福利局，2000：156 段）。政府卻建議引入「頤康保障戶口」，讓每位有工作的市民從 40 歲開始，直至 64 歲，把大約百分一至二的工作收入存入特定的戶口，用以支付本人和配偶將來的醫療開支。可惜這個計劃生不逢時，2003 年香港遭遇到百年一劫的「沙士危機」，之後楊永強醫生掛冠而去，由他啟動的醫療改革計劃也便偃旗息鼓了。

　　或許我們可以看到，體制內不乏有識之士，知道問題不予正視，公共醫療服務的質素只會每況愈下，香港社會整體的福祉也難以保障。在過去多年，政府直接和間接提出了不少改革的方案：2005 年，健康與醫療發展諮詢委員會發表《創設健康未來》討論文件（香港政府，2005），再次啟動了漫長的諮詢過程，就醫療系統各方面提出多項建議，包括基層醫療服務、醫院服務、第三層和專科醫療服務、長者服務、長期護理和康復護理服務、公營與私營醫療系統的融合，以及基建支援。

　　政府接着在 2008 年 3 月至 6 月期間進行題為《掌握健康，掌握人生》（香港政府，2008）的醫療改革第一階段公眾諮詢。除了諮詢公眾對服務改革方案的建議外，政府也提出了六個「輔助融資方案」，包括提高公營醫療服務使用者須支付的費用、社會醫療保障、強制醫療儲蓄戶口、自願私人醫療保險、強制私人醫療保險和個人健康保險儲備（強制性儲蓄及保險）。這些方案基本上涵蓋了所有可行的融資方法，報告中也提供了不少有用的參考資料，幫助社會人士作出理性合理的討論 —— 事實放在我們眼前，採用任何一個醫療融資方案必定是有得有失，有些群體會得到較多的保障，某些人會有所損失 —— 香港並非沒有可以選擇的方案，而是沒有社會的共識和管治的智慧。

2010 年 10 月 6 日至 2011 年 1 月 7 日政府發佈題為《醫保計劃，由我抉擇：醫療改革第二階段公眾諮詢》的諮詢文件，提出由政府規管的，自願的私人醫療保險計劃（即「醫療保障計劃」，以下簡稱「醫保計劃」），建議改善市場上的商業醫療保險計劃的質素，通過這方面的改善，鼓勵更多市民使用私營醫療服務，從而讓公營醫療可專注為特定的市民提供服務（食物及衛生局，2010）。主要內容包括：建議規範商業的醫保計劃，提高醫療保險的質素和透明度，讓市民更易獲得醫療保險保障；承保機構在銷售及訂立個人住院保險計劃時，必須向消費者提供一個符合由政府訂明的「最低要求」的「標準計劃」，以改善個人住院保險計劃的延續性，和提高保險的保障質素和明確性。例如：有關商業機構需要保證，自願醫保計劃推行首年內必定承保所有年齡人士；如果某些人士需要增添附加保費，上限設定為標準保費的兩倍；承保機構保證為每個用戶續保且無須重新核保；承保範圍必須包括須住院及／或以訂明的非住院程序治療的病症，包括訂明的先進診斷和治療，保單持有人的分擔費用設有每年三萬元的上限（以遏止道德風險和保險被濫用）；並且要不設「終身可獲保障總額上限」。為了鼓勵參與，當局提出納稅人可就其本身或其受養人的保單申索稅項扣除（建議數目設上限，不多於三名受養人）。制訂「最低要求」的建議，是考慮到一般市民的擔憂，包括保險公司拒絕承保、不保證續保或私立醫院缺乏明確的支出預算等等。這些保險市場現有的毛病，令許多人不願（或不能夠）通過個人保險的安排，使用私營醫療服務，當患有重病時只會選擇公營醫療系統。有見及此，政府希望通過實施「最低要求」的政策，改善住院保險保障的明確性和質素，增強消費者對使用私營醫療保險的信心，讓市民通過他們的醫保計劃，使用私營醫療服務，最終分擔日益膨脹的沉重公共醫療開支。

　　為了讓高風險人士得以投購住院保險，使更多人可獲得住院保險的目的，政府提出使用公帑支援「健康高風險人士」，注資設立「高風險池」，通過高風險池讓高風險人士獲得住院保障，讓他們也有機會選用私營醫療服務，更可令公營醫療系統得以節省資源。高風險池資金來自保費收入和政府注資，承保機構將負責管理高風險人士的保單；保單涉及的所有保費、索償及負債都會歸入高風險池的賬戶之內。政府估計資助高風險池運作二十五年的總支出約為 43 億元（按 2012 年的固定價格計算）（食物及衛生局，2010）。

　　為了更清晰地反映計劃的目標和性質，政府把計劃改稱為《自願醫保計劃（諮詢文件）》（食物及衛生局，2014 a），在 2014 年 12 月 15 日年至 2015 年 4 月 16 日，進行「另一階段」的公眾諮詢，新瓶舊酒，主要的內容仍然是有關醫療融資，核心的問題仍舊是：市民可否投入多些金錢（購買私人保險），分擔公共醫療愈來愈沉重的財政開支。這個堪稱是香港公共政策歷史上最漫長的一次諮詢過程，直至到 2017 年年初，食物及衛生局局長高永文醫生才向社會作出「暗示」，然後是時任特首梁振英在《施政報告》表明：「政府將落實自願醫保計劃的具體安排，提升個人住院保險產品的質素和透明度，並研究為購買受規管醫保產品的市民提供稅務扣減的細節，鼓勵市民使用私營醫療服務。」（2017：237 段）

　　這是一個遲來的改革，距離最早提出改革方案的司恪報告書（1985），相距了超過三十年，或者是大約三代香港人的青春歲月。然而，這個改革也是一個「折衷主義」妥協，是對商業利益相關者的妥協，因為根據諮詢報告顯示，政府將暫緩設立高風險池要求，保險公司可以不承保申請人於投保前已有的疾病；容許保險公司繼續售賣不符合香港政府十二項「最低要求」的醫保產品；及訂明投保人要負擔非住院程序及診斷檢測部分費用（《蘋果日報》，2017

年 1 月 16 日；食物及衞生局，2014 a、2014 b）。這個計劃落實之後能否真的裨益普羅大眾，也因為它的「折衷主義」而令人失去信心。以現有的資料估計，這個方案對存在已久的醫療融資問題，幫助有限；另一方面，整個漫長的改革過程，其實未觸及醫療制度的「老大難」問題，更遑論有重大的改變。以下，筆者會指出幾個有待解決的「深層次矛盾」。

七、矛盾一：求過於供與公私失衡

公立醫院工作量的增長，可見於醫管局的統計數字。從 1992 年全面接管公立醫院計，專科門診和急症室病人的數字六年內上升接近七成，這個趨勢在香港回歸後繼續下去，並且變得愈來愈嚴重，近幾年專科門診病人的數字已經超過了 1992 年數字的兩倍有多（表 3-3）。

表 3-3 醫管局服務使用率（1992 — 2015 年） 單位：人次

	1992	1995	1998	2005	2010	2015
專科門診	3,093,803	4,033,918	5,222,815	5,804,970	6,352,784	7,304,951
急症室	1,389,538	1,923,073	2,303,614	2,049,129	2,224,220	2,225,486

資料來源：《香港統計年刊》（各年）

1990 年醫管局成立，接管了全港 35 間政府及補助醫院，引入不同層面的改革，大大提高了服務水平，把那些一向對公營醫療沒信心的病人也吸納過來，公立醫院扮演的角色愈來愈大，在住院服務方面，市場佔有率日益擴大，從病床比例的變化可以窺見一斑。然而，在近十年，醫管局病床的數字卻沒有再增加，[2] 所佔的比例也呈現出下降的趨勢（表 3-4）。在需求不斷增加的形勢下，卻仍然能

夠出現這個局面，反映出有關方面是利用行政手段（例如以下討論
的輪候時間）壓抑着市民對公共醫療的需求和使用。

表 3-4　醫管局及私立醫院病床比例的變化（1992 — 2015 年）

	1992	1995	1998	2000	2005	2010	2015
醫管局	22,437	25,020	27,883	29,432	27,765	27,041	27,895
	(84.8%)	(85.3%)	(84.9%)	(83.9%)	(81.4%)	(74.9%)	(72.9%)
私立	2,999	3,450	4,180	2,928	3,038	4,098	4,014
	(11.3%)	(11.8%)	(12.7%)	(8.3%)	(8.9%)	(11.3%)	(10.5%)
護養院	—	—	—	1,998	2,587	4190	5498
	(0.0%)	(0.0%)	(0.0%)	(5.7%)	(7.6%)	(11.6%)	(14.4%)
懲教機構	847	773	703	716	729	792	880
	(3.2%)	(2.6%)	(2.1%)	(2.0%)	(2.1%)	(2.2%)	(2.3%)
總數	26,447	29,328	32,836	35,100	34,119	36,121	38,287

註：（1）按照政府統計處的方法，在 2000 年之前，私立醫院病床的數字包括護養院的病床。
　　（2）表四的項目未包括政府留產所的病床（因為數目較少）。
資料來源：《香港統計年刊》（各年）

　　住院病人人數方面，1992 年醫管局轄下醫院的病人為 70 萬，佔
全港住院病人總額的 77%，遠較私家醫院（20%）為高（表 3.5）。
到了 1998 年，醫管局轄下醫院的住院病人人數已接近 100 萬，佔全
港住院服務的 82%。私家醫院住院病人數目下降，因此大鬧不景，
他們向公眾大吐苦水，説是被公立醫院搶走了病人（梁智鴻，1996，
頁 10）。為求自保，私家醫院聯會於 1996 年 6 月向政府提出「安全
網」計劃，建議政府用安全網概念來界定公營醫院服務，若入息超
過一定界限，則需繳付與私家醫院相若的費用。建議一出，受到社
會人士大力抨擊，多個病人組織發起居民大會及簽名行動，譴責私
家醫院「虐民自肥」，最後建議只有不了了之。為了避免面臨倒閉，

當年私家醫院各出奇謀，推出各類「配套服務」，如身體檢查禮券，「生仔送薑醋」等服務，為求招徠生意（張淑莊，2001）。

表 3-5　醫管局及私立醫院住院病人比例的變化（1992 — 2015 年）

	1992	1995	1998	2000	2005	2010	2015
醫管局	699,557 (77.4%)	906,979 (81.0%)	1,030,248 (82.8%)	1,151,807 (83.7%)	1,127,943 (81.1%)	1,423,705 (77.8%)	1,658,399 (80.5%)
私立	184,404 (20.4%)	191,143 (17.1%)	194,944 (15.7%)	203,729 (14.8%)	237,398 (17.1%)	381,554 (20.9%)	381,690 (18.5%)
護養院	—	—	—	—	3,640 (0.3%)	3,727 (0.2%)	4,385 (0.2%)
懲教機構	16,727 (1.8%)	20,326 (1.8%)	19,064 (1.5%)	20,548 (1.5%)	21,482 (1.5%)	20,489 (1.1%)	16,732 (0.8%)
總數	904,319	1,120,313	1,244,408	1,376,119	1,390,463	1,829,475	2,061,206

註：（1）按照政府統計處的方法，在 2000 年之前，私立醫院病床的數字包括護養院的病床。
　　（2）按照政府統計處的分類方法，表 3.5 的數字包括住院病人出院人次及死亡人數。
　　（3）表五的項目未包括政府留產所的病人（因為數目較少）。
資料來源：《香港統計年刊》（各年）

　　曾經有一些論者認為，這是因為醫管局成立後，其轄下醫院的素質改善了，包括醫院環境、輪候時間，以至服務態度（梁智鴻，1996：89；阮博文，1997）。因此吸引了更多市民選擇使用公立醫院，所謂「失敗因為其成功」。不過，1997 年 6 月立法局諮詢文件顯示，在 1996 年 12 月，公立醫院眼科門診的輪候時間，東華東院約為 20 星期，香港眼科醫院是 18 星期，威爾斯醫院更長至 22 星期。此外，耳鼻喉科和皮膚科首次預約的最長輪候時間，在 1995 年時，亦長達 12 星期（劉騏嘉、李敏儀，1997）。回歸之後，這方面的情況還是令人失望，根據醫管局的資料顯示，眼科的「穩定新症」的輪候時間最長為 135 星期（九龍東），耳鼻喉專科最長要 94 星期，而精神科和骨科更要 159 和 73 星期（新界東）（Hospital Authority, 2017）。

　　雖然「緊急新症」可以在少於一星期內得到照顧，但是如何劃分「穩定」和「緊急」，卻全是局方的「專業決定」，一般市民只會覺得有關方面在砌詞推搪，敷衍卸責。

　　無可否認，公立醫院的服務質素整體上不斷提升，某些醫療技術已經站在世界的前列；可惜與市民息息相關的基本醫療的素質是否真有改善，在市民心目中尚有疑問。至於住院服務方面，公立醫院的「安全網」一再出現危機，擠滿「帆布床」的日子經常出現；另一個潛在的危機是，若私家醫院真的做不下去，或者沒有盡到他們應負的責任，市民唯有依賴公營醫療，到時，一般市民固然毫無選擇，也造成公營醫療愈來愈沉重的負擔。然而，私家醫院一向收費高昂，病人往往不能預知住院費多少，再加上私家醫院在提供服務時，大多沒有長遠計劃，或是機會主義，只是專注於市場需要：例如在 2010 年期間，不少私家醫院大力發展婦產科，以迎合內地孕婦來港產子（雙非兒童）的熱潮，但市場有所變動時私家醫院便首當其衝，面臨着很大的財政問題（香港新聞網，2014）。

　　要維持服務水平，私家醫院應降低收費，儘量為市民提供一個真正的選擇。撇開私家醫院的利益問題來說，整件事件其實關乎着本港醫療的一個大問題 —— 私營醫院的角色和定位：究竟私家醫院應如何提供服務，從而與公營醫療作出協調？私家醫院又應該制定怎樣的長遠計劃，真正為香港社會服務，解決香港醫療的問題？

八、矛盾二：沉重的負擔與蒼白的理念

　　人口日漸老化，對住院服務將會帶來愈來愈沉重的負擔。老人住院的比例不單高，而且日數也較長，令公立醫院不勝負荷。醫療

科技的發展，也令醫院的營運成本日增。市民的期望，也令到醫療服務不能停留在往日「救濟」的規格，香港是富裕的社會，人民對醫療服務的素質自有更高的要求。

面對日益沉重的醫療負擔，加上市民日高的期望，政府的政策目標，卻是數十年如一日，堅持着「醫療安全網」的理念而沒有與時並進的「新思維」，蒼白貧乏的政策，將來不知道如何引領本港的醫療服務面對種種挑戰！殖民政府未有檢討政策是意料之內，但今天的特區政府若不抓住機會，認真地全面檢討政府的政策目標和理念，長遠將需承擔嚴重的後果（陳懷嬋，2009）。

各國的社會政策和醫療制度，均是衍生於本國的主流政治文化。如加拿大提倡國家平等主義（Egalitarianism）的信念，故視醫療為一種公民權利，不容醫療質素因社會階級而有別。加拿大政府願意為公共利益而採取集體的措施，保障國民的利益，以維護一個平等就醫、全面及全民受保障的醫療制度（何寶英，2001）。而有「福利國家」之稱的英國一直高舉公平的旗幟，其醫療理想是要讓市民無分貧富都可以享有優質的服務，故此主導以稅收融資的「國民健康服務」。新加坡自強不息的觀念濃厚，政府積極在各方面進行計劃規管，其醫療哲學亦強調國人需為個人的健康負責，避免過分依賴社會福利或醫療保險（馮可立、黃大偉，2001）。美國深受自由主義影響，強調保障個人的權利，故此提倡私營醫療制度，大部分國民均通過僱主所提供的私營醫療保險獲取醫療服務；而政府的角色，則只限於為老弱傷殘及赤貧人士提供醫療保障。儘管近年來各國的醫療政策和原則均受到新自由主義的衝擊，國家的主流理念仍然深深反映在醫療制度上，並大大影響具體的醫療融資安排模式。

反觀香港的醫療政策，證諸過往的醫療政策文件，較多討論的是訂定醫療服務數量方面的指標，例如按人口計算醫院數目和病床

數目等，政府罕有系統地回顧和表述醫療政策的理念；政府與市民大眾在香港醫療體系的價值和信念上未有建立共識，更無討論的基礎。隨着社會不斷演變，各國的融資安排漸趨多元化，如以稅收融資的加拿大，亦有引進醫療保險制度；而採用商業保險融資的美國，亦輔以公營保險制度幫助社會的邊緣社群。但每個國家均有其一套主導的醫療融資模式，不同的醫療融資模式對制定醫療政策的考慮因素（如公平性、可近性、成本控制、醫療及護理質素和自由選擇）都有不同的實踐程度（見第二章）。以實踐公平性為例，在以稅收為主要醫療融資的國家，如英國、澳洲及加拿大，他們的經驗說明，通過稅收融資確可保障醫療的公平性，認同社會的責任，應在醫療服務上有承擔，由大眾共同分擔健康的風險，實踐社會的公平和公義。至於採用社會保險制度，如中央保險、強制性社會保險的國家；亦在一定程度上實踐了醫療的公平性。相對而言，美國由於推行商業保險融資安排制度，醫療服務成為一門有利可圖的生意，在賺取最大的利潤及減低成本效益的前提下，醫療服務的供應失去平衡，着重發展高利潤的急性治療，而忽略非住院及預防性服務，使國民得不到全面的醫療照顧及公平就醫機會。反之，中央集權的新加坡，政府可以採用斷然的手段強力控制醫療成本，這是其他國家望塵莫及的。

然而，在公平性上得分最高的「稅收融資」方法，卻於可近性、自由選擇等原則上遜色於其他融資方法（例如英國改革前的「國民健康服務」便一直被批評為官僚化和僵化）。故此，不同的融資制度在不同醫療原則的實踐上各有利弊。可見世界上並沒有一套融資方案能有效地體現以上的五大原則，因為這些原則往往存在着或多或少的衝突，制定醫療政策時，不免要有所取捨。因此，既然每一種融資模式背後也包含了一些價值取向，這更需要一國政府與人民努力商討，共同尋求一個因地因時制宜的醫療制度（陳懷嬋，2009）。

九、矛盾三：逼在眉睫與舉棋不定

面對人口老化、高科技項目大增和市民對醫療服務要求日高等，是導致醫療費用上升的誘因，各國政府都不能不重視醫療成本不斷上漲的事實。綜合他們的經驗，有幾點是值得我們借鏡的：一、強烈的危機意識：英國和新加坡政府對醫療費用的上升一直不敢掉以輕心，嘗試不同方法去處理。二、嚴格控制供應：如澳洲及新加坡正視醫療成本與供應的關係，政府釐定一套詳盡的醫療收費價目表及嚴格處理高科技的擴散和使用來控制成本。三、做好基層醫療的把關工作：日本積極推展家庭醫療制度來加強第一線把關，可以早期發現病情及作早期治療，中國亦努力改變重治輕防的觀念，鼓勵開發成本較低的基層醫療。四、正視第三者付費的弊端：因此需要考慮多元化融資方案時，多國的經驗均告訴我們，第三者（例如保險公司、HMO – health maintenance organization）付款很容易引來濫施或濫用服務的誘因，更大大損害醫療服務的公平性。

綜觀各國的醫療政策及融資安排，我們不難發現世界各國沒有一個完全相同的模式，亦沒有一個絕對完善妥當的醫療制度。現今，全球先進國家都面對着人口老化、人民對健康的重視及對醫療的需求不斷上升和醫療科技的急速發展等問題；凡此種種都鞭策着各國政府必須採取防範於未然的態度，必須訂定與時並進的醫療制度。香港在當前高呼醫療改革之時，不應該仍然保守着一套「醫療安全網」的觀念，實有必要帶領全民作更深層的思考（陳懷嬋，2009）。

回歸後，面對政治經濟的急遽變化，醫療改革變成一個燙手山芋，可能觸動不同政治及專業團體的神經，令政府不敢冒然行事；如何整合各政黨不同的意見、匯聚民間聲音、理順專業團體訴求，使之成為醫療改革的助力實是港府當務之急。民間方面，有關醫療

政策的學術研究嚴重不足；而政黨方面，更往往只流於「反應與反對」的模式，完全沒有提出「另類政策」的智慧和能力 —— 缺少了官民間的互動和協作，醫療改革的前景令人擔憂。

註釋：

1 本文的分析架構和部分內容，參考了陳懷嬋、何敏嘉、黃大偉和其他朋友，在 2001 年及 2009 年提交給香港社會服務聯會，有關醫療政策的論文（未出版，見參考資料），經香港社會服務聯會同意，筆者在本文中引用。

2 政府統計處在 2012 年開始，將病床數目分為 A 系列和 B 系列；A 系列包括所有在醫管局轄下醫院、私家醫院、護養院及懲教機構內所設的病床。B 系列是按照「經濟合作與發展組織」（OECD）的定義編訂，只包括醫管局轄下醫院及私家醫院的病床，並且不包括急症室觀察病房、日間病床及育嬰病床。筆者用這個方法將兩個數字作比較（由 2001 年開始），發現 B 系列的病床數目比 A 系列的為少，實際數目相差可達八千至九千張，或是病床總數的四分一。換言之，真正提供給住院病人的病床數目，可能只是官方數字的四分之三。這並非一個小數目，遠遠低於市民的需求，也令我們討論醫療政策時缺乏了清晰的數據。是否如此？還需要更細緻的研究。

參考資料

（中文）

何敏嘉（2001）。〈香港的政治對醫療政策的影響〉〔未出版論文〕。香港：香港社會服務聯會。

何寶英（2001）。〈加拿大的醫療政策〉〔未出版論文〕，香港：香港社會服務聯會。

阮博文（1997）。〈醫療與衛生〉，載《香港評論 1997》（鄭宇碩編，頁 357－372）。香港：中文大學出版社。

政府統計處（2012）。《香港統計年刊 2012 年版》，香港：政府統計處。擷取自：http://www.statistics.gov.hk/pub/B10100032012AN12B0100.Pdf。

食物及衛生局（2008）。《掌握健康，掌握人生：醫療改革諮詢文件》，香港：特別行政區政府。擷取自：http://www.fhb.gov.hk。beStrong/files/consultation/Condochealth_full_chn.pdf。

食物及衛生局（2010）。《醫保計劃，由我抉擇：醫療改革第二階段公眾諮詢文件》，香港：特別行政區政府。擷取自：http://www。myhealthmychoice.gov.hk/pdf/consultation_full_chn.pdf。

食物及衛生局（2014a）〈政府展開自願醫保計劃公眾諮詢〉。香港：特別行政區政府。擷取自：http://www.info.gov.hk/gia。general/201412/15/P201412150251.htm。

食物及衛生局（2014b）。《自願醫保計劃諮詢文件》。香港：特別行政區政府。擷取自：https://www.gov.hk/tc/residents/government/publication/consultation/docs/2015/VHIS.pdf。

香港政府（1993）。《促進健康諮詢文件》，香港：政府印務局。

香港政府（2005）。《創設健康未來》，香港：政府印務局。

《香港新聞網》（2014年5月2日）。〈香港拒「雙非」部分私家院生意「遇寒」〉。擷取自：http://www.hkcna.hk/content/2014/0502/261377.shtml。

香港醫學會（1999）。〈獻給香港市民的參考文：香港醫療制度改革 —— 為改進而改 非為變而變（香港醫學會對哈佛報告的回應）〉，香港：香港醫學會。擷取自：http://www.hkma.org/chinese/newsroom/news/harvard2.htm（瀏覽日期：2016年9月22日）。

張炳良（2003）。〈香港醫療政策的沿革〉，載《誰為香港醫療政策開刀：沙士衝擊與改革方向》（張炳良、史泰祖等編，頁99－132）。香港：新力量網路。

張淑莊（2001）。〈私營醫療服務的發展〉〔未出版論文〕，香港：香港社會服務聯會。

梁智鴻（1996）。《醫者心看過渡》。香港：明報出版社。

陳懷嬋（2009）。〈醫療健康政策在港英年代的發展〉〔未出版論文〕，香港：香港社會服務聯會。

馮可立、黃大偉（2001）。〈新加坡的醫療政策〉〔未出版論文〕，香港：香港社會服務聯會。

黃大偉（2001）。〈公立醫療在戰後的演變〉〔未出版論文〕，香港：香港社會服務聯會。

劉騏嘉、李敏儀（1997）。《長遠醫療政策》。香港：臨時立法會秘書處，資料研究及圖書館服務部。

衛生福利局（2000）。《你我齊參與健康伴我行》，香港：政府印務局。

《蘋果日報》（2017年1月16日）。〈自願醫保計劃擬暫緩設「高

風險池」〉。擷取自：http://hk.apple.nextmedia.com/realtime/news/20170116/56180960。

（英文）

Census & Statistics Department (1969). *Hong Kong Statistics: 1947-1967*. Hong Kong: Printing Department.

Harvard Team (1999). *Improving Hong Kong's Healthcare System: Why and for Whom?* Hong Kong: Printing Department.

Hay, J. W. (1992). *Health Care in Hong Kong - An Economic Policy Assessment*. Hong Kong: The Chinese University Press.

Hong Kong Government (1964). *Development of Medical Services in Hong Kong*. Hong Kong: Government Printer.

Hong Kong Government (1974). *The Further Development of Medical and Health Services in Hong Kong*. Hong Kong: Government Printer.

Hong Kong Government (1989). *Report of the Provisional Hospital Authority*. Hong Kong: Government Printer.

Hong Kong Government (1990). *Report of the Working Party on Primary Health Care: Health for All the Way Ahead*. Hong Kong: Government Printer.

Hospital Authority (2017). "Waiting Time for Stable New Case Booking for Specialist Out-patient Services." Website: http://ha.org.hk/haho/ho/sopc/dw_wait_ls_eng. pdf.

Jones, C. (1990). *Promoting Prosperity – The Hong Kong Way of Social Policy*. Hong Kong: The Chinese University Press.

King, Y.A. （金耀基） (1973). *The Administrative Absorption of Politics in Hong Kong- With Special Emphasis on the District Officer Scheme*. Hong Kong, Social Research Centre, CUHK.

Le Grand, J. & R. Robinson (1984). *Privatisation and the Welfare State*. George Allan & Unwin.

PayScale. "Average Salary for People with Jobs as Physicians/Doctors: Hong Kong, the USA, and the UK." Retrieved from: http://www.payscale.com/research/ HK/People_with_Jobs_as_Physicians_/_Doctors/Salary.

Scott, W.D. (1985). *The Delivery of Medical Services in Hospitals*. Hong Kong: Government Printer.

第四章
香港醫療制度的二元體制：
從私家醫院發展的角度看
公私營失衡

陳和順
（香港理工大學專業進修學院首席講師）

一、引言

　　香港的醫療制度屬於一種公私營並行的雙軌制。如果以醫療開支計算，公私營醫療系統的重要性不相伯仲，公營醫療開支佔醫療總開支大約是 51%，而私營醫療開支則大約 48.9%。[1] 如果以在職醫生計算，公私營比例接近，在公營醫療系統工作的佔 41.8%，而在私營醫療系統工作的佔 48.9%，其餘在政府和學術機構工作。[2]

　　但是，公營醫療系統和私營醫療系統的定位不同。公營醫療系統以醫院服務為主，門診服務為次，而私營醫療系統則剛好相反，以門診服務為主，醫院服務為次。在醫院服務方面，到 2018 年，公營醫院共有 43 間公立醫院和醫療機構；私家醫院共有 12 間。以病床數目計算，2017 年全港共有 31,282 張，其中公立醫院的病床數目佔 83.6%，私家醫院佔 16.4%。[3] 顯然，在提供服務方面，公立醫院比私家醫院扮演更重要的角色。

　　不過，私家醫院服務的重要性不能只從數字看。第一，醫療服

務需求受季節和其他因素影響，有時會突然大幅上升，私家醫院的服務可以起到緩衝的作用。例如，在 2015 年初，流感肆虐，醫療服務需求大幅上升，公立醫院的病床佔用率已趨飽和。假如沒有私家醫院，情況堪虞（《明報》，2015 年 2 月 8 日）。第二，更重要的是，展望未來，醫療服務需求將由於人口老化和其他因素而繼續上升，公營醫療系統壓力將不斷增加。政府推行自願醫保計劃，目的是要鼓勵有經濟能力的市民購買醫療保險，從而令他們更放心使用私家醫院服務。不過，政府估計，自願醫保計劃將令私家醫院服務未來十年的需求增加 9% 至 30%。[4] 私家醫院是否有能力吸納，是未知之數。所以，計劃成敗的其中一個關鍵就是私家醫院未來的發展。

要探討私家醫院未來的發展，就需要回顧過去。我認為私家醫院過去的發展存在不少困難，但是這些困難主要並非來自私家醫院本身，而是來自私家醫院所面對的制度環境。這個制度環境主要包括兩方面，首先是政府所提供的監管環境，其次是醫學界的專業權力。私家醫院未來的發展如何，將視乎它們所置身的制度環境會否出現重要的改變。

本章主要的目的是要回顧私家醫院過去的發展，以及導致現在困境的原因。以下將分為四個部分討論：首先回顧私家醫院發展的歷史，之後闡述私家醫院面對什麼挑戰，然後進一步分析私家醫院本身的問題，最後探討這些問題的制度根源。我認為，歸根究底，香港醫療問題，包括私家醫院發展緩慢的問題，是一個政治問題（Luk, 2014）。要解決政治問題，最終也離不開政治。

二、私家醫院發展的歷史

　　私家醫院的重要性，其實從歷史的角度也可以看得出來。醫療服務屬於基本需要，不能或缺。1841 年，香港開埠初期，歐洲人來到香港，普遍認為這裏幾乎是不能居住的地方。亞熱帶的氣候，加上太多的沼澤地方，令香港成為滋生傳染病的温床，也令人容易出現發熱病徵，特別是一種歐洲人從未見過的疾病，當時叫做香港發熱病（Hong Kong fever）。[5] 但是，香港卻嚴重缺乏衛生設備。1843年，就連當時的輔政司（即後來的布政司，相當於回歸之後的政務司司長）也得了香港發熱病，情況的嚴重程度可見一斑。從該年的 5 月到 10 月，駐港英軍有 24% 的人染上香港發熱病，而居住在香港的歐洲人也有 10% 以上染病。在情況最壞的時候，曾經出現放棄香港這塊地方的討論，只是當時的港督砵典乍（Henry Pottinger，1843－1844 在任）堅持，才沒有付諸行動（Gauld & Gould, 2002; Scott, 1989: 49-53）。

　　由於疾病已經蔓延至政府內部公務員，政府被迫在 1843 年委任第一位官員專責處理衛生事務（Surgeon-General）。政府這時候才開始注視本地的醫療需要，並且同時成立一個有關公共衛生的委員會，制訂一系列的衛生規例。這標誌着殖民地政府衛生服務的正式開始。但是，規例制訂了，卻沒有認真執行。當時，不單政府內部的高層官員，甚至連本地的商界人士都抵制這些規例，認為執行規例不單擾民，而且成本昂貴。當然，這跟香港開埠初期貿易表現遠較預期遜色，殖民地政府財政短絀，舉步維艱，財政仍然依賴倫敦的殖民地辦公室有關。事實上，香港政府要等到 1858 年才達到收支平衡，並且從倫敦的殖民地辦公室取得財政自主權（曾銳生，2007：13）。

　　在之後的半個世紀，專責衛生事務的官員所提出的建議，仍然受到殖民地政府冷淡的回應，直至十九世紀九十年代發生持續十年的瘟疫，政府才較為積極地去處理公共衛生和預防疾病的工作。但是，政府態度的改變仍然非常緩慢。直至 1930 年代，政府委任第一位醫務及衛生服務總監，政府仍然未有積極執行衛生條例。

　　關於醫院的興建，這方面的需要從香港一開埠就已經非常明顯，因為傳染病問題實在嚴重。但是，早期倫敦負責香港事務的殖民地辦公室卻並不鼓勵，認為香港發展私營醫療更可取。如果要興建醫院，它只允許香港的殖民地政府負擔部分費用，並且必須確定已經籌集到其餘的經費才能開始興建。一旦落成之後，服務必須以自負盈虧的方式提供（Gauld, 1998: 928）。在殖民政府內部，不少官員同樣輕視醫療服務的需要。直至二十世紀初，仍然有官員聲稱香港只能在財富和健康之間作出選擇（Goodstadt, 2005: 6）。這意味着為了財富來到香港的人，不能抱怨健康受損，醫療需要得不到照顧。

　　事實上，如果沒有私營醫療的參與，香港開埠初期極有可能沒有醫院出現。所以，當第一間在香港出現的醫院是私家醫院，而非政府醫院，這毫不令人感到意外（Gauld & Gould, 2002: 39）。1843年，廣州暨澳門醫療傳道會在銅鑼灣開設全港第一間醫院。1844年，另一間由商人集資興建，坐落在灣仔摩利臣山的海員醫院正式投入服務（Endacott, 1973: 68-69），這就是今天律敦治醫院的前身。香港早期的兩間醫院，一間由商人集資，另一間由教會興建，這個情況並非偶然，私家醫院在香港最早期醫療服務發展所扮演的重要角色，由此可見一斑。

　　天主教教會在早期的私家醫院發展之中扮演十分重要的角色。1894 年，香港發生瘟疫，一群天主教修女努力照顧病人。由於需求很大，服務迅速發展。1898 年，聖保祿醫院正式開幕，後來又在

1914 年搬到現址。除了聖保祿醫院，還有嘉諾撒醫院在 1929 年創辦，寶血醫院在 1937 年創辦，和聖德肋撒醫院在 1940 年創辦。

香港私家醫院在初期發展時遇到一個問題，就是華人不接受西方醫學。早期華人不了解西醫，所以就算患病也不願意接受西醫的醫治。曾經在華人之間傳聞，指西醫醫院會將病人截肢。華人尤其抗拒死後解剖的程序，所以寧願病死在街頭，也不進醫院。於是，早年香港經常在街上發現屍體，影響環境衛生。為了解決這個問題，殖民地政府開設義祠。但是，義祠的管理欠佳，環境惡劣，甚至有新聞報道指有人將臨終病人放在義祠等死。這些新聞報道甚至輾轉流傳到英國，刊登在當地報章上，成為醜聞。最終，由於輿論的壓力，殖民地政府被迫開辦以中醫為主的東華醫院，讓華人放心接受醫院治療。

養和醫院在 1920 年代成立，背景是社會對由華人醫生主診的醫院有明顯需求。養和醫院的前身，即香江養和園，創辦於 1922 年，早期為療養院。為進一步擴展醫療服務，在 1926 年委任李樹芬醫生為院長，在其領導下，改名為養和醫院。1966 年，李樹芬醫生逝世，由其弟李樹培醫生接任養和董事局主席暨院長之職。2005 年，李樹培醫生逝世，由其子李維達醫生接任。

經歷二次大戰後，香港百廢待舉。不過，1949 年內地政權易手，大量難民湧入，本港人口由 1945 年的 50 萬增加至 1950 年的 220 萬，增幅超過四倍。人口猛增，港英殖民地政府迫切要解決的社會問題是居住和環境衛生，所以未有餘力為醫療服務發展進行較長遠的規劃。1957 年，政府才就第一個醫療服務發展的十五年規劃進行討論，因後來未能掌握最新和準確的數據而擱置行動。1959 年，政府提出一個折衷的五年計劃，並且在翌年獲行政局接納。政府提出的這項政策，就是為社會上大部分沒有能力的人士提供低廉

甚至免費的醫療服務。自此，公營醫療急速發展。

　　人口急速增加，政治首要的考慮是增建醫院，滿足需要。但是，政府沒有考慮公私營醫療的定位和整合。在這段時期，公立醫院和私家醫院可說是各自發展，彼此涇渭分明（Gould, 2006: 20-21）。私家醫院的發展在六十年代踏入黃金時期。香港浸會醫院、荃灣港安醫院、播道醫院和香港港安醫院分別在 1963 年、1964年、1965 年和 1971 年成立。不約而同，四間私家醫院都具有基督教的背境。香港最年輕的私家醫院是怡安醫院，創立於 2017 年。直到今天，香港總共有 12 間私家醫院，其中大部分由非政府組織創辦，具有宗教背景。換言之，在香港私家醫院發展的歷史過程中，教會和慈善團體扮演關鍵角色。

　　不幸地，進入九十年代，面對來自醫院管理局的強大競爭，私家醫院只能慘澹經營。以住院個案計算，私家醫院的市場佔有率由 1991 年的 15%，下跌至 1998 年的 7%（*South China Morning Post*, 1998, August 23）。有私家醫院嘲笑自己的業務是「朝三暮四」，亦有醫生取笑自己「出前一丁」（《明報》，2001 年 3 月 12 日）。[6] 從 1989 至 1990 年度，到 2010 至 2011 年度，總體醫療開支在二十年內由 3.6%，上升至 5.1%（表 4-1）。但是，絕大部分的醫療開支增長來自公營醫療開支，私家醫院的發展緩慢。

　　如果以病床計，私家醫院在 2004 年提供 2,794 張病床（表 4-2），跟 1988 年的 2,793 張病床（表 4-3）比較，十六年來幾乎沒有增長。在 2005 年之後，私家醫院的病床供應增長可觀，到了 2010 年，私家醫院的病床提供增加至 3,946 張。但是，有理由相信，這些增長主要來自內地孕婦來港產子的需求刺激。到了 2012 年，由於當時的候任特首梁振英喝停內地孕婦來港產子，私家醫院病床數目又停了下來。

表 4-1 本地醫療衛生總開支 [7] (1989/90－2010/11 年度)

財政年度	按當時市場價格計算				按 2011 年固定價格計算				
	本地醫療衛生總開支（百萬港元）	本地醫療衛生總開支按年變動百分比 (%)	本地生產總值（百萬港元）	本地生產總值按年變動百分比 (%)	本地醫療衛生總開支（百萬港元）	本地醫療衛生總開支按年變動百分比 (%)	本地生產總值（百萬港元）	本地生產總值按年變動百分比 (%)	本地醫療衛生總開支相對本地生產總值的百分比 (%)
1989/90	19,645	—	549,666	—	28,997	—	811,334	—	3.6
1990/91	23,769	21.0	617,918	12.4	32,785	13.1	852,330	5.1	3.8
1991/92	29,368	23.6	719,477	16.4	36,793	12.2	901,384	5.8	4.1
1992/93	34,180	16.4	836,467	16.3	39,138	6.4	957,807	6.3	4.1
1993/94	39,481	15.5	962,337	15.0	41,879	7.0	1,020,770	6.6	4.1
1994/95	44,807	13.5	1,067,386	10.9	45,030	7.5	1,072,684	5.1	4.2
1995/96	51,256	14.4	1,139,319	6.7	49,246	9.4	1,094,653	2.0	4.5
1996/97	56,824	10.9	1,270,280	11.5	51,449	4.5	1,150,130	5.1	4.5
1997/98	62,236	9.5	1,375,859	8.3	53,600	4.2	1,184,930	3.0	4.5
1998/99	66,359	6.6	1,291,361	-6.1	57,243	6.8	1,113,961	-6.0	5.1
1999/00	66,060	-0.4	1,306,811	1.2	59,587	4.1	1,178,757	5.8	5.1
2000/01	67,439	2.1	1,335,305	2.2	62,858	5.5	1,244,607	5.6	5.1
2001/02	68,835	2.1	1,310,612	-1.8	65,326	3.9	1,243,793	-0.1	5.3

(續上表)

財政年度	按當時市場價格計算				按 2011 年固定價格計算				本地醫療衛生總開支相對本地生產總值的百分比（%）
	本地醫療衛生總開支（百萬港元）	本地醫療衛生總開支按年變動百分比（%）	本地生產總值（百萬港元）	本地生產總值按年變動百分比（%）	本地醫療衛生總開支（百萬港元）	本地醫療衛生總開支按年變動百分比（%）	本地生產總值（百萬港元）	本地生產總值按年變動百分比（%）	
2002/03	67,038	-2.6	1,293,484	-1.3	66,220	1.4	1,277,709	2.7	5.2
2003/04	69,102	3.1	1,266,023	-2.1	72,558	9.6	1,329,340	4.0	5.5
2004/05	68,142	-1.4	1,330,921	5.1	73,711	1.6	1,439,685	8.3	5.1
2005/06	70,571	3.6	1,439,689	8.2	76,231	3.4	1,555,168	8.0	4.9
2006/07	74,083	5.0	1,529,844	6.3	80,049	5.0	1,653,051	6.3	4.8
2007/08	78,903	6.5	1,687,679	10.3	82,497	3.1	1,764,544	6.7	4.7
2008/09	83,693	6.1	1,677,759	-0.6	86,726	5.1	1,738,567	-1.5	5.0
2009/10	88,069	5.2	1,692,995	0.9	91,614	5.6	1,761,135	1.3	5.2
2010/11	93,433	6.1	1,817,743	7.4	96,625	5.5	1,879,838	6.7	5.1

表 4-2 醫院病床數目的變化（1990 — 2014 年）

年份	公立醫院	私立醫院	總數
2001	29,243	2,903	32,146
2002	29,505	2,853	32,358
2003	29,539	2,902	32,441
2004	28,410	2,794	31,204
2005	27,765	3,038	30,803
2006	27,755	3,122	30,877
2007	27,748	3,438	31,186
2008	27,229	3,712	30,941
2009	26,872	3,818	30,690
2010	26,981	3,946	30,927
2011	27,041	4,098	31,139
2012	27,153	4,033	31,186
2013	27,400	3,882	31,282
2014	27,631	3,906	31,537

資料來源：《香港統計年刊》（2012－2017 年）。

三、不公平競爭

　　關於香港的醫療系統，不少人提出所謂「公私營失衡」的問題，意思是香港的醫療服務由公營醫療系統主導，特別是住院服務由醫管局主導。批評主要指私家醫院面對來自醫管局的不公平競爭，因為公立醫院收費低廉，入院費是 75 元，每住一個晚上是 120 元。但是，根據政府在 2011 年所披露的資料，當時公立醫院病床的營運成本是每天 3,830 元，收費只佔成本的 2.6%，政府補貼比率為 97.4%。但是，私家醫院完全沒有政府補貼，獨立營運，當然難以跟公立醫院競爭。[8]

表 4-3 醫院病床數目的變化（1955 — 1988 年）

年份	政府醫院	補助醫院	私立醫院	總數
1955	1,971	1,817	1,008	4,880
1960	2,432	3,771	1,108	8,090
1979	9,445	8,630	2,531	20,606
1980	9,684	8,585	2,537	20,806
1981	10,281	8,755	2,550	21,586
1982	10,743	9,222	2,725	22,690
1983	10,881	9,336	2,718	22,935
1984	11,759	9,578	2,736	24,073
1985	12,288	9,622	2,728	24,638
1986	12,285	9,601	2,664	24,550
1987	12,631	9,540	2,725	24,896
1988	12,687	9,577	2,793	25,057

資料來源：醫務衛生署年報。

　　所謂「不公平競爭」的指摘，當然有一定道理，但是需要一個
前提，就是公私營醫院服務質素相若。假若公立醫院質素差勁，例
如醫生和護士的服務態度欠佳，病房擠迫嘈吵，一些負擔能力較佳
的病人理應願意使用私家醫院服務。事實上，這正是八十年代公立
醫院的寫照。

　　　九十年代以前，市民對公共醫院可謂避之則吉，非有大病兼
　　　且經濟能力有限的話，絕不肯踏足半步。試回想當年病房帆
　　　布床滿佈，夏天悶熱冬天寒風刺骨，醫護人員態度冷冰冰，
　　　確實令人難以忍受。

（梁智鴻，1996：10）

1990 年，醫院管理局成立，醫療服務大幅改善。換言之，公私營失衡應該是在 1990 年醫管局成立之後才出現。但是，如果看看實際數字，私家醫院的發展似乎早在八十年代初已經放緩。

在 1980 年至 1988 年，公立醫院病床由大約 9,700 張增加至 12,700 張，增幅大約是 30%。資助醫院病床在同期亦由大約 8,600 張增加至 9,600 張，增幅大約是 12%。但是，同期私家醫院只是由 2,540 張，輕微增加至 2,800 張，增幅只有 10%。私家醫院發展速度放緩，早在醫院管理局成立之前已經出現。

所以，我們可以這樣說，就算沒有來自醫管局的所謂「不公平競爭」，私家醫院的發展也已經緩慢下來。當然，在 1990 年醫管局成立之後的十多年間，私家醫院的發展就更加嚴峻。所以，要了解私家醫院在發展過程中遇到的挑戰，我們必須將眼光投放在一個更長的時間維度，並且應該嘗試從醫管局以外的因素去尋找私家醫院發展所面對的困難和障礙。

四、唯利是圖的形象

除了所謂的「不公平競爭」之外，私家醫院未來發展要面對的另一個挑戰，就是牟取暴利的形象。近年來，私家醫院被指牟取暴利，罔顧社會責任。其中較為人詬病的，便是由 2003 年政府宣佈實行「自由行」政策以來，私家醫院以高價接收內地孕婦來港產子的現象。

所謂「雙非」嬰兒，即嬰兒父母皆不是香港永久居民，由 2001 年的 620 人，增加至 2012 年的 26,700 多人，十年內增幅超過十倍。由於婦產科服務的需求急增，其收費在短時間之內不斷加價，加幅令人咋舌。據聞私家醫院獲利甚豐，完全扭轉千禧年前後慘澹

醫學霸權與香港醫療制度（修訂版）

經營的局面。不過，部分私家醫院累積巨額盈餘的同時，卻繼續年年加價，以致被批評為「賺到盡」、「唯利是圖」，甚至連業內醫生也公開批評。例如醫學會副會長周伯展表示，有部分私家醫院偏離了主要服務港人的宗旨，令港人得不到應有的服務；周伯展尤其指出有本地孕婦未能預約私家醫院床位進行分娩的問題（《香港商報》，2012 年 4 月 25 日）。但是，很多私家醫院當初獲政府以私人協約方式批地，政府只收取低廉地價。它們又獲准以非牟利方式經營，每年的營業額可獲政府免稅優惠。政府對私家醫院的種種優待，目的本來是要鼓勵私家醫院提供社會服務。結果，私家醫院罔顧服務社會的責任，「唯利是圖」的形象更加令人側目。

2012 年審計報告揭露，仁安醫院在 1990 年代獲政府批地興建醫院，卻只用了一半的土地去興建設施，另一半卻在十年後更改土地用途，拿去興建豪宅（審計署，2012）。醫院變身成為發展商，導致輿論嘩然，亦令政府尷尬。私家醫院賺錢「不擇手段」的形象更加深入民心。

如果私家醫院給市民「唯利是圖」的印象，也不利於吸引市民使用它們的服務。不過，如果進一步分析香港 12 間私家醫院，大部分都是由教會和慈善團體興辦，只有 3 間是由私人投資經營，即養和醫院、仁安醫院和港怡醫院。養和醫院早在上世紀二十年代創辦，並且以家族方式經營。仁安醫院和港怡醫院都具有財團背景，仁安醫院由恒基兆業投資，而港怡醫院則由新創建投資。這樣看來，由非教會或慈善團體投資興建的私家醫院只有 3 間，商業團體對於私家醫院的發展並不積極參與。

而且，私家醫院最為蓬勃發展的時期為上世紀的六十年代和七十年代初，分別是 1963 年成立的浸會醫院，1964 年成立的荃灣港安醫院，1965 年成立的播道醫院，和 1971 年成立的香港港安醫院。

表 4-4 內地女性在香港生產的嬰兒數目（2001 — 2012 年）

統計年份	活產嬰兒數目[1]	其中由內地女性在香港所生的活產嬰兒數目			
		其配偶為香港永久性居民	其配偶為非香港永久性居民[2]	其他[3]	小計
2001	48,219	7,190	620	—	7,810
2002	48,209	7,256	1,250	—	8,506
2003	46,965	7,962	2,070	96	10,128
2004	49,796	7,896	4,102	211	13,209
2005	57,098	8,879	9,273	386	19,538
2006	65,626	9,438	16,044	650	26,132
2007	70,875	9,989	18,816	769	27,574
2008	78,822	7,228	25,269	1,068	33,565
2009	82,095	6,213	29,766	1,274	37,253
2010	88,584	6,169	32,653	1,826	40,648
2011	95,451	6,110	35,736	1,136	43,982
2012	91,558	4,698	26,715	1,786	33,199

註：（1）數字是按事件的發生時間計自某統計期間內在香港出生的活產嬰兒總數（即該統計期間內的活產嬰兒）。
（2）包括香港非永久性居民（來港少於七年的內地人士包括在這類別）及非香港居民。
（3）在出生登記時，內地母親並沒有提供嬰兒父親居民身份的資料。
資料來源：《香港統計月刊》（2013 年 12 月：FA4）。

但是，從 1972 年開始計算，至今四十年內，只有兩 2 間新的私家醫院，即 1994 年成立的仁安醫院和 2017 年開業的港怡醫院。如果私家醫院盈利豐厚，又如何解釋四十年來只有 2 間私家醫院成立？

商業團體對投資私家醫院缺乏興趣，與私家醫院賺取可觀利潤，兩者之間似乎存在矛盾。如果私家醫院真的是一盤盈利可觀的生意，那麼私人財團不應沒有興趣。如果私人財團對投資私家醫院

裏足不前，那又是否暗示私家醫院表面風光，其實面對不少長遠發展的挑戰，而且不易解決？

其實，私家醫院面對的主要挑戰，既不是來自醫院管理局的不公平競爭，也不是私家醫院本身唯利是圖、罔顧社會責任。私家醫院面對的挑戰主要是發展環境不穩定，政府對私家醫院支援不足，政策混亂和矛盾。這些挑戰的存在也解釋了私家醫院的發展為什麼早在醫院管理局成立之前已經緩慢下來，而且歷經四十年而只有兩間新的私家醫院成立。

五、私家醫院面對的挑戰

長期以來，政府缺乏一個全面和完整的醫療政策，尤其沒有為公共醫療服務定位，所以政府也沒有進一步思考私家醫院的角色。政府對於私家醫院是否需要進一步發展態度含糊，以至私家醫院面對發展環境不穩定的問題。養和醫院在擴建過程中觸礁的事件是一個典型的例子。2008 年，養和醫院計劃耗資 30 億展開第四期擴建工程，將原來的 8 層大樓改建成 38 層，增加 500 張病床。但是，養和醫院忽然收到屋宇署通知，由於城規會加入發展限制，基於地形和景觀等因素，決定限制大廈高度，所以擴建計劃不獲批准（《太陽報》，2008 年 3 月 20 日）。

這次事件牽涉到養和醫院、屋宇署和城規會之間的溝通問題，但是，背後反映的卻是政府沒有任何關於私家醫院是否需要進一步發展的政策立場。如果政府的政策是鼓勵私家醫院進一步發展，按理應該主動知悉私家醫院的任何擴建計劃，並且及早跟進配合，根本便不會出現醫院擴建計劃突然因為牴觸城市規劃而觸礁的窘局。

由於第四期擴建工程受挫，又適逢政府提出醫療產業化政策，拋出四塊土地讓有興趣的投資者競投，養和醫院有興趣在其中一幅在黃竹坑的土地興建新大樓，於是與政府洽商。但是，養和醫院與政府溝通的過程似乎頗不愉快，以致它後來公開批評政府就私家醫院未來發展毫無指引，甚至任由私家醫院自生自滅（*South China Morning Post*, 2009, June 1；《香港經濟日報》，2009 年 9 月 9 日）。

養和醫院的不愉快經歷並非個別事件。在千禧年前後，面對醫院管理局的成立，私家醫院慘澹經營。在這個時候，政府似乎從來沒有跟進私家醫院的情況。當然，這可以解釋為政府一貫實行積極不干預政策，不插手商業機構的營運。但是，當醫院管理局提出以擴大公立醫院私家病床服務的方法來為醫院管理局的財政開源的時候，就已經暴露了政府對私家醫院支援不足，沒有協調醫管局和私家醫院的需要，為私家醫院提供一個穩定的環境去發展的問題。的確，政府根本沒有認真思考過私家醫院在香港整體醫療服務中的角色。正如養和醫院院長所說，政府任由私家醫院自生自滅。

到了 2012 年，當候任特首梁振英突然喝停雙非孕婦來港產子的時候，私家醫院面對發展環境不穩定的問題，就以更戲劇化的方式展露在公眾面前。當時梁振英公開叫停雙非孕婦來港產子，事情來得相當突然，私家醫院可以說是被殺個措手不及。當日上午，時任衛生福利及食物局局長周一嶽還與私家醫院聯會開會，要求減少私家醫院為內地孕婦提供分娩服務的配額，完全沒有提到零配額的可能性。結果，當私家醫院聯會主席劉國霖在下午知悉梁振英公開叫停內地孕婦來港產子，反應強烈，「認為是以行政手段干預私家醫院運作，形容有如『劏人揼』，衝擊私家醫院長遠發展信心」（《明

報》，2012 年 4 月 17 日）。

　　受到梁振英喝停雙非孕婦來港產子的事件衝擊，一年後大埔私家醫院用地流標，因為私家醫院的經營，很大程度依賴交通方便，新界地段本來就吃虧。如果沒有內地孕婦來港產子的生意，位處大埔的私家醫院就更加難以經營（《信報》，2013 年 3 月 14 日）。

　　其實，私家醫院發展環境不穩定，又與政府政策混亂和矛盾不能分開。政府拋出幾塊醫院用地招標，私家醫院有興趣的前提當然是政府的醫療產業化政策。事緣曾蔭權在任時，曾在 2009 年的施政報告中提出發展六大產業的主張，其中包括醫療產業，這當然令私家醫院憧憬未來發展的前景。適逢當時內地孕婦來港產子，令私家醫院走出自千禧年前後出現的經營低谷，也為它們帶來豐厚利潤，這就更令私家醫院對醫療產業政策充滿憧憬。但是，政府在提出醫療產業化政策之後，接着在 2010 年提出的自願醫保計劃，卻似乎有政策混亂和矛盾的嫌疑。表面看來，自願醫保計劃是要為私家醫院爭取更多生意，私家醫院按理沒有不歡迎的理由。但是，自願醫保計劃在曾蔭權宣佈醫療產業政策之後的一年推出，尤其醫保計劃提出不少規管私家醫院的附帶條件，面對由於新的規管措施而帶來的不確定性，私家醫院的興趣當然大減。這是政府政策混亂和自相矛盾所帶來的結果。

　　但是，當梁振英突然宣佈停止雙非孕婦來港產子的決定時，私家醫院才真正感覺到震盪。這種震盪源於發展前景的不明朗。對於私家醫院而言，這種震盪當然不是好事，但是卻不陌生。這種由於沒有政策，又或是由於政策混亂和矛盾而產生的不確定性，才是私家醫院發展所面對的主要挑戰。

六、私家醫院存在的問題

來自外在環境的挑戰，總是無可避免的。不過，如果私家醫院自身質素優良，挑戰也未必能夠完全阻礙發展。所以，如果從七十年代起，四十年來只有兩間私家醫院成立，所謂的公私營失衡問題如此嚴重，我們有理由進一步從私家醫院自身存在的問題方面尋找原因。關於私家醫院本身的問題，有三個方面值得探討，包括收費問題、服務問題，和管理問題。[9]

1. 收費問題

在收費方面，病人和他們的家屬經常投訴透明度和規範性不足。所謂「透明度不足」，是指病人及家屬根本不知道某項醫療服務的收費水平，又或者賬單沒有細項，付款人難以確定醫院有沒有多收。所謂「規範性不足」，是指就算醫院為某項醫療服務預先報了價，結果在結賬的時候，病人及家屬才發現賬單與報價不同。據 2014 年的報道，衞生署過去五年共接獲 43 宗涉及私家醫院的投訴，當中三成半不滿未能預先得悉收費。消費者委員會在同期接獲 115 宗涉及私家醫院的投訴中，亦有逾六成涉及收費不規範的問題。有人不滿入院前報價一萬元，但是出院時賬單卻變成兩萬元（《明報》，2014 年 6 月 26 日）。

這些問題並非一朝一夕。早在十年前，消費者委員會出版《選擇》月刊已經指出私家醫院收費透明度不足的問題。它們收集私家醫院的收費服務資料之後，發現私家醫院大多只提供病房、病床收費和部分醫療套餐收費，其他如醫生巡房費、醫療物料費、基本藥物費等，多付諸闕如。問題源於部分收費用於支付私家醫院的設施使用，另一部分則用於醫生臨床診治的服務和使用的藥物。消費者

委員會要求私家醫院與醫生改善溝通，以改善醫療服務收費的透明度和規範性不足的問題（《香港商報》，2001 年 9 月 15 日）。

其實，這個問題由來已久，早在 1993 年政府發表的彩虹報告之中已有提及。當然，醫療服務收費的透明度和規範性不足，會令財政狀況不充裕的病人及其家屬不放心使用私家醫院服務，間接令私家醫院的服務需求增長受到抑制。這才是私家醫院發展緩慢下來，業務增長放慢的重要原因。

在一篇討論公私營醫療系統配合的文章裏，聖保祿醫院的院長方津生醫生認為，私家醫院收費不透明是導致公私營失衡的真正原因。曾經代表醫療界別的前立法會議員、熟識醫療政策的梁智鴻指出，公私營失衡的主要原因，不在於醫管局經費增加太多太快，從八十年代中期至九十年代中期，公營醫院開支佔政府總開支的比例，一直維持在 10% 至 12%。只是九十年代初，經濟蓬勃，庫房收入大增，公營醫院開支按比例增加而矣（梁智鴻，1996：10－12）。所以，政府並未優待醫院管理局，公私營失衡的真正原因是私家醫院未能吸引病人使用其服務，方津生醫生則進一步認為，公私營失衡的主要原因是私家醫院收費不透明（Fang, 2006）。

2. 服務問題

私家醫院本身存在的第二個問題是服務問題。醫療服務包括很多方面，但是最起碼的是病人記錄的處理。醫生在診症治病之餘，亦有責任詳細記錄病情、治療過程所涉及的手術、用藥等等。醫生做好病人記錄，是醫務委員會的要求，否則觸犯註冊醫生專業守則。但是，就算在這方面，私家醫院的表現仍然欠佳，一些病人記錄做得十分粗疏。2004 年，香港私家醫院聯會旗下 12 家醫院曾聯署，對醫生在各私家醫院的病人記錄作出要求，違反要求的醫生會

受到處分，院方有權終止該醫生接收病人入院的權利。

病人記錄做得粗疏的根本原因是私家醫院客座醫生與本院醫生的比例相差甚大。在一篇 2007 年的訪問中，聖保祿醫院的院長方津生醫生指出，聖保祿醫院有 1,000 名客座醫生，卻只有 12 名本院醫生。要本院醫生做好病人記錄不難，要客座醫生做好病人記錄，卻是一項挑戰（《信報》，2007 年 3 月 9 日）。個別的私家醫院難以單獨處理這個問題，必須所有私家醫院聯合行動，否則嚴厲要求客座醫生做好病人記錄的私家醫院只會被懲罰，因為客座醫生會流向對客座醫生要求寬鬆的私家醫院。這就是香港私家醫院聯會發起的聯署行動的背景。

其實，上文提及消費者委員會批評私家醫院收費不透明和不規範，與客座醫生比例太高絕對有關。消費者委員會要求私家醫院改善與醫生的溝通，其實只是點出現象。私家醫院與醫生的溝通欠佳，歸根究底又與這些醫生不少是客座醫生有直接關係。客座醫生比例太高，容易做成溝通和管理上的困難，最終導致醫療收費不透明和不規範的問題。

公眾一向比較關注私家醫院的收費問題，卻少有留意私家醫院的服務問題。但是，1999 年發表的哈佛報告，首次全面檢討香港醫療系統的表現。在肯定優點之餘，哈佛報告也明確指出香港醫療系統的缺點，其中一個就是服務質素參差。[10] 在分析服務問題時，哈佛小組尤其把焦點集中在私家醫院方面。

哈佛小組在分析私家醫院服務問題時，主要提出幾個方面的問題。首先在醫療成效方面，哈佛小組批評私家醫院沒有系統地收集這方面數據，又或者收集之後卻未有發表，以致公眾難以知悉私家醫院的醫療成效，也無從提出任何改善的目標。

其次在機制方面，按照《醫院、護養院及留產院註冊條例》，私

家醫院需要向政府註冊，在領取牌照之後才能提供服務，並且需要每年年底申請續牌。[11] 在申請續牌的時候，私家醫院必須填寫一份問卷形式的申報表，報告有關醫院的運作情況。問卷是根據醫務發展諮詢委員會在 1990 年批核的《有關醫院準則的指引》而制定的。但是，哈佛小組認為，《指引》所列出的續牌準則並不具體，主要包括病床數目、各服務單位的人員編制、設施及設備等等，但是卻不直接涉及醫療服務方面。

服務的監督可以來自外部，也可以來自內部。但是，哈佛小組認為，私營醫療系統也沒有機制在所有私家醫院定期進行臨床審計，或者風險管理評估。結果，私家醫院之間難以避免質素參差的問題。

第三個是病人滿意程度的問題，但是私家醫院鮮有做這方面的問卷調查。根據衛生署發出的《私家醫院、護養院及留產院實務守則》所規定，所有私家醫院必須設有處理投訴的機制，以及指派一名病人聯絡主任以處理病人投訴。私家醫院亦須按月向衛生署呈交投訴概要，列出投訴的性質及調查結果等資料。但是，《實務守則》沒有法律效力，衛生署沒有權力要求強制執行，並且對違反守則的私家醫院作出懲罰。另外，據稱衛生署在接到關於私家醫院的投訴後會作出調查，並要求該醫院的行政部門就投訴的指控提供解釋及處理方法。但是，衛生署亦沒有經常向公眾交待這方面的工作。

據香港醫學會網頁的資料顯示，私家醫院有內部申訴機制，病人如有不滿，可先向院長或該院特設的申訴機制提出。但就算有這樣的機制，機制的人手是否足夠，機制會否好像醫院管理局一樣，就投訴意見的數量、性質和趨勢進行分析，公眾並未知悉，私家醫院亦好像從來沒有發表有關病人投訴的處理的公開報告。

本來，進入千禧年前後，面對醫院管理局的競爭，私家醫院慘

澹經營，私家醫生已經面對「朝三暮四」的問題。但是，1999年發表的哈佛報告嚴厲批評私家醫院服務水平參差，才令私家醫院痛定思痛。在已故的方心讓醫生的帶領之下，私家醫院終於組成香港私家醫院聯會，並且開始通過加強臨床管治工作，嘗試建立一個能夠帶來持續的服務改善的管理系統。

3. 管理問題

私家醫院本身存在的第三個問題是管理問題。這個問題超越臨床服務的層次，而牽涉到機構管治（corporate governance）的問題。所謂機構管治，是指督導和監管組織的一套規則、做法和程序。根據《醫院、護養院及留產院註冊條例》，私家醫院必須要向政府申請註冊。如果私家醫院並非由一名駐院的合資格醫生或註冊護士掌管，衞生署署長有權拒絕該私家醫院的註冊申請。但是，條例沒有為私家醫院負責人的才能和職能訂立更詳細的規定。沒有詳細的規定，就難以向私家醫院的負責人問責。

曾經在一段時期內，一些私家醫院實行家族式的管理模式。但是，自從醫院管理局成立之後，公立醫院的管理大大改善，對私家醫院的管理表現構成很大的壓力。現在每家私家醫院的管治委員會都有邀請外界的社會代表加入，把社會的意見帶入私家醫院的管理決策，這是對公眾參與醫院管理的一種回應。

關於病人投訴的機制，如果從持續改善臨床服務質素的角度看，屬於臨床管治。但是，如果從確認病人在醫療過程中的角色和權利的角度看，則屬於機構管治。所以，設立病人投訴的機制，其實也有助於加強私家醫院的機構管治。

在香港私家醫院聯會成立之後，私家醫院的管理獲得進一步提升。2000年，香港私家醫院聯會邀請英國國民保健計劃之地區評核

機構 Trent Accreditation Scheme（TAS），為當時的 11 間私家醫院進行兩年一度的認證工作（Fang, 2006: 205; Wong et al., 2006: 489）。到了 2010 年，食物及衞生局推出公私營醫院認證計劃，以進一步提升服務質素。公私營醫院認證計劃由澳洲評審機構 Australian Council on Healthcare Standards（ACHS）負責，評核醫院質素。不過，直至 2011 年，只有幾間較有規範的私家醫院，包括養和醫院、浸會醫院及仁安醫院成功獲得認證。認證工作又屬於鼓勵性質，而非強制性質，對於改善服務有多少幫助，又是否達到一定的水平，能夠令公眾滿意，公眾還需要拭目以待。

七、政府的不干預態度和醫療專業自主

總結以上的討論，收費的不透明和不規範、服務質素的參差和管理落後，是私家醫院發展困難的主要原因。當私家醫院面對醫院管理局的強大競爭時，它們的經營當然更加艱難。正如很多其他組織一樣，私家醫院都會面對問題，按照理性選擇理論，它們應該有誘因去解決問題。私家醫院當然想吸引更多市民使用服務，增加市場佔有率。但是，私家醫院共有 12 間，如何確保大家共同進退，是一大挑戰。對於個別私家醫院來說，如果貿然執行醫生做好病人記錄的措施，會否令一些有名氣的客座醫生覺得麻煩，因而轉往其他私家醫院提供服務，導致私家醫院削弱自己提供服務的能力？又例如私家醫院加強臨床管治的一些措施，會否變相增加醫生的行政工作，令部分醫生不滿，因而出現跳槽的情況，也是個別私家醫院擔心的問題。有時候，當它們嘗試解決問題，卻發現未見其利，先見其害，那麼，它們就失去解決問題的誘因，而傾向維持現狀，讓其

他私家醫院先行一步，這樣就可以坐享其成（free riding），又可以減低因為轉變而帶來的風險。社會科學家將這種情況稱為集體行動的邏輯（Olson, 1965）。受制於這種集體行動的邏輯，私家醫院失去了解決問題的誘因。

私家醫院面對發展困難，卻繼續維持現狀，這不是來自個人的理性選擇，而是來自制度環境。私家醫院所面對的制度環境包括兩個方面，第一個方面是政府，第二個方面是醫療專業，亦即醫生。首先，私家醫院收費不透明和不規範、服務質素參差和管理落後，是政府落伍的規管制度所做成的結果。現時，所有私家醫院都需要向政府申請註冊，否則屬於非法經營。政府根據《醫院、護養院及留產院註冊條例》（第 165 章）批核私家醫院註冊的申請，並且對私家醫院進行規管。負責執行條例的衛生署會在每年的年底巡查，並且要求私家醫院回答一份根據《有關醫院準則的指引》而設計的問卷，如果巡查的結果合格，就為私家醫院續牌。

但是，2012 年的審計報告顯示，衛生署並不積極規管私家醫院。首先，在巡查記錄方面，衛生署在 2011 年和 2012 年的巡查中，沒有使用檢查清單來記錄巡查結果。此外，亦無現存記錄顯示衛生署在巡查中所檢查的項目及程度。其次，在發現嚴重違規的情況之後，衛生署只向有關醫院提供巡查簡報以供跟進，卻沒有發出任何勸諭或警告信。

自 2007 年起，衛生署設立了私家醫院嚴重醫療事件呈報系統。根據該呈報系統，所有私家醫院須於嚴重醫療事件發生後 24 小時內向衛生署通報，並在事件發生後四星期內向衛生署提交全面調查報告。但是，審計署發現在許多嚴重醫療事件的個案中，私家醫院花了很長時間才向衛生署通報或提交全面調查報告。此外，在 2008 年至 2011 年期間，衛生署就 55 宗延遲通報嚴重醫療事件只發出三封

規管信，比率偏低。[12]

總結而言，政府對私家醫院的規管態度被動和消極。不過，更根本的問題是，政府賴以規管私家醫院的法律非常落後。《醫院、護養院及留產院註冊條例》在 1966 年生效，至今已有半個世紀的歷史。該條例的前身是《護養院及留產院註冊條例》，在 1936 年生效，原意是要規管一些提供較為簡單的服務的醫療機構，例如護養院和留產院。1966 年，政府修訂條例，變成《醫院、護養院及留產院註冊條例》。但是，條例只是擴大政府規管的範圍，將私家醫院也納入其中，卻沒有增加規管的內容。條例所規管的仍然是私家醫院的房舍、設施及人手，完全沒有涉及醫院管理和醫療服務方面的內容。事實上，條例內容根本沒有出現過「服務」或者「委員會」的字眼。有趣的是，跟規管私家醫院的《醫院、護養院及留產院註冊條例》相對應，政府也有一部規管醫院管理局的《醫院管理局條例》。但是，在《醫院管理局條例》裏面，好像「服務」或者「委員會」這些字眼卻大量出現。此外，《醫院、護養院及留產院註冊條例》也未有提及收費問題，未有任何條款去規管私家醫院的收費和盈利。

在《醫院、護養院及留產院註冊條例》生效之後的半個世紀裏，醫院管理和醫療服務的複雜程度大大增加。從這個角度看，《條例》的落後程度可想而知。事實上，現時香港已經沒有留產院。而且，《條例》規定任何私家醫院違例，最高僅罰款 1,000 元，持續不改善，每日只加罰 50 元，無牌經營的醫院最多罰款 2,000 元。在六七十年代，這個罰款的額度大概還有一些阻嚇性。但是，到了今天，《條例》的阻嚇性可想而知。

在 1990 年，政府曾經檢討私家醫院的規管制度，並且由衛生署屬下的醫務發展諮詢委員會通過一套《有關醫院準則的指引》（Guide to Hospital Standards），但是指引內容概括而不具體。回歸之後，特區政府在 2000 年又再檢討私家醫院的規管，但是最終仍然拒絕修訂非常過時的《條例》，最後只是根據《醫院、護養院及留產院註冊條例》，提出一套更詳盡的《醫院、護養院及留產院實務守則》。《實務守則》豐富了私家醫院的規管內容，例如要求私家醫院呈報醫療事故。但是，《實務守則》仍然並非強制性質，缺乏法律的約束力。

其實，有關私家醫院的規管問題，很早就有團體提出。例如，早在 1999 年，在立法會的衛生事務委員會上，社區組織協會就已經指出私家醫院質素良莠不齊，衛生署監管不力，私家醫院運作透明度低，欠缺維護病人權益機制，收費不透明和不規範等等。但是，政府多年來一直避免插手私家醫院的問題。政府在醫療問題上的處事作風，跟其他施政範疇沒有分別，都是一種典型的不干預主義。政府根本沒有認真思考醫療服務的目的，沒有思考公私營醫療的定位，沒有醫療政策的發展。如果不是醫療融資的問題愈來愈迫切，而且從 1993 年的彩虹報告開始，歷經二十年而仍然苦無出路，政府也不會轉向自願醫保計劃，並且終於將注意力轉移至私家醫院規管這個真正棘手的問題。

但是，私家醫院發展困難的根本原因，也正正在於它們所面對的是一個缺乏規管的制度環境。大概沒有任何私家醫院喜歡規管，但是沒有規管，私家醫院也就沒有動力去作出改變，並且尋求長遠發展。

私家醫院面對的另一個制度環境是醫療專業，即執業醫生。首先，我們不應該將私家醫院和執業醫生視為同一團體，並且必然地利益一致。如果仔細比較代表 12 間私家醫院的香港私家醫院聯會，和代表醫療專業的香港醫學會，會發現兩個組織的立場並非事事一致。在自願醫保的爭議之中，香港醫學會明顯地非常抗拒套餐式收

費，認為是侵犯了他們的專業自主，所以堅決反對（《東方日報》，2011 年 7 月 12 日）。但是，香港私家醫院聯會對於套餐式收費的態度並不一樣。它們的着眼點在於經營上的利弊如何判斷的問題上，而不在於好像專業自主這一類抽象的原則上（《文匯報》，2013 年 6 月 2 日）。當然，如果私家醫院因為雙非孕婦來港產子而已經賺取到豐厚利潤，執業的私家醫生又堅決反對，香港私家醫院聯會自然覺得犯不着為了支持政府的自願醫保計劃而跟香港醫學會公開鬧分歧。

執業醫生強調專業自主的現象，是至為明顯的。歷年來，當醫療界表達對政府的醫療政策不滿的時候，市民最經常聽到的反對理據，就是政府干預醫生的專業自主。一個典型的例子是，當政府宣佈自願醫保計劃的時候，私人執業專科醫生協會進行一項調查，訪問一百名私家專科醫生，結果發現近七成醫生擔心套餐式收費安排會削弱專業自主，亦擔心自願醫保令醫療質素下降（《大公報》，2011 年 1 月 3 日）。

我在前文指出私家醫院面對三個問題，即收費問題、服務問題和管理問題。在這三個問題之中，收費問題和服務問題的出現，直接與醫療專業強調自主有關。關於私家醫院收費不透明和不規範的問題，是醫療服務的性質使然。每一位病人的病情不同，治療過程又可能出現反覆，根本不可能在服務開始之前說明收費，或者訂定一個標準收費。如果醫療服務的收費可以透明和規範，那就是說醫生沒有盡力為病人診治，違反醫生在取得專業資格時盡力拯救病人的誓詞。

當然，這並不是說醫療套餐收費方式必然不合理，因為套餐式收費是建基於統計學上的計算。所以，當某項手術的次數逐漸增加，該項手術的平均成本是會穩定在某一個水平上。但是，從醫院

的角度看，如果它接受套餐式收費，就要面對一個風險，即某項手術的次數因為未能達到某個數量，而出現成本上的偏差。如果成本偏高，私家醫院就要做虧本生意。對於私家醫生來說，考慮就更加簡單。既然它們一直享受專業自主，亦即法律上從來沒有就醫療服務收費作出規定，醫生是否接受套餐式收費，就純粹是一個利益問題。如果沒有明顯利益，私家醫生當然反對。

關於私家醫院的服務問題，例如病人記錄的處理，醫生根據專業守則，有責任做好。但是，如果要確保所有醫生做好，私家醫院需要在行政上作出安排，這個安排是牽涉成本的。如果醫生的身份屬於客座性質，困難自然更大。但是，香港的私家醫院為了節省成本，一般都傾向大量聘用客座醫生，這樣的聘用安排又會使病人記錄的處理不妥善的問題更難處理。

另一個問題是醫生的在職進修。醫療知識和科技的進步，容易令註冊醫生的專業知識變得落伍。但是，政府授權為醫生進行專業註冊的醫務委員會，並沒有在法律上規定醫生在獲得註冊之後，必須持續進修。其實，政府在法律上對醫生的持續進修如此寬鬆處理，是尊重醫療界別專業自主的體現。但是，這樣也可能影響長遠的醫療服務水平。

關於私家醫院服務水平參差的問題，本來可以通過對醫療服務的監督去改善。但是，監督需要對醫療服務進行有系統的數據和資料分析，後者又由於對醫療界別「專」業自主的尊重而未有認真執行。總而言之，無論在收費方面，還是服務方面，醫療專業自主也是構成私家醫院發展困難的另一個原因。

其實，從殖民地時代開始，政府就一直偏向採用間接控制（indirect rule）的管治方式，避免直接介入本地社會事務。在醫療事務方面，政府通過法律賦予醫療專業一些自治權力，例如成立醫務

委員會（Medical Council），讓醫療專業實行自我監管，從而避免直接介入醫療事務。[13] 政府依照醫療界別專業自主的原則而建立專業自治（professional self-regulation）的制度，變相等於容讓醫療界別壟斷在醫療服務和程序上的權力。

醫療界別的專業自治又直接導致政府對私家醫院醫療程序的規管鬆懈，妨礙臨床管治的推行。當私家醫院面對客座醫生如此高比例、而政府規管程序又如此鬆懈的情況下，就更加沒有動力去尋求改變。

一旦政府將醫療界別的專業自主原則進一步制度化而成為法律之後，要收回下放給醫療界別的權力，就唯有修改法律。但是，修改法律又牽涉到立法程序，困難之大可想而知。政府最終放棄套餐式收費安排，其實是屈服於醫學界的專業權力的其中一個例子。

八、落後的制度環境是問題的根源

私家醫院發展困難的根本原因在於它們身處的制度環境，私家醫院自己不思進取，是制度帶來的結果。在社會學和政治學的研究中，制度都是一個關鍵的概念，並且在近二十年受到愈來愈多的重視，這可以在有關制度主義（institutionalism）的討論之中反映出來（North, 1990; DiMaggio & Powell, 1991; Thelen & Steinmo, 1992; Hall & Taylor, 1996; Thelen, 1999）。

為什麼制度是重要的？不同的學者有不同的意見。一些學者認為，制度直接決定個人的行為，這些制度可以指一些規則（rules）或慣性的做事方式（routines），而個人則視乎特定場合而着重他的行為是否合適（March & Olsen, 1989）。制度也可以指一些不成文的慣

例（convention），而個人跟從這些慣例，是潛移默化的結果（taken for granted）（DiMaggio & Powell, 1991）。不過，另一些學者則認為，制度並不直接決定個人的行為和互動方式，而只是一套遊戲規則，對人的自利行為提出規範。制度限制了個人的某些自利行為，同時也為個人的自利行為提供機會（constraints and opportunities）。制度作為一種遊戲規則，並不只是消極地作出限制，同時也積極地為人與人之間的合作提供基礎。具體而言，制度並不反映在什麼慣性的做事方式，而在於個人在回應這個制度環境時所制訂的策略（strategies）（North, 1990; Thelen, 1999）。

我認為私家醫院發展困難的根本原因在於它們身處的制度環境，而我對制度的分析更接近上述的第二種理解，視制度為對人的自利行為提出規範的遊戲規則。關於第一種對制度的理解，它的問題在於否定個人的主觀能動性（agency），和人推動制度改變的可能性。私家醫院本身的行為，並非完全由制度環境所支配。它們具有一定的能動性，面對自身問題的時候，的確存在改善的誘因。但是，私家醫院在決定具體策略時，所考慮的不只是自身的問題，而必然同時考慮到自己所面對的制度環境。

香港的私家醫院只有 12 間，任何個別醫院要作出改變，其成效也要視乎其他私家醫院是否配合。社會科學將這種互相依賴的格局稱為策略互動（strategic interaction）或者集體行動（collective action），在策略互動之中，每一間私家醫院在決定自身行為的時候，關鍵的考慮不再是誘因，而是對其他私家醫院的行為的估計（expectation）（Schelling, 1980; Olson, 1965）。在文章的前部分，我曾提到個別私家醫院希望加強對客座醫生處理病歷記錄的管理。但是，一旦它執行這方面的措施，會否變相增加客座醫生的行政工作，令部分客座醫生不滿，因而出現跳槽的情況？有時候，當它們

嘗試解決問題，卻發現未見其利，先見其害。那麼，它們就失去解決問題的動力，反而有誘因去維持現狀。每一間私家醫院都會有誘因按兵不動，讓其他私家醫院先行一步，這樣就可以坐享其成（free riding），又可以減低因為轉變而帶來的風險（Olson, 1965）。所以，每一間私家醫院會否加強對客座醫生處理病歷的工作的管理，將視乎它對其他私家醫院會否配合和一致行動的估計。

如何協調所有私家醫院在這方面的估計，將會成為行動成敗的關鍵（Shepsle, 1986; Shepsle, 1989; Weingast & Marshall, 1988; Garrett & Weingast, 1993）。就算有私家醫院願意合作，如果它不肯定其他醫院是否願意合作，也沒有用。我認為，制度的重要性正正在於，它決定了每一間私家醫院是否相信，它們各自的行動會得到其他私家醫院的配合。如果某個制度的存在能夠讓每一間私家醫院都相信，不配合的醫院受到制度的懲罰，例如不配合的行為會被公開和批評，因而損害合作的聲譽，所有私家醫院將更樂意去合作。換言之，制度的重要性在於協調所有成員對其他成員的估計，令集體行動得以成事（Garrett & Weingast, 1993）。

私家醫院的發展緩慢，過去四十年只有兩間新的私家醫院成立，原因在於私家醫院面對收費、服務和管理的問題時，未能估計集體行動的一致性，以致缺乏動力去解決問題。這個問題的根源在於政府對私家醫院的監管制度相當寬鬆，尤其是《醫院、護養院及留產院註冊條例》（第 165 章）歷經半個世紀而未有修改，以致到了今天顯得非常落後。同時，私家醫院也面對醫療專業一直享受的自主。其實，在私家醫院所面對的三個問題之中，收費和服務問題都直接與醫生的專業自主有關係。在這兩個方面，醫生對於任何可能限制他們的專業自主的措施都非常敏感，而且通過代表他們的界別利益的香港醫學會，多次公開表達強烈的反對意見。任個個別的私

家醫院都不會貿然支持可能觸怒醫療專業的措施，除非它們肯定其他私家醫院都將會公開採取一致的立場和行動。

以上有關香港私家醫院發展困難的制度解釋，着眼於過去殖民時代的制度如何導致今天私家醫院的問題，特別是這些制度如何令私家醫院發展落後的問題難以解決。研究香港私家醫院的發展，不單讓我們更深入了解香港醫療改革所面對的挑戰，而且有助於社會科學家了解制度的延續和改變（institutional continuity and change）。其實政治正正是關於集體行動的實踐，也是決定集體行動的可能性的關鍵（Pierson, 2004）。從這個角度看，私家醫院未來發展所面對的，不單是制度的問題，最終也是一個政治問題（Luk, 2014），因為私家醫院的未來發展需要集體行動，而集體行動的可能性將由政治來決定。

九、從私家醫院發展的角度看自願醫保的未來

我在這一章開始的時候提到，私家醫院的重要性，在於分擔由於人口老化和其他原因帶來的醫療服務需求增加。政府提出自願醫保計劃，目的就是為了減輕醫療系統的壓力。我也指出，自願醫保計劃成敗的其中一個關鍵，就是私家醫院未來的發展。2018 年 10 月，特首林鄭月娥在她的第二份施政報告之中提出，特區政府將會全面落實和推廣自願醫保計劃，並提供扣稅安排，以鼓勵市民購買認可醫保產品，在有需要時可選擇使用私營醫療服務，從而減輕公營醫療系統的長遠壓力（2018 年施政報告第 200 段）。

既然政府已經落實推行自願醫保，現在是討論自願醫保會否成功的時候。自願醫保是否成功，視乎參加人數和保單是否具吸引

力，兩者相附相成。保單愈具有吸引力，參加人數自然愈多。倒過來，保險公司估計參加的人數愈多，自然會降低保費和擴大保障範圍，保單就愈具有吸引力，這樣也會吸引更多人購買保單。

我認為自願醫保會否成功，要過三關，第一關是保險公司，第二關是私家醫院，第三關是醫學界。政府要推行自願醫保，首先要保險業界支持。保險業界當然願然多做生意，但是政府對醫保的保單有基本要求，例如人人受保，終身續保等等。保險生意是否有利可圖，視乎控制賠償風險。既然政府要求人人受保，保險公司不能通過選擇投保對象去控制賠償風險，就唯有靠私家醫院的配合。所以，保險業界一直希望私家醫院實行套餐式收費（packaged charging）。[14]

私家醫院當然也樂見更多病人在有需要時使用私家醫院服務。我在上文已經指出，私家醫院的發展停滯不前，市場佔有率不高，與服務收費的透明度和規範性不足有關。如果私家醫院實行套餐式收費，將有助增加收費的透明度和規範性，間接可以吸引更多病人使用私家醫院服務。政府提出自願醫保計劃，核心內容是醫療套餐。對於醫療套餐，私家醫院並不抗拒。私家醫院聯會認為，大型手術容易拉高成本，故只有中小型手術才適合套餐服務（《信報》，2011 年 8 月 9 日）。私院聯會主席李繼堯又表示，現時私家醫院床位供不應求，目前無誘因提供套餐式收費，但未來五年解決床位問題後，套餐式收費有可能出現（《文匯報》，2013 年 6 月 2 日）。

但是，私家醫院的醫生大部分不是本院醫生，而是客座醫生。私家醫院的醫療服務，特別是外科手術，其實是以私家醫院與私家醫生分賬的方式進行。簡單而言，私家醫院收取的是病人使用醫院設施的費用，而私家醫生收取的是病人使用醫生施行手術服務的費用，我們可以將兩者簡稱為醫院費和醫生費。對醫院費實行套餐式收費，私家醫院應該不會覺得太困難。但是，對醫生費實行套餐式

收費，私家醫院不可能強迫私家醫生接受。正如上文提及私家醫院不可能強迫客座醫生認真處理病歷一樣，在客座醫生比例甚高的情況下，如果個別私家醫院強迫客座醫生接受套餐式收費，會否令部分客座醫生不滿，因而出現跳槽的情況？從社會科學角度看，這是一個典型的集體行動問題（collective action problem）。

所以，關於醫療套餐，真正的阻力並非來自私家醫院，而是醫學界。一項調查顯示，近七成受訪私家醫生擔心醫保計劃推行後，影響專業自主及醫療質素，尤其是套餐式收費，可能會由私院或醫療集團操控（《大公報》，2011年1月3日）。代表香港醫學界的香港醫學會非常抗拒醫療套餐。政府就自願醫保計劃展開諮詢不久之後，當時的醫學會會長蔡堅直言對「套餐價」極有保留，認為只有少數治療程序可劃一定價（《東方日報》，2011年7月12日）。

最終，政府決定自願醫保放棄醫療套餐，也即是放棄自願醫保的其中一個核心內容（《信報》，2013年5月31日）。但是，沒有醫療套餐，將大大削弱自願醫保成功的機會。在最新的醫保方案中，手術服務將分為四個類型，即小型、中型、大型和複雜手術。投保人如入院做外科手術，外科醫生手術費將按手術類型有不同保障，例如大型手術會獲賠二萬五千元（《香港經濟日報》，2018年3月2日）。有外科專科醫生指出，以大型手術開放式或腹腔鏡式切除術為例，一般三小時手術的醫生費約五萬元；大型手術部分胃切除術連十二指腸長達四至五小時，醫生費約八九萬元。換言之，自願醫保標準保單下的賠償額僅佔實際醫生費不足一半。

這樣的安排，其實是將保險公司面對受保人在手術方面的賠償風險封頂。換言之，保險公司所願意承擔的風險就只有那麼多，剩下的風險就由受保人自己承擔。從市民的角度，買保險的用意本來是要買一個放心。自願醫保的標準計劃的最新安排，卻令受保人不

可能放心，違背購買醫療保險的原意。明顯地，這種安排是保險業界對於自願醫保放棄醫療套餐的回應，即保險業界不會承擔來自醫療手術費方面的風險。

　　沒有套餐，自願醫保的吸引力可能大減，因為私家醫院收費缺乏標準化，意味着保險公司的賠償風險提高，必然導致醫保保費上升。保費上升，又會降低市民購買醫保的誘因。最後，自願醫保計劃作為醫療融資的輔助角度將會被削弱，甚至下降到無足輕重、可有可無的地步。這樣的話，自願醫保就很難説是成功了。

　　自願醫保沒有套餐，反映香港醫學界的政治實力。面對醫學霸權，政府也無可奈何。長遠而言，醫療收費的透明度和規範性不足，亦會限制私家醫院的發展。從這個角度看，醫學霸權也影響私家醫院的發展。香港醫療系統改革牽涉多個方面，醫療融資和私家醫院的角色只是其中兩個部分，將來還有更多議題需要跟進。如果政府不能好好與香港醫學界建立溝通和信任的關係，勢將影響多個方面，醫療改革將會舉步維艱。

註釋：

1　1989/90－2015/16 年度本地醫療衞生總開支，詳見食物及衞生局：https://www.fhb.gov.hk/statistics/download/dha/en/tf2_1516.pdf。

2　2015 年有關醫生的醫療衞生服務人力統計調查，詳見衞生署醫療衞生服務人力統計調查結果：www.dh.gov.hk/tc_chi/statistics/statistics_hms/statistics_hms_find.html。

3　《香港統計年刊》（2014 年版），頁 388。

4　《醫保計劃，由我抉擇，醫療改革第二階段諮詢文件》（2010），頁 36。

5　Hong Kong fever 就是瘧疾（malaria）。該病要待 1897 年才被 Sir Ronald Ross 在非洲西部發現，並賦予現時的名稱。詳見 G.H. Choa (1999). "Hong Kong's Health and Medical Services." In *Whither Hong Kong: China's Shadow or Visionary Gleam?* (edited by A.H. Yee, p. 154). Lanham: University Press of America。

6 「朝三暮四」的意思是上午有三位客人，下午有四位客人。「出前一丁」是一個即食麵品牌的名稱，私家醫生借用來諷刺自己整天只有一位病人求診。

7 1989/90－2010/11 年度本地醫療衞生總開支，詳見食物及衞生局網頁：http://www.fhb.gov.hk/statistics/download/dha/cn/a_estimate_1011.pdf。

8 2011 年 6 月 29 日食物及繻生局局長周一嶽在立法會會議上書面答覆梁家騮議員的提問，擷取自網頁：http://www.info.gov.hk/gia/general/201106/29/P201106290186.htm。

9 在 2014 年 12 月特區政府發表的《私營醫療機構規管諮詢文件》之中，這三個問題有進一步的討論。

10 《香港醫護改革：為何而改？為誰而改》，美國哈佛專家小組，1999 年。

11 《醫院、護養院及留產院註冊條例》（Hospitals, Nursing Homes and Maternity Homes Registration Ordinance）擷取自網頁：http://www.legislation.gov.hk/blis_pdf.nsf/6799165D2FEE3FA94825755E0033E532/723886EC1088A7B5482575EE0048AAB7/$FILE/CAP_165_e_b5.pdf。

12 私家醫院的規管，《審計署第五十九號報告》，2012 年。

13 這裏指的法律就是醫生註冊條例（Medical Registration Ordinance）。

14 自願醫保的最後方案已經沒有「人人受保」的要求，年滿八十歲的市民不能投保（《明報》，2018 年 2 月 3 日）。但是，看來保險業仍然會認為，賠償風險是一個值得關注的問題。

參考資料

（中文）

《大公報》（2002 年 3 月 17 日）。〈公立醫院市佔率 93%〉，A07 版。

《大公報》（2011 年 1 月 3 日）。〈67% 私醫憂醫保礙專業自主〉，A11 版。

《太陽報》（2008 年 3 月 20 日）。〈政府倡公私合作，卻諸多限制，養和醫院擴建觸礁〉，A4 版。

《文匯報》（2013 年 6 月 2 日）。〈私院聯會：5 年後或推套餐收費〉，A13 版。

《明報》（2001 年 3 月 12 日）。〈梁永立「出前一丁」推銷醫改〉，A16 版。

《明報》（2012 年 4 月 17 日）。〈私院：梁行政干預衝擊信心〉。

《明報》（2014 年 6 月 26 日）。〈私院報價 1 萬埋單 2 萬，消委六成投訴涉收費〉，A12 版。

《明報》（2015 年 2 月 8 日）。〈私院也迫爆，仁安 300 床近滿，流感再奪六命，伊院病床佔用 118%〉，A6 版。

《東方日報》（2011 年 7 月 12 日）。〈自願醫保諮詢似天仙局〉，A02 版。

《信報》（2007 年 3 月 9 日）。〈私營體系的不合理現象〉，P37 版。

《信報》（2013 年 3 月 14 日）。〈大埔私家醫院地流標〉，A15 版。

政府統計署（2014）。《香港統計年刊 2014 年版》。

食物及衛生局（2010）。《醫保計劃，由我抉擇，醫療改革第二階段諮詢文件》。

《香港商報》（2001 年 9 月 15 日）。〈私家醫院濫收費嚴重，乏透明度，竟較報價高二點七倍〉，B02 版。

《香港商報》（2012 年 4 月 25 日）。〈醫學會促私院服務港人為先〉，A19 版。

香港統計處（2011－2015）《香港統計年刊》。

香港統計處（2013 年 12 月）。〈專題文章：1981 年至 2012 年香港生育趨勢〉，《香港統計月刊》。

《香港經濟日報》（2009 年 9 月 9 日）。〈院長也等床位，養和抨欠支援〉，A21 版。

梁智鴻（1996）。《醫者心看過渡》，香港：明報出版社。

曾銳生（2007）。《管治香港，政務官與良好管治的建立》，香港：香港大學出版社。

審計署（2012 年 10 月）。《審計報告 59 號》。

（英文）

Barry W. & Marshall, W. (1988). "The Industrial Organization of Congress." *Journal of Political Economy*, 96 (1), pp.132-63.

Choa, G.H. (1999). "Hong Kong's Health and Medical Services." In *Whither Hong Kong: China's Shadow or Visionary Gleam?* (edited by A.H. Yee, pp.153-186). Lanham: University Press of America.

DiMaggio, P.J. & Powell, W.W. (1991). "Introduction." In *The New Institutionalism in Organizational Analysis* (edited by Walter Powell & Paul DiMaggio, pp.1-38). Chicago: The University of Chicago Press.

Endacott, G.B. (1973). *A History of Hong Kong* (2nd ed.) Hong Kong: Oxford University Press.

Fang, D. (2006). "The Private-Public Interface." In *Hong Kong's Health System: Reflections, Perspectives and Visions* (edited by G.M. Leung & J. Bacon-Shone, pp.199-208). Hong Kong University Press.

Garrett, G. & Weingast, B.R. (1993). "Ideas, Interests, and Institutions: Constructing the European Community's Internal Market." In *Ideas and Foreign Policy. Beliefs, Institutions, and Political Change* (edited by J. Goldstein & R. Keohane, pp.173-206). Ithaca, NY: Cornell University Press.

Gauld, R. & Gould, D. (2002). *The Hong Kong Health Sector. Development and Change*. Hong Kong: Chinese University Press.

Gauld, R. (1998). "A Survey of the Hong Kong Health Sector: Past, Present and Future." *Social Science and Medicine*, 47 (7), pp.927-939.

Goodstadt, L. (2005). *Uneasy Partners. The Conflict Between Public Interest and Private Profit in Hong Kong*. Hong Kong: Hong Kong University Press.

Gould, D. (2006). "A Historical Review: The Colonial Legacy." In *Hong Kong's Health System: Reflections, Perspectives and Visions* (edited by G.M. Leung & J. Bacon-Shone, pp.17-26). Hong Kong: Hong Kong University Press.

Hall, P. & Taylor, R.C.R. (1996). "Political Science and the Three New Institutionalisms." *Political Studies*, 44, pp.936-57.

Hall, P. (1986). *Governing the Economy*. New York and Oxford: Oxford University Press.

Kathleen T. & Steinmo, S. (1992). "Historical Institutionalism in Comparative Politics." In *Structuring Politics: Historical Institutionalism in Comparative Analysis* (edited by S. Steinmo, K. Thelen & F. Longstreth, pp.1-32). New York: Cambridge University Press.

Luk, S.C.Y. (2014). "The Politics of Health Care Financing Reforms in Hong Kong: Lessons of the Tung and Tsang Administration." *Public Administration and Policy,* 17 (1), pp.15-31.

March, J.G. & Olsen, J.P. (1989). *Rediscovering Institutions: The Organizational Basis of Politics*. New York: Free Press.

North, D. (1990). *Institutions, Institutional Change, and Economic Performance*. Cambridge: Cambridge University Press.

Olson, M. (1965). *The Logic of Collective Action: Public Goods and the Theory of Groups*. Cambridge, MA: Harvard University Press.

醫學霸權與香港醫療制度（修訂版）

Pierson, P. (2004). *Politics in Time: History, Institutions, and Political Analysis.* Princeton, NJ: Princeton University Press.

Schelling, T. (1980). *Strategies of Conflict.* Cambridge, UK: Harvard University.

Scott, I. (1989). *Political Change and the Crisis of Legitimacy in Hong Kong.* Hong Kong: Oxford University Press.

Shepsle, K.A. (1986). "Institutional Equilibrium and Equilibrium Institutions." In *Political Science: The Science of Politics* (edited by H. Weisburg, pp.51-82). New York: Agathon.

Shepsle, K.A. (1989). "Studying Institutions: Some Lessons from the Rational Choice Approach." *Journal of Theoretical Politics*, 1 (2), pp.131-47.

South China Morning Post (1998, August 23). "Fewer Patients Able to Pay Steep Bills".

South China Morning Post (2009, June 1). "Hospital Chief Accuses Government of Lack of Leadership in Developing Health Sector."

Thelen, K. (1999). "Historical Institutionalism in Comparative Politics." *Annual Review of Political Science*, 2, pp. 369-404.

Wong, V., Liu, H. & Poon, H. (2006). "Clinical Governance and Quality Management." In Hong Kong's Health System: Reflections, Perspectives and Visions (edited by G.M. Leung & J. Bacon-Shone, pp.199-208). Hong Kong: Hong Kong University Press.

第五章

香港醫療融資改革二十年

鄒崇銘

（香港理工大學應用社會科學系導師）

一、引言

　　若從 1993 年推出人稱彩虹報告的《邁向美好醫療》諮詢文件起計，到 2019 年 4 月《自願醫保計劃》正式推出，香港醫療融資改革剛好超過四分之一世紀的光景。其中 1999 年的《香港醫護改革：為何要改？為誰而改？》（簡稱《哈佛報告書》），厚達 700 頁，大概是歷來特區政府諮詢文件中最厚重的一份！除了由哈佛大學學者撰寫的《哈佛報告書》，餘下由政府官員自行草擬的醫療改革諮詢文件，厚度在近年亦不斷回升，由 2001 年《你我齊參與，健康伴我行》的只有 49 頁，到 2008 年《掌握健康，掌握人生》的 158 頁，2010 年《醫保計劃，由我抉擇》的 112 頁，再到 2014 年《自願醫保計劃》的 170 頁，要從頭到尾讀一次實在談何容易！[1] 而公共輿論對醫療改革的關注程度，卻從 1999 年《哈佛報告書》牽起的全民大辯論，到 2000 年楊永強出任食物衛生福利局局長後，面對一系列削減醫療開支的爭議，一度成為城中茶餘飯後的熱門話題，到了近年已不斷漸次滑落。2014 年底《自願醫保計劃》在雨傘運動後推出，更未能吸引公眾輿論的廣泛關注。[2]

　　在相當程度上，近期醫療改革諮詢文件的厚度不斷增加，意味

醫療改革已進入技術細節的討論階段，總算是較空談理念和原則邁進一大步，但一般市民卻愈來愈難就繁瑣細節參與討論。同樣不容忽視的是，現階段醫療改革的力度和覆蓋範圍亦較前大為收窄，實際上只能在既有體制上小修小補，由「醫療融資」變成「輔助醫療融資」的討論。由於影響的範圍和對象皆很有限，這同樣可解釋為何公眾反應變得異常冷淡。

　　無論如何，「魔鬼在細節」卻是永恒不變的社會政治定律。縱使改革的幅度如何有限，但若在某個微小環節「掛一漏萬」，亦難保不會「牽一髮動全身」，帶來意料之外的沉重後果，實在值得關注醫療融資改革的市民仔細鑒察。但在真正進入細節討論之前，讓我們先回顧一下香港醫療融資改革的歷史，由此大概亦可窺見，為何醫療融資改革會一步一步走到現在這個模樣。

二、醫療融資改革的歷程

1. 歷史緣起

　　1988 年臨時醫院管理局成立，1990 年醫院管理局正式成立，奠下了現行香港醫療體制的基礎。追本溯源，成立醫管局的建議源於 1985 年的《司恪報告書》。澳洲司恪管理顧問公司（Scott & Company）受港英政府委託，就公共醫療服務政策進行檢討，涉及的三大主題包括：一、如何令公共醫院更善用資源，改善服務；二、提高個別醫院的管理體制和提高績效；三、改善醫療融資的運用及改變服務收費結構，以加強成本控制。

　　當時香港的公共醫院仍分為政府醫院和補助醫院：前者直接由醫務衛生署管理，後者雖由公帑直接補助，但由志願團體負責管

理，聘用的員工並不隸屬政府；兩者醫護人員薪酬雖然劃一，但後者附帶福利和晉升機會卻落後於前者。與此同時，前者的使用率趨於飽和，病床嚴重短缺，帆布床比比皆是，但後者的使用率卻偏低。因此《司格報告書》的一個最主要任務，就是提出醫療服務整合的更佳方案；而通過公司化的模式，設立一個法定管理架構，統一公營醫療服務的提供，正是報告書提出的主要結論。

每當想起 1980 年代的公共醫療改革，香港市民都會聯想到醫院滿佈帆布床的景像，它彷彿同時是改革的主要對象和意象，亦是建構改革論述的主要依據。但張炳良等（2004）卻對這個意象進行「解構」，提出政府推動改革的另一種解讀。張指當時公共醫療體制主要涉及四個利益團體：一、政府部門，包括衛生福利司及醫務衛生署；二、管理補助醫院的志願團體；三、醫院的員工；四、一般市民。1984 年接任衛生福利司的 John Chambers 便曾指出，醫務衛生署署長的薪級與衛生福利司相同，但就妒忌後者政策制訂和監察的權力；與此同時，後者亦毋須處理公共醫療的日常運作。「醫務衛生署的領導層由醫生壟斷，雖然有政務官出任署內的副署長一職，但他的職能發揮卻有限。另外，醫生卻不願意看到外行參與醫療管理工作。」（張炳良等，2004：106）

無論是衛生福利司及醫務衛生署，都不滿意當時的管理結構。署方希望有更大的政策和運用資源權力，以抗拒政務官的插手；而衛生福利司就希望在提供醫療服務上，有更大的政策控制權。因此，衛生福利司有誘因重新劃定與部門的關係，以達到更好的管理效率、更好的資源分配。「公司化有助重新調整組織的架構，令其更容易管理專業醫生。而且，當醫務衛生署遭拆掉，一大班專業醫生離開公務員體系後，他們日後的政策走向和資源分配，更須依賴衛生福利司的恩賜。從公共醫生角度而言，公司化有助減少衛生福利司

對醫療服務的干預，同時亦被視為一些醫生，特別是負責衛生的醫生自立門戶（即其後成立的衛生署），擺脫外科醫生主導的機會。而且，公共醫生並不滿意現狀，一些年輕的改革者，更視之為一個黃金機會，改革當時的醫療管理制度。」（張炳良等，2004：107－108）

在張炳良所言的年輕改革者中，其中有一位名叫楊永強。他出生及成長於馬來西亞，負笈香港大學修讀醫學，1969 年並一度成為港大學生會會長。楊於畢業後加入伊利沙伯醫院成為駐院醫生，1979 年升任為顧問醫生，並一直活躍於工會運動。1990 年醫管局正式成立，楊永強在組織工會的表現，獲當時的臨時醫院管理局主席鍾士元賞識，委任其為該局執行總監，1994 年醫管局正式成立後，成為該局首任行政總裁。

此一歷史轉折，遂奠下了未來二十多年香港醫療改革的基調——簡略而言，亦正是政務官／政策官員與專業醫生之間，互動角力延續的漫長歷史。

1990 年代，醫管局成立之初，為確保轉制順利，政府在財政上作出重大讓步，給予轉職醫管局的員工較前優厚的待遇條件。此外，為了促進改革成效，政府亦增加資源投放，協助醫管局迅速改善設施和質素。醫管局在 1990 年成立時約有 3.7 萬名員工，至 1998－1999 年度時已達 5.1 萬名；醫管局的開支亦由 1990 年的 73 億元，上升至 1998－1999 年度的 264 億元；公營醫療開支則由 1989－1990 年度佔 GDP 的 1.4%，上升至 1998－1999 年度的 2.8%。[3]《司恪報告書》原假設管理改革會帶來效率改善，但卻並未兌現為醫療成本的有效控制，「雖然當時的財政科曾對此存疑，但所有人都忽略此點，導致後來方心讓醫生（時為醫務發展委員會主席、行政局議員、醫療改革主催者之一）說，他曾經以為成立醫管局可以省錢，怎料費用卻如此高昂！」（張炳良等，2004：110）

2. 官方論述中的改革原委

如前所述，《司恪報告書》原亦有就改變服務收費結構進行檢討。醫管局成立後亦希望提高其收費上的自主，並欲採納《司恪報告書》建議的收費水平，目標是由原來收回醫療成本僅 5% 以下，大幅增加至 15% 至 20%。惟公眾反應強烈，因而被政府否決，並將收費問題押後至醫療融資檢討時再作處理。政府又曾於 1990 年成立工作小組，檢討基層健康服務，企圖扭轉醫療服務體系向醫院為本服務的傾斜，藉以減輕醫療成本的壓力。惟政府最終卻基於種種原因，並未採納工作小組的建議。

無論是《司恪報告書》或基層健康服務工作小組，均迴避了醫療融資問題的迫切性，兩者仍認定主要通過稅收來支付醫療開支。但政府官員已察覺醫療融資的潛在問題，衛生福利科遂於 1991 年便成立小組，研究醫療保險、收費和豁免等政策，並於 1993 年 7 月，由時任衛生福利司黃錢其濂公佈香港首份醫療融資改革諮詢文件——《邁向美好醫療》。當中羅列了各種融資方案，但無論是政府、醫管局或專業醫生，均一致認為病人的成本意識不足，因而傾向以「比例資助方式」—— 即規定病人必須負擔一定比例的成本，來作為防止病人濫用的工具。毫無疑問，此舉最易觸及社會大眾和政治人物的神經，令人質疑政府意欲推卸公營醫療責任，因而引發了強烈的反對聲音，加上時值 1997 回歸前的敏感過渡期，遂迫使衛生福利科放棄此項建議，最終只局部引入收費較高昂的「半私家」病房。由此醫療融資改革也就開展了漫長的原地踏步旅程。

或許在這裏最值得我們重溫的，是《邁向美好醫療》如何陳述改革的理據。正如文件的第 3.2 節指出：「由於醫療服務在過去已比整體經濟增長率上升得更急速，而此趨勢仍有可能持續下去，因此僅是增加公共開支，顯然是不足以解決健康醫護體系的問題，或實

現市民所期望的改善措施。我們不但需要撥出更多經費，亦要以更有效率及更切合成本效益的方法運用開支。」第 3.3 節則指出：「現行的健康醫護體系的財政基礎過於狹窄，而提供醫療服務的公營及私營機構亦沒有足夠聯繫。除非我們重新訂定公共健康醫護服務的財政結構，以及設立新機制，使私營醫療機構能夠提供更多市民負擔得起的服務，否則，本港的健康醫護服務的質素很可能會下降。」

由此可見，《邁向美好醫療》只是着眼於醫療體系的管理及技術層面問題，並沒有對醫療體系架構提出更根本的改革建議。文件雖然強調要改善服務效率及成本效益，但實際上既沒有建議現行資源應如何更有效分配，亦沒有着墨於醫管局如何節流，只是提倡「用者自付，分擔成本」的原則，將焦點完全集中在開源之上，「開源」而非「節流」才是改革主要方向。這在相當程度上，是把提升醫療體系效率的責任，完全看成是市民或病人的責任，而結果亦難免惹來強烈的反對聲音，令改革建議無疾而終。

3.《哈佛報告書》牽起的波瀾

1997 年回歸之後，儘管醫療改革並未有如房屋、教育和安老般，被列作行政長官董建華的重點工作，但在大有為的施政作風以及民心思變的大氣候之下，回歸之初還是公佈了歷來最全面的醫療改革建議——《香港醫護改革：為何要改？為誰而改？》，簡稱為《哈佛報告書》。顧名思義，該報告書乃是邀請哈佛大學教授蕭慶倫，1999 年來港進行三個月考察後撰寫的研究報告，因此被簡稱為《哈佛報告書》，它亦是歷來唯一並非政府官員自行草擬的醫療改革諮詢文件（當時的衛生福利局局長為霍羅兆貞）。

《哈佛報告書》不但提出新的醫療融資安排，同時觸及了管理體制的改革建議，一般評論皆認為，它全面剖析了香港醫療體系的根

本問題。報告批評香港公私營醫療體系（包括住院及基層健康服務）高度分割，基層健康服務未能做好疾病預防的工作；醫管局同時兼負服務採購及提供者的角色，而病人則處於極為被動的位置，服務欠缺選擇等。顯而易見，這些批評時至今日仍相當適用。《哈佛報告書》的主要建議則包括：設立聯合保健（Health Security Plan, HSP）及護老儲蓄（MEDISAGE）計劃，作為中央統籌、全民強制的社會保險（social insurance）及儲蓄計劃；與此相呼應的則是將公私營部門及住院門診服務整合，促進預防、基層健康、門診、住院及復康護理等服務一體化；又建議將醫管局重組成 12 至 18 個地區性醫療一體化系統（Regional Health Integrated Systems, PHISs），需通過互相競爭來維持收入來源。

正如蕭慶倫教授與同僚在多年後的回顧（Yip & Hsiao, 2006）中指出，英國自 1989 年推行國民醫療服務改革後，已引入「錢跟病人走」（money follow patient）的原則，並由普通科醫生為病人充當把關的角色，採購適當的住院及護理服務；醫院聯網之間則形成「內部市場」（internal market），需通過競逐病人來維持收入來源。在相當程度上，《哈佛報告書》正是建議引入英國的這套制度——儘管英國並沒有像大部分歐洲國家般採用社會保險制度，仍沿用公帑作為國民醫療服務的主要收入來源。蕭慶倫等認為，以病人為本（patient-oriented）還是由政府財政驅動（government budget-driven），乃是《哈佛報告書》與其他改革方案最大的分別。詳見第三節的討論。

然而，平情而論，儘管《哈佛報告書》的革命性建議，獲得不少推動社會公平和支持社會改革的團體支持，但反對聲音同樣異常強烈，因而在 1999 年罕有地牽起了一場醫療體制的大辯論。在香港經濟已大不如前的情況下，一般市民（尤其是中產階級）擔心改革

會加重財政負擔。當時強制性公積金制度才剛設立不久，新的社會保險及儲蓄計劃將意味再多一項供款。不少學者亦提出質疑，引入新制度後會否導致服務濫用，更有人指台灣於 1990 年代，採納蕭慶倫的建議實行社會保險之後，短短數年已出現入不敷支的情況，引以為鑒。

但《哈佛報告書》面對的最主要反對聲音，毫無疑問，乃是來自專業醫生的群體。香港醫學會對報告指普通科醫生未能把好關的指責，尤其不滿，並認為管理體制一體化的建議，將會導致壟斷性的採購機構出現，大大剝削了醫生提供服務及收費的專業自主性。然而，報告最關鍵的反對聲音，追本溯源，始終是來自醫管局本身，它質疑地區性醫療一體化系統的建議，乃是旨在將醫管局的既有架構進行分拆解體！

撇除《哈佛報告書》所引發的眾多爭議，至此起碼讓我們可以清楚看到，假如以 1984 年《司恪報告書》作為起點，則醫療改革的初衷乃是善用資源，提高效率，並藉成立醫管局作為主要方案；但十五年之後，醫管局已晉身成為坐擁巨額資源的龐大架構，改革的目標已蛻變成解決醫管局的沉重財政負擔，以及過於依賴住院服務和公私營醫療失衡等種種問題！

4. 金融風暴與沙士的衝擊

如前所述，自醫管局成立之後，公營醫療開支便開始急劇上漲，逐漸成為回歸後特區政府一個沉重的財政包袱；但醫管局尾大不掉、坐食山崩的危機局面，到了最後卻沒有如預期般出現。公營醫療開支在 2001－2003 年突破了 GDP 3% 的水平，2003－2004 年度（即沙士疫潮爆發的年度）更上升至 3.2% 的歷史性高位；但其後已回落至 3% 以下的水平，至 2015 年仍只佔 GDP 約 2.6%。[4] 究

其原因，乃是自 1997 年亞洲金融風暴之後，香港經濟長期維持低迷狀態，連帶特區政府亦出現歷來僅見的嚴重赤字，控制公營醫療成本的壓力變得極為嚴峻。2000 年，楊永強獲時任行政長官董建華邀請，從醫管局轉職至食物衞生福利局，成為首位專業醫生出任政策局局長。但不無令人意外的是，其角色自此亦出現一百八十度轉變，他力圖通過內部管理手段控制成本，致力限制醫管局的開支增長，並似乎已達到了預期的成效。

當然，這並非一個沒有代價的過程。在 2003 年沙士疫潮爆發前後的數年，可說是香港醫療體系最風雨飄搖的年代。一方面，特區政府面臨財政困境，對昔日「一闊三大」的醫管局開支嚴加約束，前線醫護人員難免進一步承受沉重的工作壓力；另一方面，私營醫療市場亦飽受經濟不景的打擊，對公立醫院長期維持偏低的收費水平，「以本傷人」，形成私人市場雪上加霜的局面，亦提出極為嚴苛的批評。我當年剛好在新聞界工作，遂有幸廣泛接觸不同背景的業界人士，細聽他們詳述對醫療體系的迥異見解 —— 但在更多時候，我其實只是在聽他們大吐苦水，甚至是互相謾罵！

一場沙士風暴，最終令香港醫療體系的戰國時代告終。當時業內的主要人物如楊永強、接替楊出任醫管局行政總裁的何兆煒、醫管局董事會主席梁智鴻、醫管局專業事務及人力資源總監高永文等，在沙士風暴之後均相繼離開了原有崗位。2004－2005 年期間，食物衞生局局長由同為醫管局背景的周一嶽接任，醫管局董事會主席由會計師背景的胡定旭接任，行政總裁則從澳洲請來同是會計師背景的蘇利民（Shane Solomon）。

2005 年，在楊永強臨離開香港返回馬來西亞之前，我有機會參與一場餞別午宴，遂趁着難得的機會直接質詢楊本人，怎樣看待自己一手造成的醫管局困局，然後復又以「大義滅親」的姿態，親

身將尾大不掉的醫管局架構重新修補過來？對此楊永強仍以一貫的專業口吻，強調專業操守和內部管理的重要性，已完全能有效應對成本效益的問題。言下之意，是由始至終，專業醫生才是最懂得善用資源的人，用不着專業以外的人說三道四。儘管他任內亦曾提出《你我齊參與，健康伴我行》的醫療融資改革，建議仿效新加坡的制度，相比之下，設立以強制儲蓄為主的「頤康保障戶口」，便僅屬於輔助性、聊勝於無的融資方案，它強調「節流」始終較「開源」的成效為高。在相當程度上，楊永強的意見有一錘定音的作用，儘管他已離職逾十年，其取態至今仍主導着醫療改革的方向，詳見第三節的討論。

三、醫療融資改革方案的比較

1. 比較 1994 年至 2010 年的五次改革

2008 年，周一嶽推出其任內首份醫療融資改革方案 ——《掌握健康，掌握人生》第一階段公眾諮詢，內容除觸及「加強基層醫療服務」、「公私營醫療協作」、「發展電子病歷互通」及「強化公共醫療安全網」外，還提出六個「輔助融資」的改革方案，包括「用者自付」、「社會保險」、「強制儲蓄」、「強制私人保險」、「自願私人保險」和「個人健康保險儲備」。[5] 有趣的是，除了官方屬意、由「強制私人保險」轉化而成的「個人健康保險儲備」（Personal Healthcare reserve，簡稱「康保儲備」） 之外，諮詢文件仍將其餘五個「輔助融資」方案詳細羅列比較，因而導致整份文件厚達 158 頁。

事實上，諮詢文件中提及的五個「輔助融資」方案，大致涵蓋了 1994 年至 2010 年的五次醫療改革方向：例如「用者自付」是

1994 年的改革主題，「社會保險」是 1999 年的改革主題，「強制儲蓄」是 2000 年的改革主題，「強制私人保險」是 2008 年的改革主題（儘管「康保儲備」亦包含「強制儲蓄」的成分），「自願私人保險」，則是尚未出現的 2010 年的改革主題。我因而經常向學生開玩笑說，要了解香港醫療改革的爭議和歷史，《掌握健康，掌握人生》正是一本最佳的「教科書」！只需一書在手，便可充分掌握各年份和不同方案的異同優劣！

以下附表可以讓我們清楚發現：首先，1994 年至 2010 年五次醫療改革方向迥異，幾乎已涵蓋了世界各地現行的主要模式：例如「社會保險」是目前全球最普遍採用的融資模式，遍及台灣、日本、南韓和歐盟不少國家；「強制儲蓄」是新加坡獨有的融資模式；「強制私人保險」及「自願私人保險」則分別可在美國和澳洲找到相近的例子；至於依賴「政府撥款」的現行香港模式，至今仍是英國和加拿大的主要融資模式。然而，除了 1999 年的《哈佛報告書》外，其餘改革方案均並沒有觸及醫療體系改革，也就是在開拓新的融資渠道之餘，並沒有就醫療體系架構提出更根本的改革建議。同時除了《哈佛報告書》外，其餘改革方案均沒有強調「錢跟病人走」的原則。這類改革方案雖傾向於某類國家的某種融資模式，但改革的覆蓋面均相當有限，最終仍以「政府撥款」為醫療體系的主要財政來源，因此均只能算是「輔助融資」改革方案。套用前述蕭慶倫等（Yip & Hsiao, 2006）的話來說，《哈佛報告書》是唯一以病人為本的改革，其餘均只是由政府財政驅動的方案。

表 5-1：1994－2010 年的五次醫療改革方向

年份及文件	主要負責人	主要改革方案	主要制度邏輯	相近外國例子	醫療體系改革？	錢跟病人走？
現行融資模式	—	—	政府撥款	英國、加拿大	—	否
1994 年《邁向美好醫療》	黃錢其濂	「用者自付，分擔成本」	現金支付（out of pocket payment）	—	否	否
1999 年《哈佛報告書》	蕭慶倫	聯合保健及護老儲蓄計劃	社會保險（social insurance）	台灣、日本、南韓、歐盟國家	是	是
2000 年《你我齊參與，健康伴我行》	楊永強	頤康保障戶口	強制儲蓄（compulsory saving）	新加坡	否	否
2008 年《掌握健康，掌握人生》	周一嶽	個人健康保險儲備	強制私人保險（compulsory private insurance）	美國	否	是？
2010 年《醫保計劃，由我抉擇》	周一嶽／梁卓偉	健康保障計劃／自願醫保計劃	自願私人保險（voluntary private insurance）	澳洲	否	否

其次，我們亦可從不同融資模式的財富再分配，以及分擔疾病風險的效果進行比較。毫無疑問，在現行香港模式下，醫管局仍主要依賴「政府撥款」，亦即以稅收作為主要財政來源，資助水平仍處於 95% 以上，低收入人士更享有各種豁免，財富再分配和分擔疾病風險的效果，無疑亦是最為顯著的。若從另一個極端來說，則「用者自付」和「強制儲蓄」皆完全由病人自行承擔醫療成本，並不存在任何財富再分配和分擔疾病風險的作用。至於不同類型的保險制度，則視乎供款模式的具體細節，很難一概而論。其中「社會保險」一般會與供款者收入水平掛鈎，並引入僱主供款成分，因此財富再分配的效果往往較明顯；而它將供款匯集於中央管理機構，分擔風險的效果亦較理想。相比之下，其他各類「私人保險」方案，財富再分配和分擔風險的程度則較低。

惟這類空泛的原則性討論，往往只能流於表面，甚至造成理解上的嚴重偏差。例如「社會保險」看似是較公平和保障全面的制度，但仍需視乎在實際執行時，病人需自行承擔的部分費用，如「共同支付」（co-payment）或「墊底費」（deductible）的水平，以及能否有效避免供應及需求方的「道德風險」（moral hazards），包括防止嚴重的濫用情況出現等，皆對融資模式的成效影響甚大。相比之下，「強制儲蓄」強調個人各自責任，看似並不公平和無法分擔風險，但從新加坡的例子可見，只要在其他配套措施，如服務供應上配合得宜，卻不失為有效控制醫療成本上升，保障國民整體健康水平相對有效的制度。因此僅從大而化之的宏觀角度，就不同類型的融資模式作總體性比較，意義其實十分有限，很多時只會流於意識形態之爭；最終還是要看具體的改革方案，到底存在哪些「魔鬼細節」，才能作出更客觀和實質的評估。

或許正如我在《500億，一矢中的！香港醫療改革回望與前路》

中嘗試概括的：「醫療改革討論不能只集中在「誰付鈔」，還要討論『誰收錢 —— 然後提供服務』的問題。換句話說，改革方案必須做到『一分錢，一分貨』，讓市民確信供款後能獲得相應水平的服務，並且能有效防止濫用和日後成本急升等問題，如此市民才會『心中有底』，能計算出相應的健康風險和成本，從而作最佳的選擇。」（周崇銘，2010：xvi）

但正如下述 2008 年和 2010 年的「輔助融資」方案，便充分顯示醫療融資改革的討論一般只集中在「誰付鈔」，至於「誰收錢 —— 然後提供服務」的問題則有意無意間被忽略。討論一般只偏重於需求方，即病人和市民大眾所需承擔的義務，卻往往有意無意忽略了供應方，即專業界別在改革過程中須負的責任。無論醫療市場的本質或專業界別的壟斷，均可能加劇醫療服務的供求失衡，以致改革原意最終被扭曲，融資成為利益集團的漁利 …… 凡此種種，皆屬於改革帶來的「意外惡果」（unintended consequences），遂成為改革最易被人忽略，但亦最關鍵的環節。

2. 2008 年的「輔助融資」方案

事實上，除了《哈佛報告書》之外，2008 年提出的「康保儲備」方案，已算是較接近「錢跟病人走」原則的改革方案。儘管它僅稱為「輔助融資」改革方案，但就建議全港月入逾萬的在職人士（按當時統計約有 170 萬人），均需要強制參與新的保險計劃，供款用作醫療保險和儲蓄的雙重用途。諮詢文件並建議採取「群體保費率收取劃一保費」（若按 2008 年的水平，即每人每月供款約為 300元），日後無論選擇私家醫院或公立醫院私家服務，所有投保人均同樣可獲計劃的保障。而保險公司的賠付金額，亦將覆蓋公立醫院的相關醫療成本。

儘管《掌握健康，掌握人生》是最佳「教科書」，但作為核心建議的「康保儲備」，其可行性卻極成疑問。作為「輔助融資」改革方案，「康保儲備」大有喧賓奪主之嫌，儘管覆蓋全港逾半數在職人士，涉及與現行強積金相近的繁複管理及監管問題，但每年提供的融資總額只有約 60 億元（若扣除既有的僱主提供的醫療保險計劃，則新增融資更只有 20－30 億元左右）。然而，由於不論年齡貧富劃一保費，導致「康保儲備」的儲蓄功能，盡皆服務於保險功能，正如報章大字標題：「儲蓄盡被保險蠶食」。這情況對年輕一代來說尤其不利，設想一名月入萬元，供款 3% 的市民，到 65 歲時可能已花掉逾 70 萬的保費，儲蓄戶口尚存逾 20 萬元的赤字，而他可能根本從未享用過任何相關服務！

對於「康保儲備」提出的改革方案，公眾的焦點難免落在需求方和相關的供款制度，例如保費水平是多少、能獲多少保障之類；但我們同樣亦可倒過來看，先把焦點放在供應方的一端，例如市民供款將會由誰來掌控、花在什麼類型的服務上、錢最終又會落入誰的口袋⋯⋯由此我們便應先問：原來屬於政府和醫管局的重責，最終又會具體付託給誰呢？「康保儲備」方案既已清楚地指出，日後供款人可通過強制保險轉用私營服務；也就是說，首先是保險公司，其次是私家醫院，搖身變成政府倚重、解決問題的關鍵人物。但對於這「兩座大山」能否「不辱使命」、順利接棒，政府卻是心中沒底的；更甚的是，政府既已明言「欽點」它們承繼醫療大業，它們更大可振振有詞和政府討價還價。

所以政府便難免面對如此一個兩難：要令改革取得實質成效，便難免要令「兩座大山」受到約束，不能讓他們乘機坐大甚或失控；但若希望社會能盡快取得共識，便難免要局部對「兩座大山」進行妥協，如此一來政府勢將陷於被動，甚至喪失未來對改革的主

導權。恰好美國導演米高摩亞（Michael Moore）在 2007 年推出紀錄片 *SICKO*，講述美國私營醫療體系成本如何失控，美國人如何飽受保險公司和醫療集團的魚肉，以致利益受損甚至家破人亡。儘管「康保儲備」只是一個「輔助融資」方案，但最終會否刺激香港醫療成本急升，變成一隻尾大不掉的怪物，為年輕人以至子孫後代帶來無窮的禍患，實不能不引美國的沉痛教訓為戒（Shae, Koo & Cheng, 2012）。

3. 2010 年的「輔助融資」方案

儘管我早在 2000 年初已開始關注醫療政策，但到了 2008 年《掌握健康，掌握人生》推出，才全面參與關於醫療融資改革的討論，當時負責的官員亦持開放的態度聽取意見。結果在諮詢期結束後短短五個月，食物衛生局已發表諮詢報告，承認「康保儲備」方案因不獲公眾支持而宣告放棄，並轉而就其他融資模式繼續進行研究。而在短短兩年之後，食物衛生局旋即推出《醫保計劃，由我抉擇》諮詢文件，雖稱為「醫療改革第二階段公眾諮詢」，但實際上，已改為推動以「自願私人保險」為基礎的「健康保障計劃」（Health Protection Scheme），而具體負責人亦由周一嶽，改為新上任的食物衛生局副局長梁卓偉。[6]

「健康保障計劃」的主要建議，是為有能力及願意付款的人士，提供保障範圍經政府認可的「標準計劃」，保單內容完全劃一，政府則設立新的監管架構，對保險公司進行規管及對索償爭議進行仲裁，並容許現有保單持有人轉移至新計劃。與此同時，政府又會動用 500 億元的醫療融資改革儲備，提供財政誘因以及設立「高風險池」，確保投保前已有病症及高健康風險人士皆可投保，並且保證終身續保。此外，政府並承諾興建四間新的私家醫院，滿足計劃帶

來的額外需求，同時亦要求私家醫院提高收費的透明度，並引入「套餐式」的收費計劃，防止私家醫院濫收醫療費用，確保病人對醫療開支能有所預算。

驟眼看來，「健康保障計劃」的爭議性實在有限。由於它屬於自願參與性質，因此無論對有沒有能力、又或是否願意參與計劃的市民，皆能各得其所；即使對於肯定不會參與計劃的基層市民，由於計劃已將部分承擔能力較高的病人轉往私家醫院，因此亦有可能因為公立醫院的需求下降、輪候時間縮短而有所裨益。另一方面，「標準計劃」和「套餐式」收費計劃，令參與計劃的市民獲得更明確的保障，亦有助控制保險公司和私家醫院這「兩座大山」，避免改革淪為他們的「免費午餐」。較具爭議的反而是政府動用 500 億元支持改革，是否對有力供款的中產階級過於慷慨？抑或政府應用這筆錢來改善公立醫院服務？相比其他重大爭議，這一小環節能牽動的反對聲音實在有限。

「健康保障計劃」是否真正可行？是否既可為香港醫療體系開拓新的財源，又能對保險公司和私家醫院加強監管？在讓中產階級擁有更多選擇之餘，基層市民仍獲得充分的醫療保障？在毋須面對太多改革帶來的不確定因素下，又能局部為負苛過重的公立醫院拆牆鬆綁？在尚未回答這些問題之前，唯一可充分肯定的是，香港醫療融資改革的力度和覆蓋範圍，已由 1999 年《哈佛報告書》的全面推倒重來，逐步蛻變至「健康保障計劃」作為「輔助醫療融資」的小修小補，以公營為主導的醫療體系將可望維持現狀。

或許除了要問「健康保障計劃」是否可行，我們其實同樣可以追問：既然由專業主導的公營體系已取代病人為本的改革，政策重點由需求方轉到供應方，強調醫管局內部而非外部的改革；關注焦點則落在「節流」而非「開源」之上，強調專業操守和內部管理；

楊永強堅持專業醫生才最懂得善用資源，起碼在表面上看來，已相當有效控制醫療成本的增長，醫管局不再被列作改革開刀的對象，其市場壟斷不再被視為重大問題。那麼醫療融資改革，是否亦早已變得可有可無？

四、走進醫療融資改革的細節

1. 2014 年調整後的方案

2012 年梁振英接任行政長官後，高永文接替周一嶽出任食物衞生局局長。2014 年底提出的《自願醫保計劃》（Voluntary Health Insurance）進行諮詢，作為 2010 年「健康保障計劃」（Health Protection Scheme）的延續，既保留了原計劃的主要元素，但亦作了一些微妙的調整。官方文件並沒有詳細說明，2010 年和 2014 年的兩個方案有何差別，我們只能在字裏行間仔細考證，發覺主要的改動包括下面三項：

第一，新計劃將「標準計劃」擴闊至所有住院保險，對市場上的個人住院保險進行劃一規管（但不包括僱主提供的團體保險），所有同類保險產品皆需符合「標準計劃」的十二項「最低要求」，其中十一項包括：保證續保；不設「終身可獲保障總額上限」；承保投保前已有病症；必須為合資格人士承保；保單「自由行」；承保範圍包括住院及已訂明的非住院程序；包括已訂明的先進診斷成像檢測，及設有賠償上限的非手術癌症治療；保障限額須達至訂定的水平；投保人的分擔費用上限為每年三萬元；標準保單條款及條件；通過方便使用的平台，提供按年齡分級且具透明度的保費資料。

第二，十二項「最低要求」的餘下的一項，則是通過以下兩項

措施，為投保人提供明確的支出預算。「服務預算同意書」：須在治療前通過書面報價，告知投保人預算的費用及預計的賠償額；「免繳付套餐／定額套餐」安排：倘若投保人所接受的程序、選擇的醫院和醫生都在商定清單上，投保人可選擇「免繳付套餐」或「定額套餐」安排。

第三，將原來預留 500 億元的醫療融資改革儲備，大幅縮減至顧問報告建議的 42 億元，只用作注資高風險池（基於公眾的壓力，諮詢期完畢後高永文再把它重新調升至 100 億元），而不會再提供任何保費津貼或折扣。政府未來亦會為投保人提供稅務扣減，但按 2016 年的水平計算，政府只會少收 2.56 億稅款。

其中改動的第一項，顯示政府不但提出住院保險的「標準計劃」，同時要求市場上的同類保險產品皆合乎其「最低要求」，此舉引起保險業界的強烈反對，認為是嚴重扼殺了市場的彈性和靈活性，因此對改革方案的態度，亦由 2010 年的普遍支持變成相當審慎。

改動的第二項，則是把私家醫院的「套餐式」收費，議價責任交由保險公司具體落實，此舉則有效減低了私家醫院對改革方案的抗拒，令其態度由 2010 年的強烈反對變成審慎支持。[7] 以上這些改動，反映政府在「兩座大山」的利益平衡上，作出了相當微妙的調整，既減少了私家醫院對改革方案的阻力，但同時亦引起了保險業界的反彈。

至於大幅削減 500 億元的醫療融資改革儲備，並且不再提供任何保費津貼或折扣，對可能考慮投保的市民來說，看似是一項相當大的損失，令個人或僱主需要承擔更高的保費。但從另一個角度而言，原本真正受惠於這 500 億元的，很可能亦只是保險公司和私家醫院，他們會用五花八門的手法瓜分這塊肥肉，一般市民根本就難以分享任何好處。更甚的是，500 億元儲備容易激刺醫療費用水漲

船高，一旦儲備用盡之後，市民便可能要承受尾大不掉的爛攤子。對此我曾向保險界的朋友查詢，削減 500 億元儲備是否令他們不再支持自願醫保？他們指出從在商言商的角度，有沒有保費津貼或折扣實非其最關注的事情。

表 5-2　2010 年及 2014 年兩次醫療改革的比較

年份及文件	主要負責人	主要改革建議	主要制度邏輯	醫療體系改革？	保險市場改革？
2010 年《醫保計劃，由我抉擇》	周一嶽梁卓偉	健康保障計劃（Health Protection Scheme）	自願私人保險（Voluntary private insurance）	是	否
2014 年《自願醫保計劃》	高永文	自願醫保計劃（Voluntary Health Insurance）	自願私人保險（Voluntary private insurance）	否	是

2.　改革懸疑未決的問題

2010 年改革方案遺留下來的問題，至今仍然懸疑未決的尚包括三個問題：

問題一：眾所周知，自從 2003 年實施內地旅客「自由行」政策，香港私家醫院接收了不少內地病人；2009 年時任行政長官曾蔭權更將醫療列作六大產業之一，並且一度允許大量雙非孕婦來港產子；就算連港大醫學院亦不甘後人，跑到深圳去開設高級分店！另一方面，周一嶽雖已宣佈增建四間私家醫院，但一直並無任何實質進展，甚至很可能會胎死腹中。在香港醫學界的專業壟斷下，即使有新增的私家醫院落成，醫生的數目並不會同時增加。兩大醫學院培訓新醫生需時，一時三刻也解決不了供不應求的情況。不改革還猶自可，一改革便容易助長供應方的「道德風險」，令醫療成本變

得失控。

　　問題二：根據 2008 年諮詢文件的初衷，參加醫保計劃的市民，日後一旦繼續選用公立醫院，順理成章，自然應按市場價格由保險公司付費。公立醫院以市價接收已投保病人，不但不會帶來額外的服務壓力，政府亦毋須擔心私院迫爆的問題；但在 2010 年和 2014 年的文件中，這項建議卻竟不了了之，意味數以十萬計買了保險的市民，入住公立醫院仍只須支付極低廉價格，巨額成本繼續由政府撥款來補貼，保險公司則做了全球歷來最大宗的無本生意！

　　問題三：假如自願醫保覆蓋公立醫院，意味着醫管局可以藉此開源，增加醫護數目和提高服務水平，以挽留因工作壓力過大而流失的人手；但此舉亦可能引起醫管局不務正業，只顧提供私家服務而忽略其他病人的指控。假如自願醫保不覆蓋公立醫院，則後果同樣顯而易見，就是一旦推行計劃，勢必引發更嚴重的醫護人員逃亡潮，轉向私院為投保市民服務！而公立醫院人手短缺則更形嚴峻，帶來沒完沒了的惡性循環！此一例子再次清楚說明，醫療融資改革討論不能只談「誰付鈔」，更重要是看「誰收錢」。若未能洞悉市場失衡以致供應方「騎劫」改革的潛在風險，最終很可能令改革的初衷付諸流水，唯獨利益集團坐享其成！

3. 自願醫保應視作「退出」機制

　　事實上，我在早年已曾提出，若以財稅誘因資助市民自願購買醫保，其原意十分清楚，乃是旨在提供一個「退出」（opt-out）的機制，讓市民通過投保退出公營資助服務的行業。日後已投保的市民，一旦繼續選用公立醫院，便應按市場價格由保險公司付費。但現時投保人卻毋須退出公營資助，容許繼續廉價享用公立醫院，這意味他們可以取得雙重補貼，而保險公司則坐享豐厚漁利，實有違

運用公共開支的公平原則（鄒崇銘，2006、2012）。

　　與此同時，一旦採用了「退出」機制，則無論是公帑資助或投保人自付的保費，日後通過自願醫保投入醫療體系的新增資源，均將按照「錢跟病人走」的原則，由公立和私家醫院在公平基礎上，通過市場競爭來取得最多顧客，打破公私營體系長期分割的局面，從而刺激管理成效和服務質素的提升，市場失衡和利益集團壟斷的情況可望得到紓緩。但現時自願醫保則不但強化既有的公私營分割，而且誘使巨額新增資源直接流向私營體系。無論如何，這都不可能是一個公平合理的政策取向。

　　此外，自願醫保將成為發展私營體系的強力催化劑，大大扭曲原已失衡的私家醫院供求情況。以巨額公帑長期培訓出來的香港醫生，在利潤機制的扭曲下愈益變得金錢掛帥；保險公司在官方政策的背書下，亦必然盡最大努力在失衡市場中攫取最大租值（rent seeking）。如此改革所帶來的巨大道德風險，將令日後香港醫療體系「貧者愈貧，富者愈富」，只有少數中上階層仍能享受高質的私營服務，大部分基層市民則留在每況愈下的公營體系。

　　最後，推行自願醫保的原意乃是鼓勵市民「能者自付」，自願付出保費並取得更多服務選擇。但現時落實的方案，卻反而迫使投保人轉用私家醫院，與境外病人爭逐全港僅有的 4,000 張私家病床，並有可能淪為部分無良醫院宰割的肥肉。最終一旦私家醫院無法承受需求壓力，又或發現那類奇難雜症成本過高，便會把病人重新推到公立醫院去，到頭來錢白花了，卻仍需由公立醫院代為執爛攤子，已投保的市民和仍然輪候公立醫院的市民，繼續爭相擠進公帑支持的公營醫療體系。如此一來，自願醫保將不但與改革原意完全背道而馳，並會嚴重削弱香港醫療體系的既有基礎。

五、後記

經歷了跨越四分一世紀的紛紛擾擾之後，自願醫保計劃終於成為香港醫療融資改革的真命天子，並於 2019 年 4 月正式向市民推出。我自己也已從一個初出茅廬的小子，逐漸踏入人生黃昏階段，個人投保的需求亦變得愈來愈迫切。不無弔詭的是，踏入 2019 年之際，香港公立醫院不勝負荷，急症室和病房有如戰場，醫護人員工作壓力「爆煲」，以致牽起了連番抗議的浪潮，亦成為佔據報章大幅版面的焦點新聞。

設想我是衞生福利局的主責官員，此時此刻，不難看見較為「利好」的改革因素，莫過於市民皆體會到公立醫院的困境，深切認識負起自身醫療責任的重要性，個人投保的意願亦會大為提高。公院的情況愈顯得惡劣，則市民參與自願醫保的積極性勢必大幅上升。日後已投保者亦可通過私家醫院，取得更便捷和及時的服務，短期內或會局部紓緩公院供不應求的情況，亦未可料。

問題卻在於，亦正如上文所力圖論證的，當融資構成的誘因從公院向私院傾斜，勢必引發公共醫護人手新一輪的逃亡潮，令公立醫院人手短缺的問題進一步惡化。在香港醫學界的專業壟斷下，未來醫生的數目仍難望有明顯的增長，公院與私院「貧者愈貧，富者愈富」的狀況，服務水平的差距只會不斷擴大。尤其甚者，當市民通過自願醫保的改革機制，逐步增加對私營服務的依賴，則任由無良醫院宰割的可能性亦愈高。作為一個相對公平和有效分擔疾病風險的醫療體系，香港長期以來引以自豪的優點，相信很快亦將會變成明日黃花。

註釋：

1　其他相關諮詢尚包括 1990 年的《基層健康工作小組報告》，2005 年的《創設建康未來》，以至 2014 年的醫院管理局檢討諮詢（並無公開文件）等，未能盡錄。惟醫療融資皆並非該等諮詢的主題，可另參見本書第三章。

2　在《哈佛報告書》發表後的十年間，我曾就醫療融資改革出版三本著作，包括 2004 年的《誰為香港醫療政策開刀？沙士衝擊與改革方向》（與張炳良、史泰祖合著），2006 年的《能醫不自醫：香港醫療改革難產與生機》，和 2010 年的《500 億，一矢中的！香港醫療改革回望與前路》。

3　食物衞生局（2008）。《掌握健康、掌握人生：醫療改革諮詢文件》。香港：香港特別行政區，圖 C1。

4　擷取自網頁：http://www.fhb.gov.hk/statistics/en/statistics/health_expenditure.htm。

5　為了確保全文用字統一，這裏對六個「輔助融資」改革方案的介紹，在字眼上和諮詢文件內將稍有出入。

6　自 2009 年至 2010 年期間，我獲邀參與「健康保障計劃」（Health Protection Scheme）的前期研究工作，包括出任醫療融資改革專家小組成員，並受託就醫療融資方案進行公眾焦點小組研究。研究報告可見諸網頁：http://www.myhealthmychoice.gov.hk/en/studyReport.html。

7　擷取自網頁：http://www.dashun.org.hk/pdf/20150228%20Open%20Forum%20 on%20VHIS/VHIS_ppt_Dr%20Anthony%20Lee.pdf。

參考資料

（中文）

食物衞生局（2005）。《創設建康未來》，香港：香港特別行政區。

食物衞生局（2008）。《掌握健康、掌握人生：醫療改革諮詢文件》，香港：香港特別行政區。

食物衞生局（2010）。《醫保計劃　由我抉擇》，香港：香港特別行政區。

食物衞生局（2014）。《自願醫保計劃》，香港：香港特別行政區。

張炳良、史泰祖、鄒崇銘（2014）。《誰為香港醫療政策開刀？沙士衝擊與改革方向》，香港：新力量網絡。

鄒崇銘（2010）。《500 億，一矢中的！香港醫療改革回望與前路》，香港：圓桌精英。

鄒崇銘（2014）。《能醫不自醫：香港醫療改革難產與生機》，香港：星克爾。

衞生福利司（1990）。《基層健康工作小組報告》。

衞生福利司（1993）。《邁向美好醫療》。

衞生福利局（1999）。《香港醫護改革：為何要改？為誰要改？》，香港：香港特別行政區。

衞生福利局（2001）。《你我齊參與，健康伴我行》，香港：香港特別行政區。

（英文）

Scott, W. D. & Company (1985). *Report on the Delivery of Health Services*. Hong Kong: Government Printer.

Shae, W.C., Koo, A. & Cheng, Y.H. (2012). "From Constrained Universalism to Neo-liberalism: The Unmaking of the Public Health System in Hong Kong." Working Paper.

Yip, W. & Hsiao, W. (2006). "A Systematic Approach to Reforming Hong Kong's Health Financing: The Harvard Proposal." In *Hong Kong's Health System – Reflections, Perspectives and Visions* (edited by G. M. Leung & J. Bacon-Shone, pp. 447-460). Hong Kong:Hong Kong University Press.

第六章
長期護理照顧政策

鍾劍華
（香港理工大學應用社會科學系助理教授）

一、引言：何謂「長期護理」

　　所謂「長期護理」政策，所講的是一套全面整合的服務策略，用以發展及提供各種服務、設施、人手及財政資源，以應對社會人士各種延續性而不斷轉變的生活料理、護理及照顧需要。長期照顧的「照顧」一詞，是有指向和針對性的，即是有特定的對象。說有人需要被照顧，是表述了對象所處的一個狀態，這個狀態是指當事人可能因為不同的原因，而處於不能完全自理，需要其他人，甚或專業的介入來處理一些生活上的問題。而「長期」這個詞則指出，被照顧的對象，需要的不是一次過的、短期的照顧，而是長時間的、延續的、變化的照顧。

　　隨着年齡的增長，人的身體機能難免逐漸衰退，在老化階段的某一點開始需要依賴其他人的幫助，來應對生活上的種種問題。因此，長者是長期照顧政策的主要對象，這一點無從爭議。正因如此，隨着社會整體人口的老化，加上家庭結構的轉變，政策上需要為數目龐大的長者設計、籌劃及安排不同類別的長期照顧服務。除了長者之外，長期病患者及殘疾人士也同樣需要長期照顧服務。

　　因為長期照顧服務類別繁多，涉及不同的專業、半專業及基本

服務，也涉及龐大的資源、不同部門的協作，因而要有個全盤的計劃、清晰的服務質量標準，才能夠針對服務的長遠需求。長期照顧護理政策（以下簡稱「長期照顧」政策）的對象也應該是全民而非局限於長者。不同的對象，在不同的階段對照顧服務的需要不同，因此，對服務的資源及融資安排也應該有一個長遠可持續的規劃方案。從這個角度來看，香港根本就沒有一套「長期護理」政策。

香港至今都沒有一個有效的長期照顧護理政策，原因很複雜。一方面是政府部門分工造成的結果，醫療和社會福利長期由兩個不同的政策局來處理，兩者都有各自的核心政策工作，因而都沒有把長期照顧護理視作他們的主要關注範圍，也不是他們的核心業務。此外，香港的醫療衞生政策長期以西方醫學系統為主，制度上差不多由醫學界主導了相關政策發展，其他護理、醫務社工及照顧為本的專業或半專業部門在制度內的發言權有限。加上人口老化未出現前，長期病患及殘疾人士在社會上的發言權及政策制訂過程中的議價能力比較低，結果長期由醫療主導的系統對護理及長期護理問題警覺性嚴重不足。

這一種由醫學及治療為主導的觀念，長期在香港的健康衞生服務中佔有主導地位。但人口老化及長期病患的增長趨勢持續，長者及長期病患者，更需要學習把保健、復康、護理照顧有效地融合在日常的生活之中，醫藥治療只是其中一個環節。但早已形成的分工形式及專業話語主導權，卻局限着香港社會因應人口及健康趨勢的轉變來作出調整。所以，香港的醫療設施雖然長期不足，卻要承擔大部分的護理及照顧責任，香港的社會福利部門也沒有能力爭取到更多的資源來擴展具社會照顧性質的護理網絡及服務。一些涉及全面護理融資的討論，例如長期照顧保險，在醫療融資改革都未能上馬的前提下，就更加是排不上政策議程了。

隨着香港人口持續老化，加上生活方式的轉變，長期病患人士的數目也持續上升，再加上殘疾人士，社會對長期照顧服務的需求其實是十分殷切的，偏偏卻是長期被忽略，或起碼被過度簡化的一個政策環節。一個完整的長期照顧政策，應該把可預計的人口老化及因為各種原因造成的殘疾及長期病患者的照顧需要都計算在政策的規劃及發展之中。長期照顧對象的福利需要，不獨是基本的生活支援及照顧服務，也需要護理及復康的介入；他們不一定需要長期而持續的治療，但需要間歇性的醫療服務。

長期照顧是一個介乎不同系統，同時也涉及龐大資源及整體規劃的一個政策環節，卻長期被忽視。香港現時沒有完整的、整合的、自成體系的長期照顧政策，而是把相關的職責分配到醫療健康體系及社會福利服務體系之內。醫療及社會福利的政策則分別由不同的政策局來制訂，由不同的部門執行。醫療及社會福利政策的制訂都沒有把長期照顧這個概念全面而有系統地納入政策規劃的過程之中。

醫療及社會福利的政策長期由兩個不同的政策局來制訂，就像兩條平衡的線，彼此之間沒有很完善及穩定的協調機制。現時，在制度上，醫療服務需要主要是香港醫院管理局及衛生署的職責。在政策制定與執行上，是食物衛生局的範圍。而持續照顧及其他相關的社會福利服務，則主要是社會福利的範疇，由勞工福利局負責相關的政策。這一個政策及行政特點，在仍然未進入老齡化社會、社會福利及醫療服務的承擔相對比較輕的時候，還不致出現很大的問題。但隨着長者人口增加，長期病患率上升，殘疾人士與長者的壽命也不斷延長，這一個缺乏整合的做法便會變得難以應對新的轉變中的需求了。

二、香港的醫療健康服務制度

　　現時香港的醫療健康服務制度是英國式的「國民保健服務」制度（National Health Services, NHS）。在第二次世界大戰之後，香港醫療制度開始逐步發展，後來形成了一套近似英國的國民保健服務制度。在這一種體制下，醫療衛生開支主要是由政府一力承擔。這一種制度的好處是人人有份，相對比較公平。一般而言，在這種體制下，人均的醫療開支也會比實行社會保險及私人保險制度的低一些，因為有限的醫療資源不需要耗費於分散的行政及各種審查程序上。但這種體制的最大缺點，是有限的資源愈來愈難以應對不斷增加的需求。經濟發展及人口老化，長期病患老年病患的增加，加上人民對醫療健康意識提高，都會加重整個系統的負擔，結果是如果要維持體制的性質不變，只能把服務質素降低以服務更多病人，輪候時間難免會愈來愈長。用作創新、開拓新服務及科研的資源也可能會有所限制，除非政府可以不斷增加醫療資源，但這一個可能性明顯不大，也總有限制。因為服務受眾多，資源要攤分於不同的環節，結果是服務要先以滿足基本需要為目的，服務質素因而難與私營機構相比。也難兼顧科研及創新。除了是服務質素較低及創新能力較弱之外，在人口持續老化及疾病模式轉向長期病患化的情況下，政府的負擔會愈來愈沉重。因此，要長期維持這種體制是一個重大的挑戰。

　　現時，推行這一種醫療體制的國家都在苦思如何推動有效的改革，以增加制度的可持續性。香港也同樣面對這樣的壓力，政府也明白到必須在公共資源上作出較長遠的規劃與安排。這個制度在1960 年代之後經歷了幾次重大的改革，政府也曾經先後發表了多份政策文件，就香港醫療衛生政策的發展方向、行政管理及融資安

排，進行改革或對改革作出諮詢。

香港政府自從 1993 年起，便一再提出需要就香港的醫療融資作出改革。第一次提出醫療融資改革的時候，當時的衛生福利司長甚至公開表示如果香港人不在當時提出的幾個方案中作出選擇，香港的醫療體制幾年之內便會因為難以負擔而崩潰。不過醫療改革討論延續二十多年，始終政府都未有辦法說服市民改變吃醫療大鑊飯的心態，結果是雖然作出了一些小修小補的改革，例如在醫院加設乙等病床、擴大逐項收費的服務範圍等等，但基本的體制沒有重大的改變。政府也經常把「收回部分成本」作為醫療融資的一個考慮點，但效果十分有限。在這一種由政府包起來的「國民健康服務」體制下，政府的政策目標也只能不斷重申「不會有人會因為沒有錢而得不到合適的治療」這一個服務承諾。

根據香港政府發表的統計數字，醫管局成立之後，1991 年至 1992 年香港在醫療健康方面的總支出是 99 億（香港統計年刊，1992 年版）。到了 2015－2016 財政年度，總開支已經升到 580 億元。過去二十五年，香港的公共醫療開支由九十年代初的不足 100 億，到今天超過 500 億，人口老化及長期病患增加這兩點正是其中最主要的理由。可以想像，在香港人口持續老化的情況下，未來二三十年醫療開支的增長步伐會更快。香港目前的公共財政結構是否能夠應對這一局面，顯然是令人懷疑的。

對於公眾而言，政府如果能夠實踐「不會有人會因為沒有錢而得不到合適的治療」這個承諾，那無疑是最好不過的保障，不需要任何制度性的供款安排，每個人只要有需要都可以向公共醫療系統取得服務。長者可以說是醫療服務的一個最主要對象，對這樣的服務體制就更是求之不得了。

不過，現時推行這種體制的國家，當面對人口老化及疾病模式

轉變的情況下，都愈來愈難以承擔龐大而不斷增長的醫療開支，香港情況正是這樣。而且香港政府在整個經濟體系內佔的規模比較小，其開支大概只是佔國民產值的百分之二十左右，低而簡單的稅制令政府的收入來源狹窄。1997 年政府委託美國哈佛大學團隊進行的醫療融資改革研究報告便清楚指出，假設醫療體制不變，如果要維持現時的服務質素也不變，面對人口持續老化、疾病模式改變、服務期望上升等種種因素，香港政府長遠根本難以承擔醫療相關的公共開支。

如果政府不能更大幅度地注入新資源於醫療體系之內，面對需求增長，服務質素便可能有下降的風險。這一種憂慮，絕對不是危言聳聽。事實上，近幾年一些專科及精神科服務已經出現輪候時間愈來愈長的問題。政府雖然用了很多不同的策略意圖減低影響，例如資助部分病人轉向私營醫療體系尋求服務，但對於維持服務質量的作用十分有限，病人的輪候時間仍然不斷延長。對於長者，要輪候數年才能進行白內障手術無疑是一個笑話，但卻是長者面對醫療服務緊絀下的一個現實。

有人說，部分長者及其他人士濫用醫療服務，浪費珍貴的醫療資源。這一種說法並不公允，如果有合理的配套及不同層次的持續照顧服務，很多長者及長期病患者根本就沒有必要動輒進入醫院尋求治療。現在每一張醫管局病床的每天平均成本已超過五千元，比一般社區照顧服務及其他支援性的照顧服務都要昂貴。但因為其他服務短缺，政府也沒有完善的規劃，很多有需要的人士其實也是在無可選擇的情況下選擇進入醫院。但入了醫院也不一定能夠獲得他們需要的服務，只不過是暫解燃眉之急。這一狀態，既耗費昂貴的醫療資源，也針對不了服務對象的真正需要，是一個雙輸的局面。

如果能夠把非治療性的護理及照顧服務需求從醫療體系內分流

出來，不但可以節省醫療資源，令醫療服務更能針對真正的醫療需要；也更合乎成本效益。分流出來的服務需求，可能可以交給社會福利部門負責，也可以交給專門的護理及支援服務來處理。所謂長期照顧護理政策，就是要發展出一個合理的體系，把這些不同的環節整合起來，成為一個有效的長期照顧護理系統。在未有這個體系的時候，社會福利部門往往便要承擔長遠照顧護理的工作。

三、社會福利、長期護理照顧、醫療

香港政府在 1970 年代初期開始就香港的長者福利及安老政策進行規劃及發展。到了 1970 年代中，也開始對復康服務的發展與服務協調整合動腦筋。在 1973 年時，香港政府發表了一份工作小組報告書，提出了「家居照顧」的安老政策概念。到了 1977 年，「老人服務綠皮書」確立了以「社區照顧」作為香港安老服務發展的目標。自此之後，政府把老人福利服務的重點放在發展社區支援服務。香港的所謂「社區照顧」政策，基本上以社會福利服務為主，希望通過各種社區支援服務項目，讓長者可以留在熟悉的社區繼續生活，而對於有需要入住「安老院舍」的長者，則會提供相對有限度的「院舍照顧」。同樣的觀念，也用在長期病患者及殘疾人士身上。

在針對長期病患者及殘疾人士方面，香港政府雖然在 1970 年代中期之後便推行了「復康程序計劃」，又設立了跨部門協調復康工作的復康專員，理論上應該通過部門之間的協調程序，在「復康專員」領導下的跨部門協作，各個環節的服務都應該有合理的發展。但復康政策的目標始終十分保守，除了鼓勵「傷健一家」，宣傳防止歧視之外，很多與殘障人士相關的復康服務都嚴重短缺，需要長

時間輪候。而在醫療體系內的復康服務與資源也是長期嚴重不足。政府同樣以「社區支援」作為最主要的復康服務策略，但各種支援性的社區服務同樣是嚴重不足。而針對殘障人士需要的「住宿照顧」服務，更是長期都處於宿位嚴重短缺的狀態。

另一方面，由社會福利署負責執行及資助的一般社區支援服務，未必能夠針對生活在社區中的長者及殘疾人士各方面的照顧需要。而院舍服務，則因為政府在「社區照顧」這個政策目標下，發展並不完善。在數量上，現時的安老院舍宿位及復康院舍宿舍都遠遠不足以應付需要；在「質素」及服務重點上，愈來愈偏重照顧一些身體已經十分老弱，難以自我照顧的長者，成年又未進入老年期的殘疾人士的需要往往被忽略。

現時，政府通過資助非政府機構提供不同類別的安老院舍及各種復康院舍，市場上也有幾百所各類型的私營安老院及私營復康院舍。政府先在 1996 年制訂了「安老院條例」，再在 2013 年落實了「殘疾人士院舍條例」，對這些院舍作出法律監管及發牌制度，但多年下來仍然是問題多多。因為資助模式及服務對象的消費力有限，絕大部分院舍都只能提供基本的服務。服務質素停留在較低的水平，水平提升的進度很慢，遠遠未能針對轉變中的需要。無需入住院舍的長者及殘疾人士，在社區生活中，難免要得到各種支援。這一些社區支援服務，現時主要也是靠政府資助，同樣主要是針對經濟水平較低的對象。換言之，這些服務都有很重的福利取向，以最具經濟效益的方式，為基層長者及殘疾人士提供最基本的服務。

如果連「完全不能自理」的長者也不一定能夠入住安老院舍，那麼介於「不能完全自理」到「完全不能自理」之間的長者及殘疾人士，便只能繼續留在社區，倚賴數量長期嚴重不足、服務輪候時間偏長、服務的類別也不足以應付各方面需求的所謂「社區支援服

務」。在這一種狀態之下，可以想像一旦出現健康上的毛病，一個最利便的選擇便是往政府衛生署屬下的各級診療所、醫院管理局屬下的醫院急症室或直接入院尋求幫助。但往往長者及殘疾人士需要的不是醫療介入，而是一般性的護理及照顧，這些並非醫院服務的重點。有護理需要的長者湧到醫院，只會增加醫療服務的負擔。很多時長者及殘疾人士接受了必須的醫療服務之後，因為缺乏支援性的照顧服務作跟進，要繼續留在醫院。這對於昂貴及需求甚大的醫療服務，無疑是百上加斤，也不能有效把有限的資源針對真正的醫療需要。在照顧服務不足的前提下，政府也不能說他們是濫用了醫療服務。

這一種服務發展取態明顯不足取。首先，隨着社會的進一步人口老化、長期病患持續增加、及殘疾人士的壽命也在延長，繼續以這種方式來提供服務，只會令政府的財政壓力愈來愈重，服務水平也難有提升的空間。其次，是隨着社會的進步及經濟的發展，部分長者及殘疾人士的消費能力及對服務的期望也會提升，由政府提供或資助的基本服務，可能滿足不了他們的需求。理論上，一些市場的營運者會有興趣開拓這一個市場。但現實的問題是因為沒有政策可依，服務也沒有明確的標準，降低了服務使用者向市場購買服務的動機。缺乏持續穩定及龐大的需求，市場就算存在，也只能針對小眾的需求，擴展的空間和步伐都會受到限制。

現時，政府的官方行文一般都會用「長期護理服務」，而不是一般意義上的「長期照顧服務」或「持續照顧服務」。這一個微妙的修辭差異，可以理解為政府希望把其政策承擔的範圍，儘量局限於缺乏自我照顧能力及因健康倒退而需要特殊護理服務的長者，而非廣義地為所有長者不同階段持續而轉變的照顧需要作出安排。根據政府的界定，所謂「長期護理服務」主要包含兩個部分。第一部分

是「社區照顧服務」，包括「綜合家居照顧服務」、「改善家居及社區照顧服務」、「長者日間護理中心／單位」；第二部分則包括各種有護理性質的「住宿照顧服務」，即「護理安老院」及「護養院」。這些服務的主要對象是那些留在社區，又已被確認為有護理服務需要的體弱長者。這一種設計也跟政府安老服務政策的綱領「社區照顧」一致。

四、人口老化趨勢與長期護理照顧

1. 香港長者人口急升，生育率維持低水平

　　跟很多富裕地區一樣，香港社會的人口結構在過去二十年逐步邁向老齡化。根據政府統計處 2015 年發佈最新的香港人口推算，香港現時共有 724 萬人口，其中 15%，即超過 100 萬人是 65 歲及以上的長者，60 歲以上的更已是超過 120 萬人，已經可以算是一個老齡社會了。未來二十年，於 1940 年代後期至 1960 年代後期「嬰兒潮」出生的世代將會逐步進入老齡階段，人口老齡化的趨勢將會更為明顯。根據政府統計處的推算，到了 2041 年，香港八百多萬人口中，65 歲以上的將達百分之二十四，到了 2047 年更會接近人口總數的三成。

　　然而，人口持續老化，而且平均壽命延長，65 歲及以上人口的比例推算在未來五十年亦會持續上升，推算至 2044 年時，長者人口將由現在每七人就會有一位，上升至每三人就會有一位，情況實在不可忽視。政府文件指出，香港多年來的總生育率維持於低水平，與世界各地發達城市的生育狀況相若。數據顯示於 2014 年本地的總生育率約每千名女性 1,234 名活產嬰兒，而研究亦估計低生育率

的狀況會持續惡化，不但令整體人口變得老齡化、家庭照顧能力下降，同時令人開始關注不同的安老和相關政策，包括長期護理、退休保障、社區配套發展、使用者社會參與等議題。

由於長者傾向留在社區居住，對於長期照顧服務有一定需求，隨着長者佔整體人口的比例不斷上升，對於服務的提供量及質素都有一定要求。可是，政府多年來都未能於資源投放上緊貼人口老化、殘疾普遍率上升等實際社會現況，令長期照顧服務一直未能滿足社會實際所需。以綜合家居照顧服務為例，此服務自 2003 年開始，服務隊伍為六十隊，至十多年後的今日，新屋邨不斷落成、長者人口不斷增長，但服務隊伍仍維持不變。在資源不足的情況下，令不少長者輪候送飯，需時半年至一年；輪候家居清潔，需時一年或以上的情況經常出現；亦有長者因沒有領取綜援，而被拒申請清潔服務，連輪候的機會也沒有。在香港這樣繁榮的社會，很難想像會出現這個現象。

縱使綜合家居照顧服務所需的個案成本是眾多服務中最便宜的，提供相對簡單的生活支援服務，將有助延緩長者身體機能的惡化，但政府在施政思維上缺乏相關意識，只是用「頭痛醫頭，腳痛醫腳」的態度去看長期護理服務，使其停滯不前。政府過去十多年來多集中投放資源於「中度或嚴重身體缺損」長者身上，但仍見不足。

根據表 6-1 所列出各長期護理服務的單位成本，用於社區照顧服務的成本會相對低一點，但前提也需要適時提供，很多「輕度身體缺損」的長者因為得不到服務去紓緩其日常生活的困難，會更容易發生意外或令健康加速惡化，結果更早跌入「中度或嚴重身體缺損」的情況，屆時所需的護理程度或許更高，令輪候隊伍更長，單位成本亦相對增加。

對於長者來說，如非必要，大家都想繼續留在熟悉的社區裏生

活，直到最後一刻有需要才入住院舍。針對輪候院舍方面，目前在輪候冊上，有超過三萬多人輪候，然而，每年在輪候期間去世的長者人數接近六千人，而資助院舍的平均輪候時間為三年，很多長者因為在有需要時，未能即時安排入住資助院舍，而改為入住環境及質素較差的私院，而終其一生。

表 6-1 長者長期護理服務資料（2014－2015 年度）

服務類別		處理個案數目 / 服務名額	每名額平均 每月成本	輪候人數 （截至 2015 年 10 月底）
社區照顧服務	綜合家居照顧服務	27,193	$1,742	4,678 人 （截至 2014 年 12 月底）
	改善家居及社區照顧服務	7,600	$3,889	2,393 人
	長者日間護理服務	2,981	$7,631	2,602 人
院舍照顧服務	改善買位計劃的私營安老院	7,958	$9,544	26,529 人
	合約安老院	1,811	$13,336	—
	持續照顧的護理安老院	15,188	$14,288	—
	護養院	1,789	$20,801	6,186 人

2. 殘疾人口增加，老年殘疾和長期病患問題嚴重

在人口急速老化的同時，長期病患及殘疾人士的人數則持續上升，而且預期壽命愈來愈長。根據政府統計處第 62 號專題報告書估計，2013 年本港約有 58 萬名殘疾人士（並未包括智障人士），比2007 年足足增加了約六成，殘疾人口佔本港整體人口約 8.1%，可見殘疾人士於本港並非小眾。

　　另外，報告書亦顯示年齡愈高的人士，其殘疾普遍率亦隨之上升。按年齡統計，五十多萬的殘疾人士當中，接近七成年齡達 70 歲或以上，其中殘疾人士的年齡中位數為 72 歲，由此可見，年齡增長可能是出現殘疾狀態的主因。

　　報告書同時指出，長期病患包括高血壓、糖尿病、中風、呼吸系統疾病等慢性長期病患，現時佔整體人口 19.2%，即約 138 萬人患有長期病患。其中未滿 60 歲的患者佔 35.9%，比 2007 年的數據上升 4.7%，年輕長者患有長期病的情況有變得嚴重的趨勢。

　　殘疾人士的需要與長者有着相類似的地方，殘疾人士亦會有年老的一日，而年老只會令他們對照顧需要有着更大的需求。可惜，政府於不同的服務及社會福利中都忽視以「需要」作為評估準則，反之年齡卻成為能否得到服務與福利的一個決定性因素。自「嚴重殘疾人士家居照顧服務先導計劃」於 2014 年常規化後，60 歲以下的殘疾人士再不能使用「綜合家居照顧服務」，而他們又不能從常規化的服務中完全得到他們過往所需要的服務。「殘疾人士地區支援中心」的嚴重殘疾人士日間照顧服務亦只容許 60 歲以下的殘疾人士使用。關愛基金自 2011 年起向合乎資格的非綜援嚴重殘疾人士發放每月 2,000 元的特別護理津貼，以支援他們特殊的照顧需要，惟關愛基金再次以 60 歲為限，令 60 歲以下有同等需要的殘疾人士未能得到現金援助。不同的政策反映了政府以年齡，而非實際照顧需要作為服務與福利的審查標準。

　　同樣，政府於安老及殘疾人士政策的規劃方式上亦狠狠的把「需要為本」的重要政策與服務原則徹底踐踏。勞工及福利局把《安老服務計劃方案》與《康復計劃方案》分割處理，《安老服務計劃方案》制定的框架中完全未有相關篇幅處理年老人士殘疾與長期病患普遍率上升的問題、殘疾人士（包括智障人士）老齡化的問題、殘

疾長者入住私營安老院舍所面對的問題、年老長期病患者的特殊照顧問題等不同議題，可見政策並未有把殘疾人士的需要放入長者政策中加以考慮。事實上，《安老服務計劃方案》亦只能處理有關長者所需要的服務議題，當長者同時有殘疾或長期病患的特徵時，計劃方案中的討論亦必須擴大至其他相關議題，例如歧視、社會保障等事務，令討論與政策規劃更全面。

一般的情況下，長者及殘疾人士都會希望留在自己熟悉的社區生活，以社區照顧作服務重點，自是無可厚非，但前提是要有足夠的機會與能力來繼續參與社區的事務和活動。對於體弱以致缺乏活動能力的長者及殘疾者，把他們留在社區只是其中一個選擇，政府需要保證社區內有足夠的護理設施和服務，家居的環境也要能夠滿足護理過程中所涉及的環境配置及相關器材。

殘疾人士的長期照顧服務零散，政府於 2009 年開展全港 16 區「殘疾人士地區資源中心」；2011 年展開「嚴重殘疾人士家居照顧服務先導計劃」（於 2014 年常規化）；2014 年開展「嚴重肢體傷殘人士綜合支援服務」，這些服務都存在不同問題，包括服務內容嚴重重疊、服務提供量不足、服務種類未能切合殘疾人士需要等。殘疾人士難以在缺乏照顧下生存，服務的缺陷使部分嚴重殘疾人士難以重返社區生活，最終轉投院舍照顧。

「居家照顧」策略落伍及服務不足，造成的結果是令原本在政策上放在次要位置的院舍照顧服務需求持續上升。以安老院舍為例，2011 年時，安老事務委員會委託香港大學進行的「長者社區照顧服務顧問研究」報告書指出，因為家居照顧及院舍照顧服務的失衡，令香港長者入住院舍的比率比其他地方要高。下列表 6-2 顯示，與其他亞洲地區比較，香港 65 歲以上長者入住安老院或護理安老院比例都相對較高。

表 6-2 65 歲或以上人口使用住宿照顧服務所佔百分比的國際情況

地區	年份	使用住宿照顧服務的百分比	年份	使用社區照顧服務的百分比
香港	2008	6.8	2010	0.8
中國	2008	1.73	2009	19（深圳）
日本	2009	2.9	2000	5.5
韓國	2009	1.1	2000	0.2
新加坡	2008	2.9	不適用	不適用
台灣	2009	1.9	2006	1.0（日間照顧）

資料來源：香港大學秀圃老年研究中心及社工及社會行政系長者《社區照顧服務顧問研究報告》，2011 年 6 月。

　　這無疑是一個極大的諷刺，政策上強調「社區照顧」，結果是不斷增加「院舍照顧」的負擔。現時香港政府用於社會福利服務的每年開支超過五百億。其中超過七成是用與綜合社會保障援助及其他福利金項目。香港目前每六名 60 歲以上的長者中便有一位需要申領綜援以維持生計；另一方面，超過六成 65 歲以上的長者正在申領高齡津貼及長者生活津貼。餘下的一百多億，便分別投放於與各類型的社會福利服務中，受資助的長者社區照顧服務及院舍照顧服務便是其中最主要的開支項目。

　　由香港教育大學亞洲及政策研究學系策劃，於 2016 年 1 月至 2 月期間進行的一項有關的民意調查發現，兩成本港中年人士估計他們將來會入住老人院，數字只是些微低於美國的數據。對於長者住屋計劃（assisted living）的需求卻遠低於美國，結果顯示長者安居樂住屋計劃在本港的發展空間仍然很大，亦顯示入住老人院的需求仍然會很大。

　　可以預期，隨着人口進一步老化，為長者提供社會福利服務的

開支會逐步增加，其在社會福利項目裏所佔的百分比也將會愈來愈高。情況跟醫療服務十分相似，都是需要以長者作為最主要的一個服務對象群，而且都是需要政府在財政上作出補貼。

五、亞洲地區長期照顧政策發展超越香港

香港長期照顧政策的發展，遠遠及不上亞洲地區內其他經濟水平相若的地方。日本、南韓、台灣都是面對人口老化的問題，在過去十多年，這幾個地區都發展起他們的長期護理照顧體系，偏偏香港就還在原地踏步。

1. 日本

日本是全世界人口老化最嚴重的國家，人口老化遠比香港嚴重，現在已經有五分之一人口超過 65 歲；在經濟發達地區中，日本也是百歲人瑞最多的國家。人均壽命預期長時間排在世界頭三位內。可想而知，要有效應對老人漫長老年期所需要的照顧及醫療的壓力是如何沉重。日本相對較為優勝之處，是該國的長者一般也比其他地區的健康。根據全球老化監察（Global Age Watch）組織的數字，一般活到 60 歲的日本人，之後平均會有二十五年壽命，而相對健康的狀態可以維持到 75 歲。這已經是一個相當驕人的數字，但仍然表示有十年是處於一個相對不健康的狀態，對醫療及照顧服務的需求會很大。

日本的家庭制度在過去三十年也出現了變化，長者已經不能依賴家庭照顧。長者對正規服務的依賴愈來愈深。日本政府支付長者的醫療及照顧開支，從 1970 年代初開始便不斷上升。日本政府及

整個社會也察覺到，不能長期依賴政府單方面增加服務及撥款來應對急速膨脹中的照顧需求，也不能過度依賴醫療服務來處理性質上屬於照顧而非治療的需要。日本政府在上世紀八十年代中期開始，推動社會各界討論為長期護理照顧服務作出制度改革及融資改革，也開始着手作前期的準備工作。經過了十多年，逐步建構一個較系統、全面性的長期護理制度，即所謂「介護制度」。到了 2000 年，成功落實了一個與介護制度相配合的長期照顧服務融資機制，即是屬於社會保險性質的「介護保險」。

從制度上看，日本的介護服務及介護保險可以說是一個比較複雜而系統化的機制。其精神是要求國民及早為步入老年期不同階段的護理需要作資金安排。加入介護保險，就要為保險供款，政府也會向保險注資，設置一個共同承擔的機制，從而穩定長期照顧的資金來源。

在日本現時的「介護制度」下，國民於 40 歲開始參與「介護保險」。這個性質上屬於社會保險的「長期照顧護理保險」制度於 1997 年立法成立，在 2000 年正式推行。制度覆蓋的對象分為兩級，第一級是 65 歲以上的高齡人士，第二級是 45 歲以上但未到 65 歲的國民。第二級主要是針對殘疾人士及長期病患者，或者是因為各種理由而提早需要長期照顧護理服務的人士。這一點也說明，一個全面的長期照顧護理政策，除高齡人士外，也應該含蓋其他類別的受助對象。

在日本，國民的供款只是「介護保險」其中一個財政來源。為了確保有足夠的資金，50% 的保險費由各級政府承擔。除此之外，使用服務時，個人或家庭也要支付部分服務成本，不同的服務，有不同的收費標準。這一種安排包含了政府的財政補貼，也具有社會保險作為攤分風險的元素，同時因為使用者要支付部分服務成本，可

以減少濫用，令服務資源針對真正的需要。而最重要的是因為有了這種財政上的安排及保證，讓大部分參與保險計劃的人都不致沒有能力使用所需的服務。這鼓勵了市場資本的參與，發展及提供優質的照顧護理服務，針對已經有保險在手的服務對象。日本的經驗說明，運用市場不同於把服務對象推向市場。其效果是利用這種財政安排令需求帶動各種照顧護理設施及服務的發展，另一方面減輕了政府的行政及財政負擔，同時也提升了服務對象的自主權與選擇權。

除了資金之外，介護制度同時也處理了人力資源的問題。「介護制度」為各種類別的護理人員，即所謂「介護工」制訂了專業訓練標準、職級階梯及晉升路徑。不同級別的「介護工」需要接受約300小時的在職訓練至1,800小時的專業訓練，以獲取不同的專業資歷。這令「介護工」成為受社會尊重的職業，也是一個有發展前景、有晉升階梯及有收入保障的專業，令社會不再視護理長者為職業畏途，也吸引了更多年輕人加入。

因為有較多年輕人投入這個行業、有標準保證的服務、有透明度高又劃一的收費標準、長者及社會也預留了資金來應付服務開支、又有多層次的服務供長者選擇，長者可以在介護體制中選擇最合乎自己需要的家居照顧或院舍服務。這些元素加起來，有效地建立一個真正的持續照顧護理服務體系，減低了日本長者入住安老院舍的需求。作為一個超老齡社會，日本長者入住安老院的比率現時只大約是百分之二，比香港低得多。

從這個角度來看，日本的介護制度在幾個環節互相配合之下，穩定了服務的財政來源；令不同的服務環節可以較平衡地發展，不同服務的互補作用發揮得較好，令社區照顧與院舍照顧可以互相配合，不致於做成向某些服務傾斜；服務對象也可以有真正的選擇，可以選擇最能針對自己需要及情況的長期照顧安排。

　　日本因為高齡人口太多，有了介護制度不代表所有因為人口高齡化而帶來的問題都可以解決，長期照顧服務也必然會面對沉重的工作需求與壓力。但假如連這個制度都沒有發展出來，情況只會更壞。

2. 台灣

　　台灣在 2015 年馬英九任總統的時候通過了「長期照顧護理保險」主體法例，2017 年便落實「長期照顧護理保險」制度。早在 1980 年代後期，台灣的政治才剛剛走向開放，已經開始為完善長期照顧護理服務作部署。經過二十多年，台灣的長照護服務體系已經趨向成熟，而 2017 年落實的「長照護保險」制度，就是要為體系的融資作出一個長遠可持續的安排。通過這個制度，服務的對象可以因應自己不同階段的需要，來向市場營運者、非政府機構或政府服務單位取得服務。不同的服務會有不同的收費標準，從業員也要具有相關的訓練及專業資格。服務收費的方式也包含了個人支付、保險支付及政府補貼三個元素。令服務對象更容易承擔。長者也可以及早為自己的長遠照顧需要安排好相對應的保險。

　　台灣能夠走到這一步，經歷了一段十分漫長的醞釀及發展階段，將來要面對的問題仍然會很多，但這對於轉變中的人口結構及醫療照顧需要十分重要。台灣政府也希望通過這個體系，把部分不是必須由醫療體系處理的問題分流出來，紓緩醫療體系不斷增加的財政及服務壓力。

　　香港政府其實應該感到慚愧，1993 年提出醫療融資改革的時候，台灣的「全民健保」制度仍然未落實。到了今天，「全民健保」在台灣已經成立二十四年，2017 年還再向前多走一步，設立「長照護保險」。香港呢？唯一可以誇耀的成就，是在 2019 年 4 月正式推行了一個市民選擇自願參與，由市場經營者提供的「自願醫療保險

計劃」，但其實這個計劃已經反反覆覆討論了超過十三年。而醫療融資改革仍然未有明顯的進展，長期護理政策就更是未能排上政府的政策議程。

3. 南韓／亞洲其他地區

除了日本，南韓在 2008 年也推出了「長期護理保險」制度；現階段雖然仍只是針對年長人士，但已經開始籌劃把服務網及融資制度的覆蓋延伸至長期病患及其他殘疾者。新加坡也早在三十多年前已經建立了其醫療儲蓄制度，雖然不是一個完整的長期照顧護理體制及融資安排，但也算是一個能部分應對晚年護理服務支出的制度。

當亞洲其他地區都已經逐步落實為長期護理的資金安排及人手作長遠制度規劃之時，香港政府還在意圖說服香港人這裏不需要推行「全民養老金」制度。長期護理的資金安排、保險機制及人手規劃就更加不會被提上政府的政策議程了。明乎此，當知大埔劍橋安老院的集體沖涼，或安老院舍被揭發僱用黑工，絕對不是個別事件，而是整體制度發展滯後的必然結果。政府必須改善現行的政策及行政監管，否則類似的事件將會陸續有來。香港社會也需要下定決心作出合理的長遠規劃，才可以應對人口老化，同時提升長者的福利及生活保障。

六、兩個關鍵問題

為長者提供長期護理服務面對的問題十分之多，除了服務質素、專業人力的發展、服務總量的增加之外，從政策層面來看，有兩方面的問題確實必須盡快處理好。

1. 「持續照顧」的覆蓋與流程

從概念上看，「長期護理」針對的對象不單是長者，也包括所有因為各種理由需要接受照顧及護理的市民。例如殘障人士及長期病患者。如果把目標擴闊一點，「長期護理」（Long Term Care）只是「持續照顧」（Continuum of Care）的其中一個部分。要應對人口老化的長遠挑戰，政府的目標不妨放遠一些，政策規劃的對象也不應只是體弱的人士。進入老年期的所有人，就算身體健康，仍然需要就可能會出現的退化及健康問題作出預備和部署，也要針對已知的健康風險及潛在問題作出適當的介入，從而減低影響，甚至儘量把問題延後。「持續照顧」因而應該是一個發展而延續的流程。

香港政府把重點放在為體弱年長人士提供「長期照顧」服務，無疑是一個比較務實的焦點。問題是就算只着眼於長期護理，現在服務的流程及各個環節的配合也是難以令人滿意的。服務的不足令各級護理院之間出現了「塞車」的情況，很多需要高程度護理或療養的長者，只能滯留於護理水平薄弱的護理安老院或一般老人院舍。不少留在社區家居內的長者，雖然可以得到家居護理及照顧服務，但其實最能幫助到他們的，始終還是入住安老院舍。

醫管局的醫院大多設有老人科病房，理論上應該是針對老人病的專門服務。但只要往公營醫院走一圈，不難發現除了老人科病房之外，其他各種病房病床都是以年長的病人佔用居多。有不少佔用醫院病床的長者其實不一定需要醫療照顧，但因為護理及照顧服務的不足，延誤了他們離開醫院的時間。也有不少情況是因為在社區中根本得不到護理服務安排，因而被迫在家居，甚至是社區護理服務單位與醫院之間進進出出。出現這樣一個十分矛盾的處境，是醫療服務與護理及長期照顧服務發展失衡的一個後果，也跟持續照顧服務沒有長遠的規劃及缺乏政策和融資安排有關。

這兩個部分如果能夠有清晰的分工及合理的服務流程安排，理論上可以最有效運用公共資源。舉例說，如果一個明明是需要照顧或護理服務的長者，因為服務不足而被送往醫院的話，便會造成資源上的耗費，因為醫療服務的人均成本較照顧或護理服務都會高很多。站在服務使用者的角度來看，長者也見不得可以得到他們所需要的適切服務。

要減少上述這一種資源錯配和浪費，除了要搞好醫療及持續照顧的分工及服務流程安排之外，最重要當然是「持續照顧」有一個完整及合理的服務安排及足夠的服務資源。

2. 長期照顧服務的狀況融資問題

上面論及的醫療衞生服務及長期照顧服務，都需要政府提供大額的財政津貼。現時這兩方面的開支主要是由政府於每一年度的財政預算案中撥款資助。隨着人口持續老化、需求持續增加，政府是否繼續有能力承擔不斷膨脹的開支？這顯然是一個十分值得探討的問題。

政府在過去的資源分配上，並未有按長者人口增長比例及殘疾人士的狀況作出全面規劃，導致現時照顧服務名目繁多，架床疊屋，服務名額卻嚴重不足。除非香港政府能對公共財政的結構作出根本性的改革，否則，以目前相對規模較小的政府及簡單而偏低的稅制，政府要長期承擔這些開支談何容易。政府提出了醫療融資改革已經超過二十年，其間醫療開支增長了八倍。在長期照顧及社會福利項目上，政府沒有提出全面的融資改革，但由九七回歸至今，社會福利（即包括長期照顧服務）的開支也增加了五倍。繼續以這一種「隨收隨支」的公共財政策略來支付所有社會福利及長期照顧服務顯然不是長遠有效及可持續的方法。因此，融資安排問題遲早

也總是要提上議程的。借鑒一些鄰近地區的經驗，日本的人口老化問題比香港來得早，老化程度也比香港嚴重。日本政府支付長者的醫療及照顧的開支從 1970 年代開始不斷膨脹。日本政府遂於上世紀九十年代開始推動社會討論，為長期護理照顧服務進行融資改革。最後於 2000 年成功落實，推行長期護理保險制度（即介護保險）。有了這個保險制度之後，長者都擁有保險戶口，讓他們有能力向市場購買所需的服務，也推動了市場的發展，鼓勵私人資本參與護老事業。各種由市場提供的護理設施，在需求的帶動下蓬勃發展，大大減輕了政府的行政及財政負擔。對於長者而言，也大大提升了他們選擇服務的自主權。

日本的經驗對照香港的情況，明顯看到香港雖然也有大大小小近五百間私營安老院，理論上市場也有參與提供長期照顧服務，但因為長者沒有足夠的購買力，這些安老院只能將貨就價，服務質素良莠不齊，大部分都只能提供最基本的服務，也曾一再出現不恰當對待長者的事件。近年，因為政府直接提供或資助的服務不足以應付需求，政府不斷擴大向私營安老院買位，這明顯是一種以綜援的價位，向市場購買及不上資助服務質量的服務，來解決政府的燃眉之急，這一做法，於保障長者權益的角度看絕不可取。

另一個值得參考的個案是新加坡。當地政府在 1980 年代已開始推行醫療儲蓄（MediSave）制度，後來再加入了另一個醫療保險（MediShield）計劃。雖然兩個項目都不是只針對長者，但事實上，醫療儲蓄方案可以讓市民於到達指定的年齡後，動用戶口內的資金購買各種保健服務及護理服務。這在某程度上也可以算是一種有指定收入來源的長期護理融資之法。

香港政府在 1997 年委託哈佛大學團隊進行的醫療融資研究，發表的報告書也提出過一個具有風險分擔效果的「護老儲蓄」方案，

建議市民在薪酬中抽取一個低比例作供款，到了退休時或需要護理服務時，動用來購買保險及服務。當時，哈佛報告書提出了十分多具有爭議性的方案及建議，因此對「護老儲蓄」的討論並不全面，政府也沒有再跟進。到了 2001 年，特區政府再一次發表醫療融資改革的諮詢文件，其中建議設立一個具有長期護理儲蓄性質的「頤康保障戶口」方案，但最終的命運仍然是不了了之。

這些事件充分說明，政府並不是沒有考慮過在香港設立具有保險或儲蓄性質的長期護理服務融資方案，但因為各種各樣的理由，始終未能在社會上深化有關的討論。長期護理的融資安排到了今天仍然沒有着落，隨着時間的推延，人口老化程度會上升，就算政府在短期之內提出其他方案，可以預見，面對的阻力將會愈來愈大，落實需要的成本及代價也必然會愈來愈高，而任何遲來的方案，其成效也將會大打折扣。

七、展望

行政長官梁振英在 2014 年的施政報告中宣佈，委託安老事務委員會籌劃一個「安老服務計劃方案」。有關的工作現在仍在進行中，但觀乎已發表的報告，似乎仍然只是着眼於社會福利範疇，檢視現時的服務規劃、提供、管理、培訓等問題，針對的仍然是那些體弱而需要長期照顧的長者。因此雖然這個「安老服務計劃方案」的英文用上了 "programme plan" 這字眼，但比 1970 年代中倡議政府行政改革的麥健時報告書所提出的程序計劃狹窄得多，看來也不能寄望這一個項目可以為「持續照顧」開拓更廣闊的空間，也不一定能夠把醫療與長期護理的介面及流程問題理順。

　　不過，仍有一點值得留意。安老事務委員會報告書的其中一項
建議，是提議政府應該考慮探討其他長期護理照顧的融資選項，除
了收費之外，還提到應研究「供款性的長期護理照顧保險」。雖然
只是一個建議，但這卻是多年來由政府委託的研究及正式的報告書
中，首次確認要研究及考慮長期照顧保險。香港談全面的醫療融資
改革談了二十多年仍是點猶豫不決，就連「自願醫療保險計劃」也
談了十三年才推行。現在只是建議政府研究「長期照顧保險」，可
以想像應該也會是另一個遙遙無期的計劃。就算政府說接納了《安
老服務程序計劃研究》的報告書，並接納了其建議，但一年多來，
仍然未見政府在研究長期照顧保險問題上作過具體的部署。可以預
期，現時困擾着很多長者的長期護理服務不足問題仍然會繼續纏繞
香港市民。香港的人口在未來三十年會持續老化，香港肯定不是一
個安老的理想選擇，但能夠作出選擇的人有幾多呢？「老於香港」肯
定需要面對各種各樣的問題，大家應該早為之計。而留下來在此養
老的長者，在無可選擇的情況下，也很有可能成為香港社會的負擔
與問題。

　　如果期望「時間」可以成為長遠解決問題之道，盡快進行合理
的規劃便十分重要。隨着人口老化，「長期護理照顧」應該是政策發
展中的重中之重。「長期護理」是一個跨專業、跨部門的安老體系。
香港政府的官員有時雖然也會把「長期護理」這四個字拋出來，但
實際上香港沒有一套完整的「長期護理政策」，對長期護理需要的
人力資源及財政資源也沒有仔細的規劃。除非香港政府能對公共財
政的結構作出根本性的改革，否則，以目前相對規模較小的政府及
簡單而偏低的稅制，政府要長期承擔長期照顧服務開支正是談何容
易，融資安排問題遲早也總是要提上議程的。

　　如果政府下定決心，就長期照顧政策作全面的規劃，涉及的資

源可能十分龐大。現在世界各地的長期照顧政策發展，都傾向以社會保險的形式作為融資安排。香港現時面對的問題，是就連醫療制度的融資改革方案，都只停留在長期討論，又長期不能作出決策的困局。轉眼之間，政府發表第一份醫療融資的諮詢文件已經是二十六年前的事了，醫療制度仍然改革不了。在這個情況下，政府根本就沒有信心，也沒有決心燃起另一個火頭。不過這個問題愈是拖延下去，起步的難道便會愈高。面對愈來愈急速的人口老化步伐，香港社會也再沒有本錢把這個問題拖延下去。

參考資料

（中文）

安老事務委員（2009）。《長者住宿照顧服務研究報告》，香港：安老事務委員。

呂學靜（2014）。〈日本長期護理保險制度的建立與啟示〉，《中國社會保障》，首都經濟貿易大學。

周基利（2016 年 8 月 20 日）。〈長期照顧服務未來需求〉，《信報》。

政府統計處（2014）。《統計處第 62 號專題報告書》，香港：特別行政區政府。擷取自：http://www.statistics.gov.hk/pub/B11301622014XXXXB0100.pdf。

政府統計處（2015）。《香港人口推算 2015－2064》，香港：特別行政區政府。擷取自：http://www.info.gov.hk/gia/general/201509/25/P201509240871.htm。

香港大學秀圃老年研究中心及社會工作及社會行政系（2011）。《長者社區照顧服務顧問研究報告》，香港：香港大學社會工作及社會行政系。擷取自：http://www.elderlycommission.gov.hk/cn/download/library/Community%20Care%20Services%20Report%202011%20chi.pdf。

香港特別行政區政府（2015）。《2014 香港貧窮情況報告》，香港：特別
　　行政區政府。擷取自：http://www.povertyrelief.gov.hk/pdf/poverty_
　　report_2014_c.pdf。

香港審計署（2014）。《為長者提供的長期護理服務》，香港：特別行政區
　　政府。

徐瑜璟、邱采昀、周美伶（2012 年 8 月）。〈日本介護保險與台灣長照保
　　險的比較〉，《台灣老年學論壇》，第 15 期。擷取自：http://www.iog.
　　ncku.edu.tw/comm1/pages.php?ID=comm。

烏日圖（2003）。《醫療保障制度國際比較》，北京：化學工業出版社。

財政司司長辦公室、經濟分析及方便營商處、經濟分析部及政府統計處
　　（2014）。《2013 年香港殘疾人士貧窮情況報告》，香港：特別行政
　　區政府。擷取自：http://www.povertyrelief.gov.hk/chi/pdf/Hong_Kong_
　　Poverty_Situation_Report_on_Disability_2013(C).pdf。

陸偉棋、余婉華（2012）。《老有所依：完善社區及院舍安老服務的策略》，
　　香港：會香港集思會。

（英文）

Census and Statistics Department (2005). *Health Status and Long-Term Care
　　Needs of the Older Persons.* Hong Kong Monthly Digest of Statistic- May
　　2005, HK: Census and Statistics Department.

Census and Statistics Department (2010). Hong Kong Population Projections
　　2010-2039. HK: Census and Statistics Department.

Census and Statistics Department (1992). Hong Kong Annual Digest of
　　Statistic-1992 Edition. HK: Census and Statistics Department.

Kawabuchi, Koichi (2013). "The Status Quo and Issues of Health Care Insurance
　　and Long-term Care Insurance for Old-old in Japan." In *Health Systems:
　　Challenges, Visions, and Reforms from a Comparative Global Perspective*
　　(edited by F.M. Cheung, J. Woo. & C. Law). Hong Kong: CUHK, HK
　　Institute of Asia-Pacific Studies.

Matsuda, S., & Yamamoto, M. (2001). "Long-term Care Insurance and Integrated
　　Care for the Aged in Japan." *International Journal of Integrated Care*, *1*(3).

Ministry of Health (2016, November), Long-term Care Insurance System of
　　Japan. Japan: Ministry of Health, Labour and Welfare.

Ministry of Health and Welfare (MOHW) (2017). *2016 Taiwan Health and Welfare Report*. Taipei: MOHW.

Ministry of Interior. (2018, May 1). Dept. of Household Registration, Ministry of the Interior. Republic of China (Taiwan) - Latest News. Retrieved from https://www.ris.gov.tw/app/en/2121.

Ron, Aviva & Scheil-Adlung, X. (2001). *Recent Health Policy Innovations in Social Security*. New Jersey: Transactions Publishers.

Statistics, Korea (2016, November 15). *The Summary Result of the 2016 Social Survey* [Press release]. Retrieved from: http://kostat.go.kr/portal/eng/pressReleases/11/5/index.board?bmode=read&bSeq=&aSeq=358767&pageNo=1&rowNum=10&navCount=10&currPg=&sTarget=title&sTxt= (Accessed date: March 13, 2019).

Working Group on Elderly Services Programme Plan Elderly Commission (2017). *Elderly Services Programme Plan Report*. Retrieved from Working Group on Elderly Services Programme Plan, The Elderly Commission.

第七章
從中西醫融合看醫療霸權

何寶英
（香港理工大學應用社會科學系高級講師）

陳和順
（香港理工大學專業進修學院首席講師）

一、引言

　　作為一個華人社會，香港的醫療制度一直以西方醫學為主導，中醫並沒有佔主流位置。香港在英國殖民統治的近 150 年間，中醫藥並未被納入政府資助的公共醫療系統之中，而只是被定義為不受規管、非正統的輔助性醫療方法，市民只能夠於私人醫療市場上獲取服務。1997 年香港回歸中國後，中醫藥在香港的發展始有較明顯的轉變。《基本法》第 138 條和《中醫藥條例》第 549 章中各規管措施，為本地中醫專業化提供一個完整的法律框架（《基本法》第 23 條「基本法簡介」，1990）。中醫由不受監管的另類治療，逐漸走上規管化及專業化的道路。自 1999 年起，政府落實各項對本地中醫藥的規管措施，香港中醫藥的素質、安全性和功效性均得以提升。在臨床治療層面，香港特區政府也在近年開始推動中西醫結合治療（Integrative Medicine）。病人的期望、高等教育課程的設立、學術研究的增加以及非政府團體積極參與等，都是香港的中西醫療合作近年有增無減的原因。而雖然發展過程並非一帆風順，但總算為中西

醫的融合及跨專業合作踏出了第一步。

　　本文的第一部分將簡單回顧中醫在過去百多年在香港發展的歷史；第二部分將敍述中醫的監管和專業化的演變過程；第三部分將聚焦討論中西醫融合的理據及有利因素，以及目前的發展趨勢。我們會藉一個有關中西醫結合治療的研究個案，討論中醫與西醫跨專業合作的成功因素及其困難，並討論循證醫學對中西醫融合的影響，以及進一步反思醫學霸權的性質。

二、中醫發展的歷史

1. 中醫發展的四個階段

　　在十九世紀中，即香港開埠初期，中醫曾是香港醫療系統的主流，之後經歷沉寂和復甦的階段。李沛良將中醫在香港的發展分為四個時期（李沛良，2000）。由香港開埠至十九世紀末，是「中醫盛行期」。當時由於殖民政府財政緊絀，沒有着力提供醫療服務。1850 年，政府開設第一所醫院，提供西醫服務，每年僅有千餘人留醫，大部分是歐洲人和印度人。華人普遍信賴中醫藥，抗拒西醫。1872 年，東華醫院創辦，是第一所面向本地華人的醫院，而提供的正正是中醫藥服務。

　　1894 年，鼠疫發生，令中醫藥的強勢受到打擊。鼠疫患者皆在家中用中藥治療，或到東華醫院求醫，但是效果不佳，引起政府和洋人社區不滿，強烈批評中醫藥和東華醫院。在鼠疫之後至二十世紀初，政府與教會相繼興辦數間西醫院。東華醫院亦擴大西醫藥服務，而中醫藥服務在二十世紀不斷萎縮，到後期只剩下門診。西醫的權威得以鞏固，人力與物力的資源日增，李沛良稱之為「西醫孕

育期」。

　　二戰之後，香港重光，醫療系統進入「西醫當道期」。1957年，政府成立醫務委員會，確立了醫生在香港醫療系統中的自治權力，也鞏固了西醫的主導地位。西醫通過政府的委任，進入立法局和諮詢委員會，直接影響政府的政策制訂。進入 1970 年代，香港經濟起飛，西醫的優越地位更加突出，無論財富資源、政治權力，或是社會地位，都是中醫無法比較的。到了 1980 年代，由於香港前途問題浮現，政治勢力出現重組，為中藥發展的制度化提供契機（Chiu, Ko & Lee, 2005），李沛良將這個階段稱為「中醫復殖期」。1990 年，中國政府頒佈《基本法》，其中第 138 條規定，「香港特別行政區政府自行制定發展中西醫藥和促進醫療衞生服務的政策」，中醫藥發展獲得憲制地位。1995 年，政府成立「香港中醫藥發展籌備委員會」。1999 年，立法會通過《中醫藥條例》，政府成立「中醫藥管理委員會」。中醫的復殖，除了體現在法律修訂之外，也反映在教育制度的變化。1998 年，浸會大學創辦全日制中醫藥學位課程。1999 年，香港中文大學創辦全日制中醫藥學位課程。2000 年，香港中文大學成立「中醫中藥研究所」。

2. 中醫在回歸前後地位的轉變

　　香港於 1997 年脫離英國殖民地，回歸中國成為特別行政區。自 1999 年起，香港特區政府便訂立一系列對本地中醫藥業的規管及專業化政策。在中醫師規管仍未正式落實之前，中醫只被視為另類治療，既沒有政府監管，亦不受政府公帑資助，本地中醫師只需領取商業牌照就可執業，無須註冊，主要依靠中醫師們的自我規管。「中醫師」這個名詞代表着一個多元的中醫師群組，以全科醫療、針灸以及跌打為主。回歸初期，香港共有七千名的中醫師，據統

計顯示，在這些中醫師當中，全科醫師超過六成，超過兩成為跌打醫師，大概一成為針灸醫師（香港中醫藥發展籌備委員會報告書，1997）。當時沒有強制限定中醫必須參與相關的正式訓練。七千名中醫師當中有約一半是通過以學徒身份跟隨「師傅」或任職中醫師的親戚學習，從而累積臨床經驗。不過，這並不表示專業培訓並不存在。而在 1997 年之前，本地的三間大學及十三間院校合共提供超過五十五個持續進修中醫訓練課程。正因為此，在界定「標準」和「質素」時，從中便出現了分歧。在過去，香港最少有四十七個中醫藥聯會以及商會，其中近一半成立年期少於十年，並且有着不同的歷史和會員人數（香港中醫藥發展籌備委員會報告書，1999）。

三、中醫在香港專業化的過程及其因素

1. 監管中醫及中藥的政治及社會因素

　　中醫藥糅合了中國傳統文化，扮演預防及治療疾病和養生的重要角色。香港作為一個具濃厚中國傳統文化的城市，中醫藥在本地存在着一定的優勢，香港市民經常同時使用中西醫藥，並視中醫作為治療長期病患的重要另類療法。市民大眾選用中醫的原因有很多，包括對中醫理論及療法的信任、用者認為中醫藥的副作用相對西藥較少，以及中醫較西醫能根治病患等等（Lau & Yu, 2000）。根據調查顯示，超過六成的香港市民曾向中醫師求診（Wong, Yu, Liu, Lee, & Lloyd, 1997），經常使用者包括婦女、長者、長期病患、低收入人士等（Chung, Wong , Woo, Lo & Griffith, 2007），隨着中醫的專業化，近年中產人士使用中醫也有上升趨勢。此外，香港鄰近中國內地，被視為其中一個重要的草本藥物消費及零售中心。

　　中醫及中藥的監管，是由多個社會及政治因素促成。由於過去香港缺乏規管中醫藥的政策，它們的安全性、功效及質素都存在着一定的疑問。中醫師缺乏規管及專業訓練，治療標準各有不同、治療方法往往缺乏臨床實驗支持，也沒有系統性地儲存病人資料。市民服用次等的草本藥物，以及不當地同時使用中藥及西藥，導致出現中毒甚至死亡的個案時有發生，引起了市民及立法會的關注（《明報》，2001 年 2 月 2 日、2001 年 2 月 7 日）。事實上，自八十年代開始，世界衞生組織已鼓勵各國充分利用傳統或另類治療，造福病人。世衞亦希望各國自行立法監管中醫及各種另類治療，確保其質素及效能，以保障市民安康。為保障國民安全及服務質素，英國也於 2004 年開始立法監管針灸及中醫藥，所建議的方法與香港十分相似（Dixon, Peckham & Ho, 2007）。

　　中醫藥在香港的發展，有其獨有的政治因素。香港《基本法》138 條說明：「香港特別行政區政府應自行訂立政策，發展西方及傳統中醫藥，以改善醫療及健康服務。任何社區組織及個人都可以依據所訂立之法例提供各種醫療及健康服務（《基本法》第廿三條，1990）。《基本法》正好為中醫及中藥的監管奠定憲制基礎，這也解釋了為何殖民地政府會選擇在 1997 年香港回歸前有系統地推動中醫藥的發展及為監管進行前期工作。換句話說，根據《基本法》所授予香港特別行政區政府的權利，香港政府可同時雙軌發展中醫和西醫，以上的社會及政治因素，均有助推動落實本地的中醫藥規管。

2. 中醫在 1999 年後的規管及專業化

　　由 1989 年 8 月，香港殖民政府成立中醫藥工作小組，負責檢討香港中醫的執業情況，以及中醫藥在本港的使用，並就推廣中醫藥的正確使用和確保中醫藥的專業水平，提供意見。工作小組於 1994

年10月向政府提交了一份報告書。根據工作小組的建議，香港政府在1995年4月成立了「香港中醫藥發展籌備委員會」，進行規管香港中醫藥的準備工作，而自1997年香港回歸後，更進一步加快有關工作。在1997年的施政報告132節中，行政長官董建華先生表示香港具能力去發展成為國際中藥港，並作各種中醫醫療實踐。「為保障公眾健康，我們計劃在下一個立法年度提交條例草案，設立法定架構，以評核和監管中醫師的執業水平、承認中醫師的專業資格，以及規管中藥的使用、製造和銷售。一套完善的規管系統，會為中醫和中藥在香港醫療體系內的發展奠定良好基礎」（1997香港施政報告）。

香港中醫藥發展籌備委員會於1997年向政府提交第一份報告書，就香港中醫藥的規管架構及未來發展提出建議。在中醫規管方面，為保障市民的健康及確保中醫的專業水平，建議凡欲加入中醫專業之人士，均必須先參加中醫統一註冊考試；合格者可獲註冊成「註冊中醫」，在香港執業，而申請考試人士，必須完成由法定中醫規管組織認可的中醫全科課程，具有大學學位或同等學歷。籌委會亦已就考試的範圍綱要，提出建議。為了保持及提升註冊中醫的專業知識水平，並建議註冊中醫須定期進行持續進修。籌委會建議為現職中醫設立過渡安排，視乎現職中醫的經驗、知識水平與技能，考慮豁免他們參加考試，或只需通過註冊審核，而可獲予註冊。

香港政府在1999年7月通過《中醫藥條例》（第549章）（下稱《條例》），就香港規管中醫的執業、中藥的使用、售賣和製造，提供法律框架。當局也根據《條例》成立香港中醫藥管理委員會（下稱「管委會」），負責制訂及實施各項中醫藥管制措施。管委會轄下設有中醫組和中藥組，負責協助管委員履行其職能。

落實中醫藥規管被視作是香港及中醫藥現代化專業化的過程。本地中醫師必須通過專業考試，才可註冊成為註冊中醫師。他們亦

須進行持續專業進修，接受專業監管，以確保服務質素。此外，中醫專業化在中醫專業培訓及中醫藥科學研究的配合下也逐步發展。在 1997 年回歸之前，中醫訓練課程均為兼讀制，普遍由各中醫學會或本地大學舉辦。回歸之後，香港中文大學、香港大學及香港浸會大學均提供全日制中醫學位課程，吸引不少年輕人就讀。中醫藥科研中心相繼成立，為中醫發展奠下基礎。

3. 從中醫藥的發展過程看醫療霸權

中醫藥的規管措施，普遍受到市民歡迎，也有助提升市民的信心及中醫的社會地位。從立法規管中醫藥的過程中，可看到中西醫在政治力量及政策制度影響力上的懸殊。由於掌管醫療系統的官員均為西醫，中醫的規管架構基本上依隨西醫的規管形式而設計，在提供服務上，也不難找到醫療霸權的影子。

有關醫療霸權的討論已存在多時（Coburn, 1999; Freidson, 1994; Turner, 1987），醫療霸權是指醫生有自由不被其他專業操控及擁有在同一工作環境下指揮其他專業的權力（Weitz, 2001）；通過對醫療知識的壟斷、醫療自主、註冊制度及專業醫療學會 / 工會的保護，醫生的權力往往比其他醫療專業為高。醫療霸權不但影響與病人的溝通和關係（Busby & Gilchrist, 1992），對跨專業合作，構成負面影響，尤其是與醫生緊密合作的護士（Caldwell & Atwal, 2003; Freeth, 2001）。醫療霸權可以從醫生在醫療系統內佔有的決策位置、醫生專業團體在醫療政策上的影響力及其政治權力上反映出來。在香港，西醫早於 1847 年已通過醫生註冊條例取得專業地位（醫生註冊條例，1957）。所有醫療決策機關，包括食物及衛生局、醫管局、衛生署及衛生防護中心等，其決策官員及首長均由西醫出任。代表西醫專業的香港醫務委員會不但在西醫註冊上有法定權力，在醫療

融資及聘請海外醫生等政策發揮影響力，也可通過由功能組別選出的立法局議員對醫療政策及資源分配行使政治權力。相對而言、中醫的社會地位及政治權力顯得弱小。

4. 中醫對專業規管政治權力的憂慮

回歸之前，本地中醫師欠缺團結性，加上沒有強烈的慾望去推動其專業化，令很多小型的專業團體出現分裂，但中醫師們依然滿足於各自自我規管的系統之中運作。總的來説，相比起當時的西醫聯會，例如香港醫務委員會，香港的中醫藥聯會相對仍處於弱勢、不顯眼。中醫藥規管措施在回歸後能獲得當時的中醫師們支持，由於在合共七千名的中醫師裏，有接近一半沒有正式的中醫學歷，為此政府提供了過渡性安排，以減低這類中醫師的不安和對有關政策的抗拒。雖然大部分本地中醫師同意實行新的中醫藥註冊系統是香港邁向中醫藥專業化的過程，但是他們對規管仍抱着謹慎的態度，特別是以學徒身份接受訓練的中醫師，部分前線的中醫師更認為這規管措施是政府的政治控制手段。當香港政府為落實中醫藥規管進行諮詢的時候，説服當時所有本地中醫師們接受有關規管，以保障其自身利益，實為一大挑戰。即使政府多次提醒中醫師們去做申請及註冊，估計在所有潛在登記者裏，只有一半人在限期前一個月遞交了申請，作正式的註冊登記（《星島日報》，2000 年 5 月 12 日），從以上情況可見，過去本地中醫師們在選擇是否接受中醫藥規管，一直抱持猶豫的態度。

在香港，西方醫療主導一直被視為是中醫融入本地醫療系統的最大挑戰，從中醫師在立法會上欠缺代表聲音，以及沒有中醫師位處香港醫療系統的最高領導層，足見長久以來西方醫療在香港處於主導位置。在 1999 年，香港政府建議把中醫師納入作醫學界功能界別

成員之一，此項議案亦獲當時的梁智鴻醫生支持，其後更有中醫師成為醫學界功能組別之代表，面對政府這些志在賦予本地中醫師更多權力的決定，這引起西醫們的極大反對，發起了數次簽名運動，其中有過千名西醫支持者表明反對有關議案（*Hong Kong Standard*, 1999, October 31）。一個較為激進的醫生工作小組更以議案違《基本法》為由控告香港政府（*Hong Kong Standard*, 1999, November 11）。有鑒於以上情況，最終在行政會議的建議下，逼使香港政府於 2000 年撤回有關議案。香港衛生署、社會福利署、食物及衛生局和醫院管理局內的主要職位，都是由接受傳統西方醫療訓練的醫生們任職，作為醫療系統內的既得利益者，可以想像是很難讓他們與中醫師分享決策權。

5.　中西醫政治權力的懸殊

　　目前立法會有兩位代表醫療界及護理界別的立法會議員，分別代表西醫及護理人員的政治利益，但卻沒有一位獨立代表中醫的立法會議員。由於中醫的政治權力較少，他們在政策及資源的影響也相對較弱。在香港，醫療服務主要由公帑支付，整體醫療資源的運用，須獲得香港立法會通過。2019－2020 年度，醫療衛生的經常開支為 806 億元，佔政府整體經常開支百分之 18.3%（香港特別行政區 2019－2020 財政預算案）。由於中醫治療在醫療系統中沒有一個正規的位置，它並沒被納入為公帑資助的範圍內。中醫藥的監管雖有助提升市民的信心和保障，但由於缺乏公帑資助，令低收入人士無法使用中醫服務。換句話說，一般市民仍需自資購買中醫服務。在 2018－2019 年度，政府預留 1 億 1,200 萬元撥款，以支付中醫教研中心的運作開支，以及用於資訊系統、中草藥的質量保證、科學研究及中醫培訓等（立法會衛生事務委員會，2018 年 12 月 17

日）。此外，西醫畢業生大部分都可以在公營醫療系統中被僱用，而中醫畢業生的出路則以私營市場為主，公共醫療的空缺並不多。

在服務提供的層面，中西醫政治權力懸殊的例子並不少。在中醫規管實施初期，註冊中醫師並無權力去為病人發出病假證明，以致一些市民因此而放棄求診中醫。為改變此情況，香港政府計劃修改勞工法例，藉此令由中醫師發出的醫學證明和其醫療方法能得到承認，有關修訂案於 2005 年 7 月提交至立法會審議。無奈即使政府進行了法例修訂，相比起西醫師，本地中醫師所享有的權利依然是十分有限，除此之外，就現時各種中醫藥治療，很多保險公司只接受當中部分的醫療賠償申請，如針灸及跌打等。根據香港中醫藥管理委員會中醫組在 2002 年制訂的香港註冊中醫專業守則中說明，註冊中醫必須通過專業訓練的評估及有相應的醫療設施配備，並在符合有關醫療法例（例如輔助醫療業條例）的規定下，才可使用有關的檢查技術，包括現代診斷技術（香港中醫藥管理委員會香港註冊中醫專業守則，2002）。在目前的法例限制下，醫療器材不能在中醫醫療場地中使用，例如跌打醫師不能在診所內使用 X 光檢測來斷症。由此可見，對比於西醫師，香港的註冊中醫師相對上處於不利位置，其競爭力也受影響。

四、中西醫融合與醫療霸權

在上一個部分，我們簡單敍述了 1997 年後中醫在香港的發展，尤其是在憲法及政策如何推動中醫師監管和專業化的演變。本部分將基於一個有關中西醫融合（Integrated Chinese and Western Medicine）的研究結果，聚焦討論中醫與西醫的跨專業合作的成功

因素及其困難，亦討論循證醫學對中西醫融合的影響，並進一步反思醫學霸權的性質。

《基本法》鼓勵特區政府同時發展中西醫，最終目的乃促進市民健康。中西醫各自發展，並不等同於中西醫融合。中西醫融合是指在整個醫療制度上由西醫為主過渡至中西醫互相配合，涉及政策制定及專業發展兩個層面。醫療政策上的配合包括立法、融資及基建等。專業發展方面，教育、培訓、科研及臨床服務缺一不可。可惜，香港的醫療制度、系統、人手編制及資源均集中於西醫服務，未能適切地回應人口老化及長期病患上升等挑戰。回歸二十二年，中西醫融合發展的進展速度緩慢。中西醫結合治療，即在病人臨床診治中同時以中西醫配合使用，是中西醫融合發展的第一步。

1. 為什麼需要中西醫結合治療？

目前很多國家都以西方醫學為主流，但世界衞生組織早於 1980 年代已鼓勵各成員國積極發展在西方傳統醫藥以外的傳統及另類醫學（Traditional and Alternative Medicine）以造福國民，並訂出發展策略以供各國參考（World Health Organization, 2002）。事實上，包括中醫在內的傳統／另類醫學在西方國家迅速發展。更重要的是，發展傳統及另類醫學，有助推動以病人福祉為本的全面性醫學治療（Holistic Approach to Health Care）。全面性醫學治療糅合傳統與另類的治療方式，不單只針對身體的症狀，也照顧與疾病有關的心理及精神狀態（Koopsen, 2009; White, 2006）。中西醫結合治療正正是符合全面性醫學治療的發展方向，有助補足基礎醫療的不足，並可望長遠減低市民對醫院服務的需求。

作為一個具濃厚中國文化的城市，長久以來香港都有使用中醫藥的傳統，其一直被市民視為是對長期疾病甚具功效的輔助性治療

方法，並與西方醫療同時使用。中國及海外大量的臨床經驗及科研結果均證實，中西醫結合治療能有效提升病人的生活質素，對長期病患，例如中風、糖尿病、癌症及各種痛症等，帶來更好的治療結果（Chang, Chang, Kuo & Chang, 1997）。

香港正面臨人口老化、長期病患年輕化及過分集中醫院服務等醫療問題。現時香港的醫療系統正處於一個重要的過渡階段，我們的融資方法以至服務供應系統都有必要進行改革，以應付醫療需求及醫療開支增加所帶來的挑戰。自千禧年代開始，香港政府便定下其在醫療改革方面的目標和願景，更要求本地醫療服務作根本性的改變。正當各醫院持續為需要特別照顧的病人提供醫療服務，政府意識到香港迫切需要去發展以病人為中心的基礎醫療服務，從而達致平衡地提供宣傳、預防疾病以及復康服務。有鑒於中醫在疾病預防和促進健康方面中扮演着重要的角色，因此香港政府於過去的醫療改革文件中，均重點提到需要加強預防性的基礎醫療。中醫與西醫之間的合作有助推動全面性醫療服務，從而減少疾病負擔以及降低未來醫療服務開支。在香港推行中西醫結合治療，不單只符合世界衛生組織所提出的全面性醫學治療發展方向，亦回應了香港人口迅速老化及長期病患者的治療需要。

2. 目前中西醫融合的現況及發展

在香港，不論在公營機構或私營機構，隨着中醫和西醫之間的合作逐漸頻繁，這亦令到進行各專業中醫訓練及中醫研究的可能性有所增加，例如在本地公共醫院爆發「沙士」期間，有醫生選用了中西醫合併治療方法，但中西醫融合仍有漫漫長路。在醫院管理局（下稱「醫管局」）轄下中醫部推動下，中西醫的融合踏出了一步，公營醫院內的中西醫協作近年有增加的趨勢。中醫部主要的目標是

開拓中西醫結合新模式，通過教育、資訊及科研等工作，促進中西醫協作及嘗試將中醫納入公營醫療體系（謝達之，2012）。儘管特區政府近年積極推動中西醫融合，但只集中在臨床服務方面，而非在政策及醫療體制方面。

　　為促進以「循證醫學」為本的中醫藥發展，以及為本地中醫藥學位課程的畢業生提供實習培訓，醫管局自 2003 年開始成立公營中醫教研中心 Chinese Medicine Centre for Training and Research, CMCTRS（或俗稱「中醫診所」）。各間中醫教研中心均由醫管局、非政府機構及本地大學以三方夥伴協作模式，在公立醫院內設立中醫診所，由非政府機構營運，受醫管局監管。據統計，在 2015 年，香港共有 18 間三方合作中醫診所，提供門診服務 120 萬人次，促進「循證醫學」的中醫藥及中西醫療合作，以及為本地中醫藥學位課程的畢業生提供實習培訓。由於全港 18 區平均每區只有一間三方合作中醫診所，所提供的中醫門診服務非常有限。事實上，中醫服務仍大部分依賴私營市場提供。根據 2015 年的人口普查主題性住戶統計調查第 58 號報告書顯示，全港有 17.7% 市民使用中醫服務，而當中只有 0.8% 是從三方合作中醫診所中獲得（香港特別行政政府統計處，2015）。

　　除中醫門診服務外，醫管局也在公立醫院推動中西醫結合治療的試驗計劃，在公營醫院提供中西醫療結合服務。但病人參與這些治療有一定的限制 —— 病人必須得到主診西醫的許可，才可以轉介參與這些試驗計劃，而這些試驗計劃須與醫院內的科研項目有關。值得留意的是，這些中西醫協作計劃並非由醫管局營運，並非常規化的資助項目。這些協作計劃規模也不大，參與的醫護人員並不多。但自 2014 年起，醫管局於轄下八間公營醫院為四個選定病種（包括中風、下腰背痛、肩頸痛及癌症紓緩治療）的病人，提供中西醫協

作治療的住院服務，目的是為汲取中西醫協作和中醫住院服務營運的經驗。

3. 跨專業合作的條件及困難

中西醫融合發展，也是跨專業合作的一種。世界衛生組織認為醫護界跨專業合作已漸成全球性趨勢（World Health Organization, 2002）。在過去二十年，就着有關方面落實跨專業合作，已經進行了廣泛的探究，跨專業合作其中包含很多意識形態、道德、法律和實踐部分，並涉及專業自主性及分工的議題（D'Amour et al., 2005; Owens et al., 1995）。根據 Bronstein 及 D'Amour 等學者的理念架構（Bronstein, 2003, Croser,1998; D'Amour, 2005），跨專業合作（inter-professional collaboration）受政策、文化、專業 / 組織及個人因素影響。理想的跨專業合作，應該是一種能互相協調、民主參與的夥伴關係，而成功因素取決於權力的均等、相互的尊重、角色 / 責任的互補，以及一致目標及決策等（Baggs & Schmitt, 1988; Henneman, Lee, & Cohen, 1995; Corser, 1998）。

要達致有效的跨專業合作，一些學術研究點出其中重要的先決條件和過程，包括分享（Sharing）、合作關係（cooperation）、互相依賴（mutual reliance），有一種近似於夥伴關係（partnership）般緊密的合作關係，建立於信任（trust）而且相互尊重（respect）的基礎之上。雖然各醫療護理專業的訓練及價值取向未必相同，但為病人的福祉而努力，是跨專業合作的共同目標。因着大家的共同信念，跨專業醫療團隊必須要有一定程度的互相依賴，雙方必須願意分擔治療過程中的責任，才能建立真正又良好的合作關係。而彼此的權力應該是基於隊員所擁有的不同知識和專業技能去分配，而非由其職位主導。此外，醫院的領導層、溝通方式、衝突解決方法及決策

方式，都會影響跨專業合作過程的有效性。

在醫管局的推動下，一群醫生在數間公立醫院開展了一些中西醫結合治療的先導計劃（Pilot Project），為一些願意接受中西醫結合治療的病人提供服務。合作的模式主要以西醫轉介中醫治療為主，個案匯診則比較少。為進一步了解中西醫融合在香港的經驗，筆者於 2010 年至 2011 年間，進行了一個質性研究，以參與醫管局轄下中醫門診及公立醫院中西醫結合治療（Integrative Medicine Projects）試驗計劃的醫護人員為對象，了解他們對中西醫結合治療的看法，和促進或阻礙中西醫跨專業合作的因素。筆者認為他們的經驗及看法，可為日後擬定中西醫跨專業合作政策帶來啓示。這研究進行了六個以西醫、中醫及其他醫護人員為訪問對象的焦點小組，並與在醫管局內負責推動中西醫融合治療主管進行了深入訪談。

基於一些海外學者的理念架構（Bronstein, 2003），這研究聚焦於中西醫跨專業合作中專業及政策兩個重要層面作出研究。專業層面包括中西醫雙方對實證為本醫學及治療的期望、對醫療服務質素保證的要求、病人轉介、醫療記錄，護理支援以及法律及跨專業培訓等。政策層面則探討資源分配，保險賠償等問題。

（1）研究結果

相互了解、尊重和信任，均為中西醫合作的基石。研究結果顯示，醫療護理工作中的跨專業合作，實踐上並不容易。在專業層面上，不同的醫療護理專業價值取向、專業術語、技術、知識、治療方式各有差異，對病人問題及需要也有不同理解。以上都是落實其中的跨專業合作時所需面對的困難。事實上，不少焦點小組參加者，即參與公立醫院中西醫結合治療試驗計劃的醫護人員，均承認上述這些因專業訓練背景不同而產生的分歧，是中西醫師之間合作

的一大阻力。當中醫在一個西方醫學主導的醫療體系下尋求合作的時候，醫療霸權的影子就變得明顯。

在西方醫學的主導下，香港中醫藥被歸類為屬輔助性的另類治療方法。中醫背後的理念、診斷及治療方式均異於西方醫學。中醫治療方法強調整個身體、思想以至到精神上的融合，健康的定義即為身體機能之和諧或平衡，相信人體自我修復及自我調控的能力（O'Conner, 2003）。中醫亦着重於尋找根本病因，並在其醫學中包含清晰的陰陽五行等傳統理論。從焦點小組的研究發現，對於西醫師們來説，中醫背後的理念、診斷及治療方法都是陌生的。傳統西方醫學訓練的醫生，着重的是科學的診斷及以實證為本的治療（Sharma, 1990）。回歸之前，不少中醫依靠師徒制承傳行醫經驗，並無受正統訓練，加上其成效不一定通過嚴謹的科研方法引證，給予外行人非科學化的形象。因此，西醫對中醫藥的有效性、副作用、中西藥並用對病人影響等都存在懷疑。對於西醫師們來説，這方面的分歧是與中醫師們合作治療的一大障礙。

在醫管局臨床治療方面，住院病人可主動要求參與中西醫結合治療計劃，但主診醫生有最終的決定權，也要對病人的治療後果負責。不少西醫認為在許多潛在風險和未知因素下轉介病人給中醫，是有點不負責任，所以他們對轉介病人接受中醫治療有所遲疑。專業問責，是西醫參與中西醫結合治療先導計劃的一個很重要的考慮，也令中醫處於被動的地位。有一些主診醫生在工作繁重時也願意轉介病人予中醫治療，也只限於西醫治療無效或病情較輕的病人，以減低風險，反映西醫視中醫為輔助醫療的觀念仍未改變。

> 我不是反對中醫，但我對中醫的認識實在太少了。如果我要
> 轉介我的病人予中醫治療，我並不知道中西醫藥會否相沖，

更不知對病人帶來什麼後果。

（公立醫院老人科醫生）

作為主診醫生，我擔心問責的問題。若我同意將病人轉介予中醫，而病人因接受中醫治療後產生不良後果，我也必須承擔責任。

（公立醫院內科醫生）

不過，焦點小組的研究亦發現，有少數曾參與中西醫結合的西醫，在西方醫藥未能改善病人的病情之下，也願意讓轉介病人接受中醫治療。而病人在接受中西醫結合治療後病情好轉，也有助增強西醫對中醫藥的信心。

坦白說，我在轉介病人時沒有太大期望。病人在接受中醫療後的病情好轉，我對中西醫結合治療的信心是增加了一些。

（公立醫院老人科醫生）

中西醫有不同的專業價值取向，對病人問題及需要的不同理解，專業的術語、技術、知識以及和治療方式各異，充分的溝通是建立信任的第一步。研究發現，雖然中西醫結合治療試驗計劃有西醫參與，但兩者顯然溝通不足。受訪醫生表示當中一個原因是西醫工作實在太忙碌，所以並不願意化太多時間去了解中醫對病人的治療。也有中醫表示，在合作過程中缺乏發表意見的機會。

當我參與病人個案會議（Case Conference）時，其他醫護人員發表了很多意見，我很少發言機會。我負責病人的針灸治

療，可能因為中西醫背後有不同理論，並不容易解釋清楚。

（中醫師）

由於缺乏政策及機制支持，在公立醫院中推行中西醫融合治療時往往障礙重重。首先，中醫的服務提供日程由護士安排，只能在不影響西醫日常運作的時間內進行，例如家人探病時段。令中醫自覺為「外人」，並沒有團隊感覺。此外，中醫師在治療過程中，往往要依賴護士派藥或監察病人的情況。由於護士並沒有這方面的訓練，雖然醫管局就護士協助中醫治療有一定指引，受訪護士認為指引仍很粗疏，所以往往也因為問責的考慮而不願意參與。

對病人進行治療的過程真的很不方便。我不是醫管局的員工，身份是一個外來服務提供者，無論是進行科研時搜集病人資源或診治時找房間使用，都必須由護士作出安排。遇到主診醫生巡病房時，我們必須離開。

（中醫師）

護士日常工作已很繁重，加上本身並沒有接受過中醫培訓，對參與中西醫結合治療並沒有信心，病人接受中醫治療後有不良反應時恐怕不懂得處理。

（公立醫院護士）

不少受訪西醫關注提供中醫服務時的風險問題。由於在公立醫院中並沒有中醫藥房，中藥的儲存和運送沒有風險管理程序及標準，容易會出錯。此外，中西醫融合治療過程中，病人記錄的互通是很重要的。目前公立醫院以兩個不同的系統儲存病人接受中醫及西醫的

資料，兩者並不互通。雖然有一些公立醫院容許參與中西醫融合治療計劃的中醫師查看病人病歷，但這並不普遍。

> 西藥有一定的劑量，但中藥中有很多複方，而且病人的劑量因病情輕重及體質而異……所以存檔有一定困難，存在風險問題有待解決。
>
> （公立醫院內科醫生）

（2）政策層面

除此之外，中西醫跨專業合作，必須有政策的配合，包括醫療架構、資金資助、醫學訓練等。不少參與焦點小組的中西醫均認為，目前的醫療架構以西醫為主導，中西醫結合治療只在起步階段，中醫「另類治療」的身份沒有實質的改變，以致中醫仍被排除在醫療體制之外。現依靠這些小規模中西醫結合治療並不足夠，而必須更有系統地促進中西醫彼此的了解及合作，和投入更多資源推動循證中醫。

對於大部分選用中醫的市民來說，他們都需要獨力去負擔全部的醫療費用。門診方面，在附設於公立醫院三方協作的中醫診所的求診病人中，只有大約兩成名額讓領取綜合社會保障援助的病人可以獲得免費的醫療資助，又或較為年老的病人及腫瘤科病人可能因為慈善基金的幫助而得到醫療費用上的減免。即使是在公立醫院參與中西醫結合治療的病人，也可能因負擔能力問題而放棄中醫治療。

> 我也曾建議一個患痛症病人接受針灸治療，雖然三方協作的中醫診所收費較低，但一個針灸療程要十次，收費超過一千

元，病人因負擔不起而放棄。

（公立醫院物理治療師）

除醫護人員和制度因素外，病人們的支持態度亦為落實跨專業合作的重要影響因素，雖然病人健康情況為合作性護理的最有力證明，但卻甚少探討他們能如何融入到醫療護理的跨專業合作過程當中（O'Conner, 2003）。除醫護人員和制度因素外，病人對結合治療的意見往往被忽略。雖然參與中西醫結合治療的病人的健康情況得到改善，是中西醫結合治療的最有力證明，但病人角色及意見，卻甚少探討及受重視。

　　總括而言，受訪的中西醫及護理人員均肯定中西跨專業合作的重要性及對病人的益處。這些中西醫融合治療先導計劃能有效的在公立醫院裏推行，成功的因素包括醫管局內有一群以病人福祉為先，熱衷跨專業合作的醫護人員，病人健康上的良好進展及科研顯示的成效，也進一步減低西醫對中醫治療的疑慮。當然，醫管局也有盡力在公立醫院內推廣中醫治療的知識和效用，鼓勵更多西醫轉介病人。

　　從研究中顯示，阻礙中西醫跨專業合作的主要因素涉及多個層面。在專業方面，中西醫的權力不均，西醫擁有主導病人治療的最高權力，導致不平等的協作關係在醫療服務提供方面，主診醫生對循證醫學的要求、風險管理及專業問責的壓力，以及單向式的轉介模式都不利中西醫專業合作。當然，缺乏長遠的跨專業合作、中西醫結合治療及融資政策是更大的阻礙因素。

　　是次研究的被訪者，均是有誠意促進中西醫專業合作的醫護人員。他們在專業及政策兩方面提出的建議，與近年食物及衛生局所推行的新措施，有不少地方都方向一致。專業層面方面，中西醫均

認為加強跨專業訓練是中西醫結合治療的首要條件，也是長遠中西醫融合的基石。所以，參與研究的醫護人員均主張在大學西醫課程加強有關中醫的必修科目。目前的中醫課程中雖然也加入了西醫知識科目，但畢業生只可受僱於診所，欠缺在醫院內實習和行醫的經驗。所以，被訪者都贊成建立中醫院，優化中醫臨床訓練。目前中醫以「外人」身份在公立醫院內提供治療，困難重重，欠缺跨專業合作的夥伴關係。雖然如此，參與者均認為有必要釐清在中西醫結合治療中醫護人員的角色及職責、訂出風險管理、病人的中西醫病歷互通，病人轉介、出院及跟進流程作臨床指引。更重要的是，不論是大學課程及在職培訓都應加強中西醫護人員彼此的認識，才有助溝通和合作。此外，發展及加強中醫護士專業培訓至為重要。護理課程亦應有中醫護理的選修課。事實上，站在護理前線，護士需有基本的中醫為知識，才能解答病人的疑問。

在政策方面，參與者均提出醫療體制及資源運用等建議。他們希望特區政府正視中西醫融合的重要性，及將中醫納入醫療體制內的可能性作出檢討。換句話說，需要為中醫在醫療系統中作出定位，將中醫視為日後醫院服務的一環，在臨床及非臨床範圍與西醫緊密協作，各有分工，而非將中醫視為輔助治療。參與者也認為，特區政府應在教學、臨床實習及科研方面為本地大學的中醫醫學院作出財政支援，並考慮為低收入及有需要病人提供中醫住院醫療券。

4. 循證醫學的挑戰

研究結果顯示，參加者認為循證醫學（Evidence-based Medicine）是西醫接受中醫的必要條件。循證醫學顧名思義，是指要將醫學的發展建基於證據之上。循證醫學強調方法，因為證據是否相關，要視乎個別方法是否科學。循證醫學強調方法的科學層序性，即一些

方法比另一些方法更具科學性，而隨機分派臨床試驗（Randomized Clinical Trial, RCT）是最科學的方法（Sackett et al, 1996）。

但是，循證醫學也構為了中西醫融合的一個重要障礙，因為不少中醫師對循證醫學有保留。2014 年 1 月，六十名中醫師聯署了一篇聲明，表示擔憂香港的中醫院會走中國內地的模式，並指出政府要正視現存中醫發展的許多制度性問題（趙永佳、施德安，2014）。從西醫角度看，為什麼西醫要求中醫接受循證醫學？因為中醫必須通過循證醫學的方法去尋找證據，才能證明中醫的有效性和安全性（Fung & Linn 2015）。但是，中醫對循證醫學有所保留，因為中醫並不認同循證醫學背後的一套假設（Fan 2003; Shea 2006; Spence & Li 2013; Fung & Linn 2015; 陳永新、蕭至健，2016）。

例如，循證醫學假設，世上存在很多相同的個案或單元。在研究方法上，這個假設叫做單元同質性（Unit Homogeneity）（Ragin 1997; Mahoney & Rueschemeyer, 2003: 18-19; Gerring, 2004）。如果相同的個案有不同的治療，那麼不同的結果一定來自不同的治療。但是，中醫對有關單元同質性的假設有保留。相對於西醫而言，中醫對病症的歸類細緻很多，而人與人之間的體質差異也很大（Fan, 2003）。所以，從中醫角度看，在一項研究之中，治療沒有帶來結果，原因未必是治療無效，也可能是病症不同，甚至是病人的體質不一樣。

有些中醫認為，中醫採用「辯證論治」的方法治病，而「辯證論治」對於病症的分類，跟西醫的不一樣。兩個病人患病，西醫認為是患相同的病症，中醫有可能判斷為不同的病症。另外兩個病人患病，西醫認為是患不同的病症，中醫亦有可能判斷為相同的病症（Shea, 2006: 258）。那麼，循證醫學所做的研究，應該建基於西醫對疾病的分類（type differentiation），還是中醫建基於「辯證論治」

所做的分類（syndrome differentiation）？

如果循證醫學所做的研究，是建基於中醫所依據的「辯證論治」所做的分類，那將會面對一個問題，就是由於中醫「辯證論治」對疾病的分類更加細緻，對於同一類型的疾病，很多時候難以找到足夠數目的樣本，以至研究不能產生在統計學上顯著的結果（Fan, 2003）。從中醫角度看，循證醫學要求證據必須滿足統計學上顯著性（statistical significance），是不合理的。但是，如果所謂證據不以統計學上的顯著性作為標準，又將以什麼作為標準？如果中醫堅持以經驗和傳統作為證據的標準，從西醫角度，這樣的觀點又難以稱為科學。

陳永新和蕭至健（2016）認為，西醫要求中醫接受循證醫學，反映西醫不了解中醫，特別是辯證論治的方法。今日中西醫間的主要關係，停留在西醫為中醫評分，中醫如何向西醫表達自己。陳永新和蕭至健似乎認為，這樣的關係是有問題的，因為這等於「把某一套醫療系統硬套在另一套之上」（陳永新、蕭至健，2016：134）。對於陳永新和蕭至健的觀點，有兩點可作進一步討論。第一，假設這個有關中西醫關係的描述是準確的，即西醫為中醫評分，中醫如何向西醫表達自己，那是誰的責任？第二，這種中西醫關係是否屬於霸權關係？

關於第一點，就算有關中西醫關係的描述是準確的，但是責任也不一定在西醫那一邊。中醫可以隨時向西醫發問，提出批評。但是，它將要問什麼問題，將要提出什麼批評，而這些問題和批評的背後又存在什麼假設呢？如果中醫問為什麼經驗和傳統不可以作為證據的標準，那麼知識的突破又從何說起？一些學者指出，近年中醫在循證醫學的研究有一些進展，主要是在克服樣本數量不足的問題方面（Fung & Linn 2015）。我們不知道中醫在尋求進一步發展的

過程中，循證醫學是否一個難以克服的障礙。但是，我們又能否在現階段就肯定，循證醫學不可能為中醫研究提供足夠的空間？這樣又是否過於武斷？

關於第二點，所謂「西醫為中醫評分，中醫如何向西醫表達自己」的關係，是否屬於霸權關係？要回答這個問題，首先應該指出西醫比中醫具有更科學的地位，所以西醫比中醫更加可信。當然，要判斷什麼是科學，或者一個論點科學不科學，標準未必只有一種。例如，實證立義強調驗證（verification）是科學的唯一標準，不過波柏（Karl Popper）卻推翻實證主義，強調否證（falsification）才是科學的唯一標準。但是，後來波柏的偽證標準也被挑戰。有關科學主義（scientism）的批評，正是要指出科學逾越了理性的界限，成為一種意識形態的可能。科學是否知識的唯一來源，在哲學上大可爭論。由科學主義到科學成為一種論述的霸權，可能只是一步之遙。但是，科學並不等同科學主義，它有相對合理的內容，也不是只說一句科學就是論述霸權，就能夠予以否定。中西醫關係的確存在霸權關係，但是霸權關係的基礎在於制度和法律賦予的權力不平等，而不在於科學地位和可信性方面的不一樣。

陳永新和蕭至健認為西醫不了解中醫。但是，中醫又了解自己嗎？中醫未必是一個統一和清晰的知識系統。它具有幾千年的歷史和發展經驗，所謂中醫的傳統是否只有一個，它的幾千年的發展經驗又是否一致？ Scheid（2002）甚至質疑，辯證論治是否中醫的唯一傳統，又或者是連貫的知識系統？當然，西醫也一樣，未必是一個完全統一，絕對清晰的知識系統。所以，中西醫的進一步交流是有需要的，也是有益的。

四、結語

筆者認為，香港中醫藥在 1997 年回歸後，不乏發展的土壤，其發展速度可以更快。作為一個華人社會，市民對中醫藥的接受程度無容置疑，而中西醫並用的情況一直存在。在世界衛生組織的倡導下，充分利用及發展傳統治療是國際趨勢，而中醫的療效也有一定之科學根據。《基本法》第 138 條給予香港特區憲法基礎發展中醫，在《中醫藥條例》第 549 章的法律框架下，中醫由不受監管的另類治療，逐漸走上規管化及專業化的道路。加上本地大學中醫課程的配合下，中醫師的師徒制也被專業訓練取代，以培養年輕一輩的中醫師。香港傳統的中醫學會及福利機構，例如東華三院等，均為培訓本地中醫師作出貢獻。很可惜，回歸將近二十年後，在一個以西醫為主導的醫療體制下，中醫仍未能在主流醫療系統中佔一席位，不論在政策、體制及臨床服務方面，其發展往往受制於以西醫為主的決策。

香港的醫療體系側重醫院服務，當西方醫學不足以應付人口老化及長期病患者的治療需要時，特區政府也於 2005 年的醫療改革文件中，提出有必要強化基礎醫療服務，減低公營醫療支出（衛生福利及食物局，2005）。正因為中醫在全面性醫療服務上扮演的角色，促使中醫與西醫之間的合作。不過，當中醫在一個西方醫學主導的醫療體系下嘗試尋求合作的時候，醫療霸權的影子就變得明顯。部分學者認為香港現時的社會制度，例如不同的資助方式、醫學訓練和實習設施、公共醫療系統內的規管措施以及保險業賠償申請架構，都為推行本地中西醫療合作設下了困難（Ruddy, Borresen, & Gunn, 2008）。筆者以中西醫結合治療為例子的研究結果，也一定程度上引證了這些難題（何寶英，2017）。

近年來，在食物及衛生局局長高永文醫生積極推動下，特區政府於 2013 年成立中醫中藥發展委員會，同時，當局會就中西醫協作項目的先導計劃進行多項具體研究，從而就中西醫融合、納入和排除的標準、臨床效果指標及臨床風險管理提供臨床指引，亦會嘗試制訂一套運作指引，列明中西醫醫務人員的角色及職責，以及病人的轉介、出院及跟進流程。醫管局計劃在 2016 年進行最終評估。此外，2014 年施政報告中也透露政府已預留了一幅土地設立中醫醫院，為市民提供住院服務和培訓本地的中醫畢業生，協助政府汲取有關中西醫協作和中醫住院服務營運方面的經驗。

2013 年提出的中西醫協作先導計劃的研究方向，與筆者中西醫結合治療研究中所發掘的問題及建議非常吻合，也似乎顯示了特區政府就香港中醫中藥業發展的方向及長遠策略跨出了一步。不過，在目前醫療霸權的格局下，中西醫融合發展是否一帆風順，仍有很大隱憂，不容樂觀。

根據 Bronstein 及 D'Amour 等學者的理念架構，跨專業合作成功因素取決於權力的均衡、相互的尊重、角色／責任的互補，以及一致的目標與決策等。很可惜，中西醫在醫療系統內參與的權限實在有很大的距離。目前食物及衛生局、醫管局、衛生署、衛生防護中心等醫療機關均由西醫主導，掌管政策制定、資源分配及服務推行等權力。西醫在香港中醫藥、管理委員會及 2013 年成立的中醫中藥發展委員會中均有重要影響力，衛生署署長是香港中醫藥管理委員會當然成員，其他西醫成員的影響力也不少。雖然政府曾於 2000 年及 2004 年嘗試在立法局功能組別中加入中醫代表，但中醫仍未能成功在立法局中爭取一席位，無法左右兩位代表西醫和護理界立法局議員的立場。

在新保守主義的思維下，公共醫療已繼教育和福利後成為第三

大的政府公共支出項目。當西醫努力地維持現狀不變,公共醫療的資源難以滿足社會的需求,近年來公立醫院床位短缺,病人輪候手術時間可長達兩年可見一班。縱使政府有計劃進一步發展中西醫融合服務,這些計劃能爭取足夠資源的機會似乎還有很多變數。對於中醫服務,當局仍很樂意交由私營市場為主導。政府認為私營市場已能為市民提供一個全面而可負擔的中醫服務,故公營醫療不應加入競爭。就以建議的中醫醫院為例,政府強調中醫須自負盈虧,不肯作出財務上的承擔。2014 年施政報告中,政府也強調公帑只會用於興建中醫教研中心、初級中醫師培訓等,而不包括對病人的資助。因此,中醫能否走出輔助治療的角色、中醫教研中心及中醫醫院能否納入公營醫療架構成為經常性資助項目,仍是長路漫漫,不容樂觀。

糅合西方及傳統醫藥,是國際趨勢,並符合全人治療(Holistic Care)的目標,對病人帶來裨益。過去數年在公立醫院試行的中西醫結合治療(Integrative Medicine),是中西醫跨專業合作的好開始,也是邁向中西醫融合的第一步。從海外研究顯示,理想的跨專業合作必須以病人的福祉為共同目標,發展夥伴關係(partnership)般緊密的合作關係,在合作過程中互相依賴,彼此信任和相互尊重,權力應該是基於隊員所擁有的不同知識和專業技能去分配,而非單憑其功能又或職位而定。從筆者的焦點小組研究顯示,在目前的醫療制度和醫療霸權下,這些跨專業合作的先決條件仍依然薄弱。在公立醫院的體系裏,西醫權力最大,中醫走不出另類治療的角色,醫生願意轉介病人予中醫的比率相對其他東南亞國家為低。以針灸為例,有研究指出香港西醫的轉介率只有 13%,遠低於南韓的 26.9%(Chung et al., 2011; Lee et al., 2002)。當病人的主診醫生對中醫的理論、療效及循證基礎仍有很大存疑的時候,彼此的合作當

然舉步維艱。要改變這種態度，單靠一些在職講座是不夠的，不少醫生認為應從醫科學生的培訓入手。雖然現有的西醫和中醫的專業課程已加入了一些跨專業的元素，但主體課程不變，不足以提供紮實的合作基礎。加上中醫護理人員缺乏，中西醫融合之路仍遠。

最後，關於循證醫學與中醫的矛盾，我們認為需要重視。但是，這個問題不可能在短時間內解決，尤其這個問題已經超越臨床的層面，有待更多基礎學術研究方面的進一步發展。但是，我們也同意，中西醫融合牽涉到醫學霸權，即由制度和法律賦予的權力不平等，這是一個一直被忽視，卻值得更多注意和討論的問題。

參考資料

（中文）

《中醫藥條例》第 549 章。擷取自：http://www.cmchk.org.hk/chi/main_ord_cap549.htm。

立法會衛生事務委員會（2018 年 12 月 17 日）。立法會衛生事務委員會有關中醫藥發展討論文件。擷取自：https://www.legco.gov.hk/yr18-19/chinese/panels/hs/papers/hs20181217cb2-423-3-c.pdf。

何寶英（2017）。〈從中西醫融合看跨專業合作及醫療霸權〉，載佘雲楚編：《醫學霸權與香港醫療制度》（頁 216－241）。香港：中華書局。

李沛良（2000）。〈醫療多元格局的社會文化因素 —— 以香港中西醫療變化為例〉，《香港社會學學報》，第 1 期，頁 1－28。

《明報》（2/2/2001 及 2/7/2001）。香港中醫藥管 委員會中醫組二 二年制訂香港註冊中醫專業守則。擷取自：http://www.cmchk.org.hk/cmp/pdf/COP_Reg_c.pdf。

政府統計處（2015 年 10 月）。《主題性住戶統計調查第 58 號報告書》，香港：特別行政區政府。

《星島日報》（2000 年 5 月 12 日）。

香港中醫藥發展籌備委員會（1997 年 3 月）。《香港中醫藥發展籌備委員會報告書》。

香港中醫藥發展籌備委員會（1999 年 3 月）。《香港中醫藥發展籌備委員會報告書》。

香港特別行政區（1997）。《1997 香港施政報告》。擷取自：http://www.policyaddress.gov.hk/pa97/chinese/cpaindex.htm。

香港特別行政區（2019）。《2019－2020 財政預算案》。擷取自：https://www.budget.gov.hk/2019/chi/index.html。

香港特別行政區基本法（1990）。擷取自：http://www.basiclaw.gov.hk/tc/facts/index.html。

陳永新、蕭至健（2016）。〈醫療化下循證醫學融合另類醫學的爭議，以香港「中西醫協作自導計劃」融合協作模式為例〉，《香港社會科學學報》，第 48 期，頁 109－141。

趙永佳、施德安（2014 年 5 月 26 日）。〈中醫為何反對中醫院？〉，《評台》。

衛生福利及食物局（2005 年 7 月）。《創設健康未來 —— 探討日後醫療服務模式討論文件》，香港：特別行政區政府。

謝達之（2012 年 9 月 14 日）。（香港醫院管理局中醫藥及中西醫結合服務主管）：《醫院管理局在中醫藥方面的工作》。擷取自：http://www.hkctc.gov.hk/A7_HA_ChnMedicines.pdf。

《醫生註冊條例》（1957 年 6 月 1 日）。擷取自：http://www.hklii.hk/chi/hk/legis/ord/161/。

（英文）

Baggs, J.G. & Schmitt, M.H. (1988). "Collaboration between Nurses and Physicians." *Journal of Nursing Scholarship*, 20, pp.145-149.

Bronstein, L.R. (2003). "A Model for Interdisciplinary Collaboration." *Social Work,* 48 (3), pp.297-306.

Busby, A. & Gilchrist, B. (1992). "The Role of the Nurse in the Medical Ward Round." *Journal of Advanced Nursing*, 17 (3), pp.339-346.

Caldwell, K. & Atwal, A. (2003). "Professional Issues. The Problem of Interprofessional Healthcare in Hospitals." *British Journal of Nursing*, 12 (20), pp.1212-1218.

Chang, D.M., Chang,W.Y., Kuo, S.Y. & Chang, M.L.(1997). "The Effects of Traditional Antirheumatic Herbal Medicines on Immune Response Cells." *The Journal of Rheumatology*, 24 (3), pp.436-440.

Chiu, S.W.K., Ko, L.S.F. & Lee, R.P.L. (2005). "Decolonization and the Movement for Institutionalization of Chinese Medicine in Hong Kong: A Political Process Perspective." *Social Science & Medicine*, 61 (5), pp.1045-1059.

Chung, V., Wong, E., Woo, J., Lo, S.V. & Griffith, S. (2007). "Use of Traditional Chinese Medicine in Hong Kong Special Administrative Region of China." *Journal of Alternative and Complementary Medicine*, 13 (3), pp.361-367.

Chung, V.C.H., Hillier, S., Lau,C.H. Wong, S.Y.S., Yeoh, E.K. & Griffith, S.M. (2011). "Referral to and Attitude Towards Traditional Chinese Medicine Amongst Western Medical Doctors in Postcolonial Hong Kong." *Social Science & Medicine,* 72, pp.47-255.

Coburn, D. (1999). "Phases of Capitalism, Welfare States, Medical Dominance, and Health Care in Ontario." *International Journal of Health Services*, 29 (4), pp.833-851.

Corser, W.D. (1998). "A Conceptual Model of Collaborative Nurse-physician Interactions: The Management of Traditional Influences and Personal Tendencies." *Scholarly Inquiry for Nursing Practice,* 12, pp.325-341.

D' Amour, D., Ferrade-Videal, M., Rodriguez, L.S.M. & Beaulieu, M.D. (2005, May). "The Conceptual Basis for Interprofessional Collaboration: Core Concepts and Theoretical Frameworks." *Journal of Interprofessional Care*, Supplement 1, pp. 116-131.

Dixon, A., Peckham,S. & Ho, P.Y.A. (2007). "Informing Development on the Regulation of CAM Practitioners." *Social Policy & Administration*, 41 (7), pp.711-728.

Fan, R. (2003). "Modern Western Science as a Standard for Traditional Chinese Medicine: A Critical Appraisal." *Journal of Law, Medicine and Ethics,* 31, pp.213–221.

Freeth, D. (2001). "Sustaining Interprofessional Collaboration." *Journal of Interprofessional Care*, 15 (1), pp.37-46.

Freidson, D. (1994). *Professionalism: Theory, Prophecy and Policy*. Chicago: University of Chicago Press.

Fung, F.Y. & Yeh, C.L. (2015). "Developing Traditional Chinese Medicine in the Era of Evidence-Based Medicine: Current Evidences and Challenges." *Evidence-Based Complementary and Alternative Medicine*, pp.1-9.

Gerring, J. (2004). "What Is a Case Study and What Is It Good for?" *American Political Science Review*, 98 (2), pp.341-354.

Henneman, E.A., Lee, J.L. & Cohen, J.I. (1995). "Collaboration: A Concept Analysis." *Journal of Advanced Nursing*, 21, pp.103-109.

Hong Kong Standard (1999, November 11).

Hong Kong Standard (1999, October 31).

Koopsen, C. (2009). *Integrative Health: A Holistic Approach for Health Professionals*. Sudbury, M.A: Jones and Bartlett Publishers.

Lau, J.T. & Yu, A. (2000). "The Choice between Chinese Medicine and Western Medicine Practitioners by Hong Kong Adolescents." *American Journal of Chinese Medicine*, 28 (1), pp.131-139.

Lee, S.I., Khang, Y.H., Lee, M.S. & Kang, W. (2002). "Knowledge of Attitudes Toward and Experience of Complementary and Alternative Medicine in Western Medicine and Oriental Medicine-trained Physicians in Korea." *American Journal of Public Health*, 92 (12), pp.1994-2000.

Mahoney, J. & Rueschemeyer, D. (2003). "Comparative Historical Analysis: Achievements and Agendas." In *Comparative Historical Analysis in the Social Sciences* (edited by J. Mahoney & D. Rueschemeyer, pp.3-38). Princeton: Princeton University Press.

O'Conner, B.B. (2003). "Concepts of the Body in Complementary and Alternative Medicine." in *Complementary and Alternative Medicine – Challenge and Change* (edited by M. Kelner, B. Wellman, B. Pescosolido & M. Saks, pp.39-60). London and New York: Routledge, Taylor and Francis.

Owens, P. J. & Horder, J. E. (1995.). *Interprofessional Issues in Community & Primary Health Care*. London: MacMillan Press Ltd.

Ragin, C. (1997). "Turning the Tables: How Case-Oriented Research Challenges Variable-Oriented Research." *Comparative Social Research*, 16, pp.27-42.

Ruddy, N.B., Borresen, D.A. & Gunn, W.B. (2008). *The Collaboration Psychotherapies: Creating Reciprocal Relationships with Medical Professionals*. Washington D.C., American Psychological Association.

Sackett, D.L., Rosenberg, W.M.C., Muir Gray, J.A., Haynes, R.B. & Richardson, W.S. (1996). "Evidence Based Medicine: What It Is and What It Isn't." *British Medical Journal*, 312 (7023), pp.71-72.

Scheid, V. (2002). *Chinese Medicine in Contemporary China: Plurality and Synthesis*, Durham: Duke University Press.

Sharma, U.M. (1990). "Using Alternative Therapies: Marginal Medicine and Central Concerns." In *New Directions in the Sociology of Medicine* (edited by P. Abbott and G. Payne, pp.127-139). London: The Falmer Press.

Shea, J.L. (2006). "Applying Evidence-based Medicine to Traditional Chinese Medicine: Debate and Strategy." *Journal of Alternative and Complementary Medicine*, 12 (3), pp.255-63.

Spence, W. & Li, N. (2013). "An exploration of Traditional Chinese Medicine Practitioners' Perceptions of Evidence Based Medicine." *Complementary Therapies in Clinical Practice*, 19 (2), pp.63-68.

Tang, J.L. (2006). "Research Priorities in Traditional Chinese Medicine." *British Medical Journal*, 333 (7564), pp.391–394.

Turner, B.S. (1987). *Medical power and social knowledge.* London: Sage Publications.

Weitz, R. (2001). *The Sociology of Health, Illness, and Health Care: A Critical Approach* (2nd ed.). Belmont: Wadsworth.

White, G. (2006). *Talking About Spirituality in Health Care Practice: A Resource for the Multi-professional Health Care Team.* London& Philadelphia: Jessica Kingsley.

Wong, T.W., Yu, T.S., Liu, J.L.Y., Lee, N.L. & Lloyd, O.L. (1997). "Factors Associated with the Utilization of Traditional Medicine in a Small Town of Hong Kong." *American Journal of Chinese Medicine*, XXV (3-4), pp.367-373.

World Health Organization (2002). *Traditional Medicine Strategy 2002-2005.* Geneva: WHO.

第八章
專業自主的迷思：
香港醫學霸權的法律和制度基礎

佘雲楚

一、引言

在第一章我們已指出「專業」不單不是一個科學概念，也非一個具有清晰指涉的法律名詞 —— 它從來只是一個用來迷惑心智（或振奮人心）的政治修辭！我們亦曾引述一些本地相關法律條文，以顯示法例如何讓醫學界凌駕於其他醫護專業之上。醫學霸權亦體現於政府負責衛生的部門和醫管局內的主要官員或行政人員均為醫生，與港英年代及外國的情況截然不同。醫管局大會近年雖然已略為減少醫生成員的人數，以及增加其他醫護專業背景的成員人數，但在 2017 — 2018 年度，在 28 名大會成員中，仍有 6 人是醫生；而來自其他醫護專業背景的則卻只有 3 人（在 2015 — 2016 年度，醫管局大會中有 7 名醫生，而只有 2 人來自其他醫護專業背景）。醫管局 15 名主要行政人員中，有 13 名為醫生，包括行政總裁 1 名、地區醫院聯網總監 7 名，以及總辦事處內 7 名部門總監 / 主管中的 5 名，佔 87%（總辦事處內只有財務部總監和機構事務主管為非醫生）（醫管局，2017，2018）。醫管局屬下 41 所醫院及醫療機構的行政總監，亦清一色為醫生。至於政府相關部門，自前醫管局行政總裁

楊永強於 1999 年出任衛生福利局局長以來，除了現任局長是來自護理界外，歷任相關局長便一直由醫生擔任。[1] 至於食物及衛生局屬下的衛生署，其署長、副署長、絕大部分的助理署長，衛生防護中心總監及其屬下六個部門的主管等職位，亦長期由醫生佔據。市民可能會認為由醫生出任這些職位是理所當然、無可質疑的事情。但無論是英殖時期的香港，[2] 或現時不少西方國家，這些職位很多都是由政府文官或醫院行政專科人員擔任；也沒有證據證明他們的工作表現較具有醫學背景的行政人員差。港英時期政務職系的官員確實時有與醫務職系官員不咬弦的情況出現，但這種磨擦甚至衝突正是制衡權力的最佳良方。反觀醫管局成立後便由一少撮醫生獨攬大權，其運作更是連政府也難以駕馭。一般人愈覺得某種社會安排或制度是天經地義，便愈反映這種安排實際上是一種文化霸權下的產品。醫生的工作無疑重要，但這絕不能用作壟斷整個醫療制度的藉口。相反，醫學界對整個醫療制度以至政策的壟斷，既容易造成利益輸送，也傾向會產生韋特（Whyte, 1952）和贊尼斯（Janis, 1982）所說的「群體思維效應」（groupthink）。[3] 意即在一個身份認同感極強的社群中，成員之間傾向不會提出另類意見，亦不會輕易接受外間意見。整個決策班子呼吸着同一樣空氣、說着同一樣語言、採用同一樣思維模式的情況下，自然不能以打破常規的角度思考問題。這輕則容易令市民產生「醫醫相衛」的感覺，重則在視野狹窄和集體錯覺的情況下，造成各種決策上的失誤。

「專業」一詞雖沒有明確的科學以至法律定義（法律只能界定某些行業的執業資格），但某些行業卻明顯受到法律的保護和規管；而這些受保護和被規管的行業一般也以「專業」自居。專業規管的要素包括：釐定執業資格、權力範圍、專業守則的釐訂和修改、處理違反專業守則的投訴、備存一份註冊執業人士的名冊、在何等情況

下可把一名執業人士除名等。本章先從依據各醫護專業的條例下所成立的相關管理局或委員會組成方法，顯示醫學霸權客觀存在的事實，並受法律和制度所保護。關於這些法定監管機構的詳細工作、角色與責任，讀者可自行上網查閱。之後我們會以 2016 年的醫務委員會（下稱「醫委會」）改革風波為例，

　　進一步展示醫學霸權的力量。跟着，我們會較為深入地討論用以支持專業霸權其中最重要的概念 ——「專業自主權」，所指為何，以及所謂「專業自主」能否令專業霸權變得合理。最後，我們將會就醫委會的改革方向提出一些意見作結。

二、香港醫學霸權的法律和制度基礎

　　香港秉承英國普通法的傳統，並沒有法例禁止任何人士以「治療師」自居，或替其他人士提供治療；但卻不可自稱「醫生」。只有醫生才可以處方藥物，和替病人做手術（「處方藥物」固然會隨時日轉變，何謂「手術」更具爭議）。現行法例只規定十二類醫護專業人員在香港執業前，必須向有關管理局或委員會註冊。各管理局或委員會乃根據香港法例有關條例而成立的法定組織，獨立處理及執行其法定職能，秘書處服務則由衞生署提供。各管理局或委員會亦需要將有關的醫護專業人員註冊名單載列於其網站內。這十二類醫護專業人員包括：醫生、牙醫、藥劑師、護士、助產士、中醫、脊醫、醫務化驗師、物理治療師、職業治療師、放射技師和視光師。前七類均設有獨立的相關管理局或委員會，後五類則在輔助醫療業管理局（Supplementary Medical Professions Council，根據《輔助醫療業條例》於 1981 年成立）轄下各自管理委員會管理。

歷史上脫牙屬理髮－手術師（"barber-surgeon"，詳見第一章註釋22）的工作範圍；英國要到 1921 年才確立牙醫的執業資格。藥（劑）師與西醫的關係則更加錯綜複雜。在現代化學（chemistry）和藥物學（pharmacology）還未出現之前，西方的藥師（包括藥物和藥店）均被統稱為 "apothecary"。此字源自古希臘文，意即「雜貨店」。長期以來，藥師不單提供藥物給醫生，還會直接售賣藥物給市民，不時更會免費（或收取低廉費用）提供「醫療意見」及一些「草本治療」給有需要人士。[4] 可以想像，醫學界對藥師可謂既愛且恨。醫學界既要依賴藥師提供藥物，但若後者不單直接售賣藥物給市民，且還提供醫療意見給病人，那無論收費與否，均會危害醫生利益！過往醫學界曾多次嘗試禁止藥師收費提供醫療意見，但效用始終有限，亦不可能單靠法律杜絕貧窮人士尋求廉價醫療服務的情況。但在現代化學和藥物學的發展下，藥劑師（pharmacist）在醫學霸權的環境下出現，醫生的利益才最終得以確保！而牙醫和藥劑師亦慢慢在被限制的情況下分別獨立發展。

中醫、脊醫、視光師和助產士傳統上均不屬於主流西醫領導下的醫療隊伍；但在由西醫為本的香港公營醫療制度下，視光師現已被納入輔助醫療業之一；而助產業在二十世紀初已淪為西醫的殖民地。在醫學霸權下的醫護團隊，一般統稱為「醫療輔助隊伍」（paramedics）；但由於各自專業化的發展，現時已較多採用「專職醫療人員」（allied health professionals）一詞。所以，政府把醫務化驗師、物理治療師、職業治療師、放射技師和視光師，一起歸類為「輔助醫療業」（supplementary medical professions），本就帶有歧視的味道。

細看各管理局或委員會的組成，不難發現醫學霸權的無孔不入。表 8-1 和表 8-2 分別羅列了七個獨立醫護專業管理局或委員會，

和輔助醫療業管理局及轄下各自管理委員會管理，根據相關法例所列明的組成方法：

表 8-1 2017 年規管在香港執業醫護專業的法定組織及其組成
（輔助醫療業管理局及其屬下管理委員會除外）
（除註明外所有席位皆為委任）

機構	主席（除註明外所有主席皆來自業界）	政府代表、公職人員、或其提名成員	業界成員人數及所佔比例（不包括政府代表）	業外成員數目及所佔比例 [內為法定醫學界成員人數及所佔比例]	總委員數目
醫務委員會	由委員會互選	2（衛生署署長提名）	2（港大提名）+ 2（中大提名）+ 2（醫管局提名）+ 2（醫學專科學院提名成員）+ 2（衛生署署長提名）+ 7（醫學會提名, 會董會成員選出）+ 7（依據選舉規例舉行的選舉選出）= 24（75%）	4 = 14.3%	28
牙醫管理委員會	由管理局成員互選	1（衛生署牙科顧問醫生）	註冊主任 + 1（衛生署牙科顧問醫生）+ 1（港大提名）+ 6（香港牙醫學會提名）= 9（75%）	3 = 25% [2 = 16.7%]	12
脊醫管理局	由委員會互選。	衛生署助理署長（醫生）	5（50%）	5 = 50% [衛生署助理署長 = 10%]	10
中醫藥管理委員會	現為中大市場學教授	衛生署署長（醫生）+ 衛生署副署長（醫生）+ 政府化驗師	5 名中醫 + 5 名來自中藥業的人士 + 2 名來自香港的教育或科研機構的人士 = 12（63.2%）	5 = 42.1% [衛生署署長 + 衛生署副署長 = 2 = 10.5%]	19
藥劑業及毒藥管理局	衛生署署長（醫生）	3（政府化驗師 + 衛生署藥物辦公室的衛生署助理署長 + 衛生署醫生）	1（港大提名）+ 1（中大提名）+ 3（香港藥學會提名）= 5（45.5%）	5（1 法律顧問）= 45.45% [主席 + 1 衛生署醫生 + 衛生署助理署長 + 1（醫學會提名）= 4 = 36.4%]	11

（續上表）

機構	主席（除註明外所有主席皆來自業界）	政府代表、公職人員、或其提名成員	業界成員人數及所佔比例（不包括政府代表）	業外成員數目及所佔比例 [內為法定醫學界成員人數及所佔比例]	總委員數目
護士管理局	由管理局成員互選	1（衛生署護理服務主管）+ 1（公職護士，由衛生署長提名）	1（衛生署護理服務主管）+ 1（衛生署長提名）+ 1（醫管局提名）+ 6（委任）+ 6（推選）+ 2（大專院校提名）+ 1（精神科）= 17。（現時 6 名推選成員仍有待落實，故只有 11 人）= 12（80%）	3 = 20%	15
助產士管理局	由委員會互選	2（衛生署護理服務首長及衛生署助產士監督）+ 1（衛生署長提名）	1（衛生署助產士監督）+ 1（衛生署長提名）+ 1（醫管局提名）+ 7（有助產士訓練學校的每間醫院各提名一名）+ 3（香港助產士會提名）= 13（72.2%）	4 = 22.2% [港大和中大各提名一位醫生 = 2 = 11%]	18

資料來源：各相關條例（依上列次序為 CAP 161, CAP 156, CAP 428, CAP 549, CAP 138, CAP 164, 及 CAP 162）及管理局或委員會網址。

表 8-2 2017 年輔助醫療業管理局及其屬下管理委員會的組成
（除註明外所有席位皆為委任）

機構	主席	政府代表及公職人員	業界成員人數	業外成員數目及所佔比例 [內為法定醫學界成員人數及所佔比例]	現時成員總人數
輔助醫療業管理局	現主席為一名牙醫	副主席為衛生署副署長（醫生）+ 不多於 4 名公職人員	1（理大提名）+ 5（從屬下各專業委任一名）= 6（35.3%）	11 = 64.7%（4 名公職人員，1 名律師，3 名其他，+ 3 名醫生）[1（政府代表）+ 1（港大提名）+ 1（中大提名）= 3 =17.6%]	17

（續上表）

機構	主席	政府代表及公職人員	業界成員人數	業外成員數目及所佔比例 [內為法定醫學界成員人數及所佔比例]	現時成員總人數
醫務化驗師管理委員會	從管理局中委任，但不可以是各專業從業員。現為醫生		1 名具備專門資格就專業教育向委員會提供意見的人士 + 5 至 8 名有關專業的從業員 = 8（72.7%）	3 = 27.3%[1（醫學會提名）+ 1（英國醫學會香港分會提名）= 2 = 18.2%]	11
職業治療師管理委員會	同上		同上	同上	同上
物理治療師管理委員會	同上		同上	同上	同上
放射技師管理委員會	同上		同上	同上	同上
視光師管理委員會	從管理局中委任，但不可以是各專業從業員。現為政府化驗師。		同上	[1（醫學會提名）= 9%]	同上

資料來源：《輔助醫療業條例》（CAP 359）及輔助醫療業管理局網址。

　　比較 2017 年時不同管理局或委員會的組成方法，我們發現一些有趣現象。首先是政府代表的角色與比重。這一方面體現於有沒有直接的政府代表在該管理局或委員會內，有沒有擔任要職（如主席或副主席），以至政府委任的成員比例。條例列明藥劑業及毒藥管理局的主席為衛生署署長，這點可以理解，尤其是該管理局所要管理的除了藥劑業外，還有毒藥（至於為何把兩者放在一起，就不那

麼容易理解）。所有管理局或委員會內均有或多或少的政府代表成員，其中醫務委員會（下稱「醫委會」）內 28 名成員中只有 2 名普通業界成員由衛生署署長提名，是一眾監管機構中政府代表成員比例最少的。

另外，就主席的產生方法，不同的管理局或委員會的產生方法均不同，不易理解，更容易令人覺得不公。醫委會、牙醫管理局、脊醫管理局、護士管理局和助產士管理管的主席，均為該法定組織內所有成員間互選產生；而由於組織內至少有一半成員來自業界，所以其主席亦多為業界成員。相反，中醫藥管理委員會、輔助醫療業管理局及轄下各自管理委員會的主席，均為委任，亦非來自業界。其中輔助醫療業管理局及轄下各自管理委員會的主席，法例上更列明不得來自相關業界。現時輔助醫療業管理局的主席及副主席分別為一名牙醫和醫生（衛生署副署長），而除了視光師管理委員會的主席為政府化驗師外，其他輔助醫療業管理局屬下各管理委員會的主席均為醫生。

至於委任的成員比例來說。基本上除了醫委會的一半成員外，所有其他管理局或委員會的所有成員，均屬委任，其中更有部分是毋須經過其他組織提名，而由政府（特首）直接委任。反觀醫委會，28 名成員中有一半是由所謂「選舉」選出，另一半雖屬委任，亦只有六名成員是由政府直接委任（即兩名業內成員由衛生署署長提名，加四名業外成員）。其餘八名業內委任成員均由指定半公營機構提名（醫管局、醫學專科學院、和兩所大學醫學院各提兩名）。至於護士管理局，條例雖然列明有六名由護理界推選的成員，但迄今為止，這六名推選成員仍未落實。護士管理局成立於 1997 年，已逾廿載，卻仍未全面落實《護士註冊條例》（CAP 164）中第三條有關護士管理局的組成方法。這種有法不依的情況，除了因為現狀有

利於某些既得利益者外，實在難以解釋，亦難以令人接受。

　　第四，醫生成員所佔比例在不同法定組織內亦有所差異。除護士管理局外，其他所有醫護專業的法定組織內均有指定數量的成員為醫生；由最少的佔大約一成（脊醫管理局、中醫藥管理委員會、助產士管理局），到藥劑業及毒藥管理局的 36.4% 不等。但這些數字往往並不能真實地反映醫生成員在這些監管機構的人數，因為政府經常以「業外成員」身份委任醫生入內。例如輔助醫療業管理局除了明文規定的 3 名醫學界成員外（包括 1 名衛生署副署長為副主席，和兩所大學各提名 1 名成員，即 17.6%），也另有 3 名醫生和兩名牙醫（其中 1 名牙醫被委任為主席），以「業外成員」或「公職人員」身份獲委任；令醫生（包括牙醫）成員的比例實際高至 47%，較業界委員還多。即使現屆護士管理局成員中沒有醫生，其 3 名委任業外成員，也可以及曾經來自醫學界。但在醫委會內，卻從來沒有任何成員來自其他醫護專業。

　　最後，就是業界和非業界的成員所佔比例。從表 8-1 和表 8-2 可見，除輔助醫療業管理局屬下各管理委員會內並沒有非醫護專業的成員外，所有法定組織（包括輔助醫療業管理局）內均設有若干業外委任成員，但其所佔成員比例卻並無一致性可言。非業界成員比例最高的是輔助醫療業管理局，它的業界成員與非業界成員的比例為 3.5：6.5。在 17 名成員中，只有 6 名來自業界的成員，而業外成員則有 11 名。其來自業界成員人數，甚至較局中的醫生加牙醫成員還少（11 名業外成員當中，6 名為醫生，2 名為牙醫，共佔 47%）。其次是脊醫管理局，在 10 名成員中，足有一半為業外成員。而業外成員佔比例最少的是藥劑業及毒藥管理局（9%），在 11 名成員中，只有 1 名非業界的成員，且註明為法律顧問（大部分其他法定組織也設有法律顧問，但一般不計入成員人數）[4]。牙醫管理委員會的業

外成員比例也很低，12 名中只有 3 名來自非業界（佔 25%），而其中兩名更屬法定醫學界成員，令真正的非業界成員只得 1 名。醫委會中業外成員所佔的比例也只有 14.3%，屬偏低。整體上說，香港負責規管醫護專業的各個法定組織中的非業界成員的比例，不單差異極大，與其他先進國家比較，更屬偏低；容易令人質疑其開放性。

食物及衛生局交給立法會的一份名為〈醫護人力規劃及專業發展策略檢討 —— 委託進行研究的進展〉（食物及衛生局，2013 年 11 月 11 日）的討論文件認為，現時香港所有醫護專業的規管模式，均屬「自我規管」和「高度自主」。這明顯漠視了現時不同醫護專業規管模式的差異（更遑論其他專業）。不同的監管機構，有不同的組成方法；業界和非業界的成員所佔比例，更大異其趣。該文件的指稱不單是指鹿為馬，更有魚目混珠、誤導市民之嫌。若果政府認真實行所謂「自我規管」與「專業自主」的規管模式，便應一視同仁地處理所有醫護專業在內的一切專業，包括各監管機構內政府代表的角色與比重、主席的產生方法、業界和非業界的成員所佔比例、各醫護專業在法例上享有平等的權責等。

總結以上分析，醫委會可以說是以上一眾法定監管機構中自主性和「民主性」最高的組織。最自主，是因為醫委會內政府的直接代表只有兩名，比例為一眾監管機構中最低；而委任成員所佔的比例，也是最少的。最「民主」，是因為醫委會中一半成員均是由業界選出，但業外成員的比例也最低。很明顯這種自主性和「民主性」乃是建基於一種特權和不民主的制度之上。來自醫學界的成員，在監管其他健康專業的法定組織內均佔據一定的席位，但其他業界成員卻無緣參與醫委會的工作。而在 14 名由所謂「選舉」選出的醫委會成員中，更有 7 席是由醫學會提名、亦只由 28 名醫學會會董成員選出。沒有任何一個其他的醫護專業團體享有此等特權。醫醫相

衞的情況，更早已寫入由醫委會釐訂的《香港註冊醫生專業守則》」（下稱《守則》。醫務委員會，2016）中。像大多數的專業守則般，《守則》羅列了不少「醫生必須……」和「醫生不得……」的守則，但卻沒有說明若不同的守則出現矛盾時，醫生該如何取捨。《守則》中有關「醫生的一般責任」雖然列出「醫生必須以真誠對待病人及同業，遇有不道德行醫、能力低劣、參與欺詐或欺騙行為的醫生，應向適當主管當局舉報」一項；但在「醫生對同業的責任」中，卻又列出「醫生之間的相處之道，在於『己所不欲，勿施於人』」這項。問題是：「己所不欲，勿施於人」既然是「醫生之間的相處之道」，那市民又如何有信心醫生在「遇有不道德行醫、能力低劣、參與欺詐或欺騙行為的醫生」時，會主動「向適當主管當局舉報」呢？而「適當主管當局」在接收到舉報後，又如何說服市民在處理同業的「不道德行醫、能力低劣、參與欺詐或欺騙行為」時，不會被「醫生之間的相處之道」所影響？有份參與醫委會聆訊工作的醫學界人士當然會否認有所謂的醫醫相衞情況出現，但正如英諺所言：「公義不單必須被彰顯，它更必須在人們眼前彰顯」。惟現時無論醫委會的組成方法及醫學界成員所佔比例，均難以令人信服公義得以彰顯；改革的需要，不言而喻。

三、2016 年的醫委會改革風波

醫委會處身在醫學界和公共利益的夾縫中，自然兩面不討好。而任何有關醫委會的改革，亦必成為各方政治力量爭逐的場域。醫委會（及其他監管機構）需要改革的地方，固然眾多；但羅馬並不是一天可以建成。由是觀之，政府在 2016 年初提出有關改革醫委會

的建議，雖屬非常保守，但也值得支持。它無意全面改革監管十二類醫護專業人員的所有法定監管機構，或改變醫學霸權現狀。它甚至沒有打算較大規模地更改醫委會的其他組成部分，而只提出三項修訂：一、增加醫委會的委任業外成員，由原本的 4 人增加至 8 人；二、改善醫委會的投訴調查和紀律研訊機制，以提高其效率；及將偵訊委員會和健康事務委員會業外成員的數目各自由 1 人增至 2 人；三、增加有限度註冊機制的彈性，吸引更多非本地培訓醫生來港執業（食物及衛生局，2016 年 2 月 24 日；食物及衛生局，2016 年 3 月；簡允儀，2016 年 3 月 10 日；立法會，2016 年 6 月 23 日）。可是，醫學界的反應，卻是鋪天蓋地的一片反對聲音；改革方案最終未能在該屆（2012—2016）立法會休會前通過。醫學界的反應，可以被形容為一種充分利用香港市民普遍對政府——特別是特首——缺乏信任的「民粹專業主義」（populist professionalism），企圖阻止任何危害他們利益的改變。「民粹」與「專業」本是兩個表面上互相矛盾、排擠的現象—前者訴諸「人民」的集體利益或意願，後者則強調只有「專家」才可享有話語權；但兩者在醫學界的高超政治技巧和政府的長期默許下卻結合得天衣無縫。說他們「民粹」，是因為民粹主義總喜歡把世間複雜的事情簡化為非好即壞、非友即敵的二元對立；並把對方描繪成一個非我族類的「他者」，再訴諸恐懼情緒，然後動員群眾（包括專業團體成員及市民）支持，以達一己之私利。香港醫學界的民粹主義亦是「專業」的，是因為它在利用人民的恐懼情緒時，往往以捍衛普世市民利益的堂皇名義為手段，實質卻是以維護醫學界利益為依歸。民粹主義與專業主義表面上是南轅北轍的東西，但由於前者本身沒有一套既定的內涵，而往往是彈性地依附（或被利用）於其他政治主張，所以它可以說是一種能夠「寄生」於任何政治論述的手段，包括具有濃厚精英主義色

彩的專業霸權主義。無論如何，能夠把專業主義的訴求和民粹主義的手段結合，除了反映醫學界（特別是醫學會）高超的政治技巧外，也還得歸因於香港這段時間內的畸形政治生態。

醫學界對是次改革方案的回應，大致可分為四個論點，以下簡述醫學界的每個論點後，筆者亦隨即作出回應：

（一）「政治陰謀論」——即政府強推醫委會改革，其背後是一項政治任務：「醫委改革，是為將來降低海外醫生來港門檻鋪路……。政府真正目的乃是繼染指律師、教師和社工專業後，假借改革醫委會之名，安插親信，進一步全面操控香港各個階層和專業」，而醫生「作為行內人，春江水暖鴨先知，可以預見到醫委會一旦淪陷將會為市民帶來的種種惡果，所以才發出警號而已。（黃任匡，2016 年 3 月 30 日）這種陰謀論出自隸屬專業人士之口，實在諷刺。英國大文豪蕭伯納（George Bernard Shaw）在其 1906 年的著名話劇《醫生的兩難》（*The Doctor's Dilemma*）中便曾寫下「所有專業不外是一項針對普羅市民的陰謀」這不朽名句。黃任匡筆下的陰謀論，可分為兩部分：一是「為將來降低海外醫生來港門檻鋪路」，二是政府想「假借改革醫委會之名……進一步全面操控香港各個階層和專業」。先談後者。像第二部分的陰謀論，從來均難以證實，但醫學界若真的關心其他專業，為何當它們被「染指」時，卻不發一言？醫學界若真的相信民主可抗共，則更應放棄特權，把現有的 14 席醫學界代表，全部變成為由全體市民直選產生，那抗共的能力，自然更強。現時醫委會有一半成員屬委任委員，除了四名業外委會外，其餘十名均來自業界。港大、中大、醫管局和醫學專科學院均可各自提名兩位，最終由特首委任。但由政府（衛生署署長）直接提名的，則只有兩位。政府或特首操縱醫委會的能力，亦遠遜於醫學會。

另一個要關注的問題，反而是香港現時以至可預見的未來，是/會否出現醫生短缺，以及如何解決這問題。醫學界（尤其是醫學會）固然一貫否認有醫生不足的情況，但亦有論者認為「香港的醫療制度百病叢生，但病源只有一個，就是醫生嚴重不足」（楊志剛，2015）。據食物及衞生局在2017年發出的《醫療人力規劃和專業發展檢討報告》，香港在2017年有14,013名正式註冊醫生，醫生人口比例為1：526，即每526名市民才有1名醫生，或每千名市民有1.9名醫生。這個比例與其他先進國家比較，明顯偏低。根據國際經濟合作組織（OECD, 2015）的資料，經合組織國家平均水平為每一千人有3.4名醫生，與香港有頗大距離。當然，一個社會是否有足夠醫生，並不應由單一指標決定。在顧及醫生與人口的比例外，仍需考慮其他因素如人口中的年齡分佈、知識水平、地理環境、外來就醫及求診人數、醫療服務配套、公私營醫療服務比例、另類醫學人員和其他醫護專科人員的數目及質素，以至整個醫療隊伍的職業分工架構等。眾所周知，政府在2003年時因「誤判」社會對醫生的需求，而將醫科生名額由每年330名削減至280名，到2005年更進一步減至250名。到2009年才後知後覺地把學額回增至320名，並在2012年再把學額增至420名；但這批醫科生要在六年後（即2018年）才可投入服務。2016年的施政報告亦提出在2018－2019年度醫科學額將加至470個，這批醫科生更要在2024－2025年度才可投入服務。根據政府委託香港大學對本港未來醫生人手需求的研究，本港目前欠缺285名醫生，直至2020年仍欠缺約500名醫生；到2025年及2030年仍分別欠缺755名及1,007名醫生。

姑勿論政府對本港未來醫生人手需求的預測如何準確，筆者同意黃任匡在另一篇文章的部分觀點，即「問題的癥結是，現時全港的醫生有近1.4萬人，在醫管局服務的卻只有五千多人，以此不

足四成的醫生人手，須為全港超過九成市民提供住院醫療服務，當然捉襟見肘。事實上，如果單以公營醫院的求醫人口與醫生比例計算，每千名人口只有醫生 0.67 名，即不足日本 2.3 名的三分之一。香港的整體醫生人手本來只是稍為不足，但就公營醫療系統而言，卻已病入膏肓」（黃任匡，2016 年 3 月 25 日）。但黃任匡對這問題癥結的解釋，筆者卻不敢苟同。他認為「這就是我們所說的公私營醫療失衡，而失衡的其中一個主要原因，就是醫療政策缺乏方向」。黃任匡認為醫護人手短缺是因為所謂「公私營醫療失衡」的結果，而後者的成因，是香港政府的醫療政策缺乏方向。言下之意是，政府應該加強鼓勵私營醫療服務的發展，以改善「公私營醫療失衡」的情況。反之，筆者認為所謂「公私營醫療失衡」從來都只是一個假議題。它假設了公營和私營醫療服務均各佔一半市場份額才算是一個所謂「平衡」的公私營醫療服務；但即使如此，香港亦早已達至這標準 —— 根據政府資料，公共醫療衞生開支佔整體醫療服務開支的比例，已從 2004 年的 57.7%，降至 2015 年的 47%，十年間下降幅度接近兩成！（食物及衞生局網頁）—— 甚至由 2008 年起，公營醫療服務所佔整體醫療服務開支的比例，已低於一半。相比之下，OECD 國家的公、私營醫療服務開支平均比例，是 3：1（OECD, 2015）。香港公私營醫療服務比例的「平衡」趨向，已與一般公認為畸形的美國醫療制度，不相伯仲。而這並非因為「醫療政策缺乏方向」所致；相反，這正正是政府為了預防人口老化對公營醫療系統帶來的壓力而刻意為之計劃了二十多年的結果！（佘雲楚，2013；Shae, 2016）

問題的根源，正是因為在過往的二十多年間，香港政府的醫療政策正是以「改善公私營醫療失衡」為名，在醫護人手供應嚴重短缺的情況下，仍大力鼓勵私營醫療服務的發展，令公營醫護人員大

量流失。2017－2018年度醫管局屬下的醫生流失率達5.9%，超越2016－2017年度及2015－2016年度的5.1%及4.4%，創十年新高。過去五年醫管局雖然取錄了2,153名醫生，但亦有不包括退休醫生在內的1,247名全職醫生離職（《香港01》，2018年4月18日；《香港經濟日報》，2018年3月21日）。人手不足問題惡化，除影響服務質素外，更令醫護人員薪酬飆升，造成嚴重醫療通脹。換言之，在目前的情況下（亦即在醫學和其他專業霸權的前提下），公私營醫療服務發展愈趨向所謂的「平衡」方向發展，則公營醫護人手短缺的問題便愈發嚴重，而公私營醫療服務質素亦愈趨「不平衡」。而當今對政府醫療政策影響力最大的群體，以及從發展私營醫療服務中得益最大的群體，均非醫學界莫屬。由是觀之，黃任匡的控訴，就有點兒像賊喊捉賊了（當然，這並不表示筆者認為黃任匡的言論純為個人利益出發）。

所以，作為短期措施，政府確實有意增加海外醫生來港的數目，但這卻絕不是黃任匡所説的「醫委改革，是為將來**降低**海外醫生來港門檻鋪路」（黃任匡，2016年3月30日。**斜體**為筆者所加）。其實政府在2011年已開始招攬外地受訓醫生來港工作，但由於該計劃設限甚多（只能受聘於公營醫院，並每次只批准為期一年的有限度註冊），效果自然成疑。海外醫生來港作有限度註冊執業，只可在公營機構（即醫管局及兩所大學附屬的醫學院）工作。其中只有醫管局所聘用的海外醫生會直接從事臨床診治病人的工作。由2011年至2016年，醫管局只向醫委員申請30名海外醫生來港，當中29人獲批；2016年亦只有12名海外醫生在醫管局工作（當中並沒有內地醫生）。海外醫生欲在港長期執業，則需要通過專業知識考試、醫學英語技能水平測驗、臨床考試及為期十二個月的實習。現時執業試資格是由醫委會轄下執照組的考試小組（其14名

委員中有 13 名均來自兩所大學醫學院的老師）負責監察考試的整體運作，而考試籌辦和相關行政工作則由兩所大學的醫學院承擔，包括試題設定、安排筆試和臨床試、提供總考試主任等。由 1997 年至 2014 年的十八年間平均合格率只有 8.2%，平均每年只有 13.5 人（醫委會網頁），對紓緩醫生不足的情況可謂杯水車薪。反觀新加坡每年吸納約 300 名海外醫生，在本港醫科生學額不足和培訓醫生的費用高昂下（香港每名醫科生的平均成本為三百多萬元，專科訓練另計），實應加以考慮。不錯，政府確實有意放寬海外醫生的有限制註冊年期（由一年改至三年），並預備成立網上資源中心，讓有意參與的海外醫生可對執業試的考試形式及範圍增加了解，提升合格機會；甚至會豁免海外專科醫生部分考試內容及縮短實習期，以吸引更多海外醫生到本港執業。但是次修例並不包括任何「**降低**海外醫生來港門檻」的成分。

　　事實上，即使這些措施得以通過，其實際效用相信也不會很大，亦難以與新加坡競爭。因為即使改革條例獲得通過，醫委員中醫生委員仍佔四分之三，難以相信他們會降低海外醫生來港執業的要求。醫委會主席劉允怡早已明言，「香港不可能跟隨新加坡的做法，直接容許特定海外醫學院畢業的醫生到本港執業，因這做法一定會遭受挑戰。他認為本港只能通過統一的考試保障來港醫生的質素」（《星島日報》，2016 年 1 月 7 日）。「挑戰」增加海外醫生到本港執業的最大勢力，便是來自醫學界基層的既得利益團體 —— 醫學會和公共醫療醫生協會。其實最有效提升海外醫生考試合格率和最公平的方法，便是要求本地醫生至少每十年便需重新考試，以證明他們的水平在醫學知識一日千里之下仍能與時並進。而這個試的內容，亦應與海外醫生申請來港執業的看齊，以示公平。但香港醫學界到目前為止仍堅決反對醫生需要在註冊期間定期進修，更遑論考

試。在這方面醫學界明顯較本港其他專業界別落後、保守和霸道。

(二)「改革無用論」——即改革建議無助解決問題。《香港 01》(2016 年 4 月 9 日)便引述醫學會會董蔡堅的觀點,謂「只增加非醫生委員,而沒有增加醫生委員,根本不可以加快審訊」。可惜連一向標榜為低下階層發聲的立法會議員梁耀忠,亦只重覆蔡堅的觀點。筆者其實也頗認同改革的作用相當有限,原因正是因為醫學界的阻撓,令改革只能以龜速前進;但這並不等如不應改革。醫委會以至其他監管固然問題眾多,當然絕非任何一項簡單的建議可以徹底改變;問題的重心是建議和改革的方向是否正確。況且若說增加非醫生委員,對加快審訊全無幫助(而非幫助有限),亦明顯與事實不符。現時醫委會轄下偵訊委員會的法定人數中,規定最少有一名醫委會內的業外委員,且過半數委員須為註冊醫生。但現時醫委會內只有四名的業外委員(且全屬非全職),其人數之少,不單大大限制了偵訊委員會的工作進度,亦令業外聲音,幾乎絕跡於醫委會及其轄下偵訊委員會之內。[5]

(三)「違反專業自主論」——即不完全反對增加業外人士的比例,但必須同時增加同等數目的醫生民選代表,以維持現時委任和民選代表 1:1 的比例,以確保醫委會的決定必須要以醫生為主(《星島日報》,2016 年 1 月 7 日)。立法會醫學界議員梁家騮更質疑政府外行人管內行人的做法(《蘋果日報》,2015 年 12 月 23 日)。醫學會亦認為醫委會處理的主要事項,包括釐定醫生水平、判定專業失當、規管醫療研究等,均為專業醫生才能理解和掌握的課題,故醫委會的決定必須要以醫生為主(香港醫學會,2016)。由於有醫生曾提出過若政府堅持改革,有可能提出司法覆核,政府在徵詢法律意見後,認為「《醫生註冊條例(修訂)草案》……與《基本法》第 142(3)條並無牴觸,也不會受《基本法》條文所禁止」(劉慧

君，2016）。再者，即使醫委會增加四名業外成員，其業界成員的比例，亦只由 86% 輕微下降至 75%，依然是所有醫護專業監管機構中最高。況且，若「專業自主」是一條絕對原則，那又為何不應用於其他專業之上？關於「專業自主論」的討論，我們在下一節會更詳細討論。

（四）「反建議、新方案」── 醫學界在提出以上三點反對政府的改革建議外，還嘗試提出其他的改革方案。立法會醫學界議員梁家騮便提出一個「6 + 6」的新方案，即業外和業界委員各增六人。但這方案隨即被食衞局局長高永文反駁，認為增加業外委員是國際大方向。社區組織協會病人權益幹事彭鴻昌，亦表示反對增加醫生委員（《香港 01》，2016 年 3 月 1 日）。另外，公共醫療醫生協會會長陳沛然亦提出一個「4－2 + 2」的新方案，即除了政府建議的增加四名業外委員外，可將兩名原本由特首委任來自醫專的業界委員，改為醫學專科學院的 26 名會董選出。他認為這方案的優點，是在增加 4 名業外委員和不用加業界委員的前提下，維持委任與直選議席 1：1 的比例，是一個三贏方案云云。對這提議，高永文並沒有即時反對，只表示若把部分原本委任的業界委員，改為選舉產生，可以繼續探索（《香港 01》，2016 年 4 月 8 日）。但醫學界仍然反對這「4－2 + 2」方案，認為醫專的代表性不足。把部分原本委任的業界委員，改為選舉產生，當然可以繼續探索。但更加需要探索和改變的，是選民的資格，應否只局限於註冊醫生，甚至只由醫學會會董選出，還是應由全港市民參與？這問題涉及的，不單是委任和選舉委員的意義，更與所謂「專業自主」的論述有關。以下嘗試作進一步討論。

四、「專業自主」的迷思

那到底什麼是「專業自主權」？所謂的「專業自主權」，其實是一個非常籠統的概念。我們最低限度也可以把它分成三個邏輯上沒有必然關係的概念。一是技術上的自主權（technical autonomy，醫學上可稱為臨床上的自主權：clinical autonomy），即認為專業人士在涉及其專業工作時應享有高度的自主性，以及只有相關專業人士才有權去釐訂專業水平和相關工作的準則；亦應有免於被業外人士監察或評核其工作表現的權利。二是政治上的自主權（political autonomy），即認為只有相關專業人士才熟知該工作或政策範疇的特點與問題，所以政府在構思相關政策時應獲率先被諮詢的權利，甚至有參與制訂相關政策和管理相關組織的權利。三是經濟上的自主權（economy autonomy），由於只有相關專業人士才清楚了解他們的工作性質與困難度；所以，專業人士的收入亦應由該專業的人士決定。[7]

這三種「專業自主權」的宣稱不單邏輯上有別，歷史亦證明它們往往個別發展。例如相比於英國的情況，美國醫生一般享有較高的經濟自主性；但英國醫生的臨床和政治自主性卻又較美國醫生的為高（Elston & Gabe, 2013）。在香港，無論是臨床、政治或經濟層面上，一般擁有私人診所或屬合伙人的私家醫生均享有較公營醫生為高的自主性。但依附於大型醫療集團的初級私家醫生，則除了經濟自主性之外，其臨床及政治自主性，均低於公營醫生，與私家專科醫生相比，更不可同日而語。

從學理上說，較為合理的專業自主權，只能指醫生在臨床工作上的自主，而非在政治上和經濟上的自主。這種技術上或臨床工作上的自主，也不應局限於所謂「專業」的工作上。任何稍具技術要

求的工種，均有其獨到之處；消費者或市民亦需要（即使是為自身利益而無奈地）尊重。舉例說，一名心臟科醫生在評估後，指出病人一條連接心臟的血管有淤塞的情況，需要進行俗稱「通波仔」的手術；並警告若不及時進行手術，後果堪憂。這其實相當於一名水渠匠在評估情況後，指出顧客家中的污水渠出現淤塞，若不及時清除，後果堪虞。有能力負擔經費的病人／顧客當然可以另聘專人評估，但最終亦只能尊重某一位專家的意見（視死如歸或對家居狀況漠不關心的人士除外）。當然，一般人關心自己心臟健康的程度，會高於家中污水渠的情況；但兩者邏輯上並沒有分別。以臨床／技術上的自主層面來說，也只能用「自主性」而非「自主權」一詞來形容。意即世上並無絕對的自主，而只有相對的自主。基本原因除了決定進行治療與否的權力始終落在病人身上之外，另一因素是經濟學家常說的有限資源。在有限資源的大前提下，公營醫院自會設下一些或明或隱的服務上限或配額（explicit or implicit rationing），規範醫生。而私家醫生提供服務前亦自會考慮病人的支付能力，酌量收費，並以此作為所提供服務設限的準則。所以，即使我們把專業自主權的討論收窄至臨床自主的層面，我們仍需再釐清較為微觀的醫患關係性質，以至較為宏觀的社會、經濟、政治背景和脈絡；否則討論只會淪為空談（Harrison, 1999）。

　　所以，所謂的專業自主權，從來就經不起嚴格的質詢。就算我們承認醫生在涉及其專業工作時應享有較高的自主性，這並不表示只有相關專業人士才有權去釐訂相關工作的準則。當醫療服務和醫護人員的訓練成本和薪酬均主要由公帑支付，以及考慮醫療服務對市民的影響，那即使是有關醫護人員的訓練年期、醫護人員的工作要求和服務準則，以至評核或監察醫護人員的工作表現是否失當，市民或其代也應該有更大的參與權，甚至有最終的決定權。

雖然政府不時都會在一些官方文件中提及「專業自主」，但卻從來沒有清晰界定何謂「專業自主」，更遑論「專業自主權」。這除了反映專業霸權的概念早已深入政府官員的思想，覺得有點理所當然和不辯自明之外，政府也確實樂得借用「專業自主」之名而推卸責任。眾所周知，《醫院管理局條例》只列出：本地公共醫療系統「須顧及不應有人因缺乏金錢而不能獲得適當醫療的原則」。稍加分析，便發現這說法極其粗疏（Gould, 2001）。正如筆者曾經指出：「何謂『適當醫療』？是指最先進、最有效（通常亦是最昂貴）的醫療措施和藥物，還是最基本和必需的治理？由誰決定？是醫管局、醫生、病人，還是病人家屬？《條例》亦沒有清楚說明，政府應否為有經濟能力的病人提供資助」（佘雲楚，2013：150－151；也可參看Shae, 2016）。《條例》沒有明確地把公共醫療服務列為市民的「公民權益」，但過去多年又確實為市民提供大量的補貼（約為成本的95%），做成市民對享有費用低廉的公共醫療服務有一定程度的合理期望的局面。在有限的政府資源面對近乎無限的需要時，一個有承擔的政府應該做的，是釐清政府在醫療方面的角色和責任，並以相關財政政策配合。但若政府不敢對《醫院管理局條例》作出重大修訂，又不想公共醫療開支不斷上升，最簡便的方法，是把公共醫療開支上限定於政府整體開支的一個百分比（如現在的大約17%），隨後即把責任交給醫管局。後者自然要在僧多粥少的情況下控制開支，讓醫生們在滿足自己利益之後，以「專業自主」為由，對病人的診治，作「隱性配額」（implicit rationing），從而間接為政府化解矛盾。所以，在「專業自主」的幌子下，病人會覺得自己的權益好像受到保障；政府亦可通過「專業自主」的幌子，把病人需要和公共財政兩者之間的張力，暫時紓緩。至於醫學界本身，更樂得用「專業自主」的幌子提升自己和業界地位；其中「臨床自主」這概念

更讓醫學界的權力凌駕於其他醫護專業之上。簡言之，「專業自主」的幌子讓醫學霸權披上一層中立科學的色彩，使醫生的特權變得好像更為合理（Johnson, 1993）。「專業自主」便在這表面上讓市民、政府和醫學界三贏的情況下，不斷地被政府和醫學界循環使用（但長遠而言，真正受惠的則只有醫學界）。雖然醫學界本身對「專業自主」一詞的意涵也沒有一致的共識，不過這並沒有阻礙醫學界經常使用「專業自主」一詞，特別在感覺其利益受威脅的時候（Harrison, 1994）；而 2016 年的醫委會改革，正屬此例。

回頭再看香港醫學會（2016）對醫委會改革的回應。醫學會認為，「醫委會 …… 應受社會監察，而業外人士參與醫委員的決策合乎情理」；但隨即指出「醫委員現有業外委員四位，佔總委員數目七分之一。**監察重在參與，人數次之**，惟現有業外委員公務繁重，香港醫學會支持醫委員適量地增加業外委員人數」（**斜體**為筆者所加）。這段說話的意思，就是業外委員的存在價值，在其象徵意義，即使有稍作增加的需要，也絕無大幅增加的必要。下一段更指出：「香港需要什麼水平的醫生，如何才是個合格的執業醫生，專科的水平又如何釐定，都得靠醫學界以專業經驗為香港把關。什麼是恰當的醫療行為，怎樣的行為才屬不專業，什麼構成專業失當，如何規管醫療研究與新技術發展〔等〕亦 …… 都是專門的、〔只有〕醫生才理解和掌握的課題，因此，在業外委員監察下醫委會的決定還要以醫生為主」。換言之，醫學會始終堅持，任何監管醫生的組織，應由醫生主導；門外漢一概沒有資格說三道四。

所以，該文章的結論自然是：「香港醫學會堅持醫委會內半數委員由業界選出是不容下調的比例，也是專業自主的底線。…… 我們所堅持的，不外乎《基本法》賦予的專業自主罷了。」撇開這根本與《基本法》無關的問題（劉慧君，2016），醫學會說到尾就是要

堅持兩點：一、負責監管醫生的組織，應由醫生主導；二、醫委會內半數委員要由業界選出。問題是，這兩點要求合理嗎？

衡量這兩點要求合理與否的其中一個準則，是比較其他先進地區的做法。不同國家有關醫護專業人員的監管架構確有不同的成員組成方法，但總的來說是無論業外和業界成員的比例，或委任和民選成員的比例，均較香港高；提升業外成員和委任成員比例亦是世界潮流。根據上述立法會（2013 年 11 月 11 日）的討論文件，譬如英國醫學總會（General Medical Council）有 24 人，業外成員和業界各佔一半。澳洲醫學委員會（Medical Board of Australia）的業外成員沒有英國那麼高比例，也佔三分一。澳洲對大部分醫護專業的規管模式，有更多值得參考的地方。

澳洲醫學委員會為「澳洲醫療執業者監管局」（Australian Health Practitioner Regulation Agency, AHPRA）屬下十四個受監管的健康專業之一；除醫生外，其他的包括：本土療法治療師、中醫、脊醫、牙醫、醫療放射師、護士及助產士、職業治療師、視光師、骨醫、藥劑師、物理治療師、足病治療師和心理學家。其中澳洲醫務管理局、澳洲護理及助產管理局和心理學管理局，除了有全國性的管理局外，每個州份亦設有相關管理局。而無論是全國性或個別州份的管理局，一般成員都在 8 至 12 人之間，「社區成員」所佔比例一般不少於三分之一。餘下三分之二成員，皆為相關專業從業員；絕對不會出現醫生坐鎮於其他健康專業管理局的情況。

澳洲另一值得學習的地方，是負責管理 AHPRA 的「監管局管理委員會」（Agency Management Committee）的組成方法。管理委員會有 7 人，其中主席一職，列明不可以是任何健康專業的註冊從業員，及在過往五年內曾從事任何健康專業。另外，7 人之中，必須有最少兩名成員具有健康專業或相關教育培訓的專長；亦必須

有最少兩名具商業或行政專長，而又不得來自任何註冊健康專業界別的成員。可以說，澳洲對各健康專業的監管，一方面是相對地平等，沒有讓任何一個專業凌駕於其他專業之上。第二方面是相對地開放，業外成員不單在個別管理局內佔不少於三分之一席位，在「監管局管理委員會」內，更屬多數。所以，香港醫學會的第一個要求 —— 即負責監管醫生的組織，應由醫生主導 —— 可以說是毫無道理可言。從來沒有人說醫生不可以參與醫委會的工作；問題只是醫生要佔多少比例才構成「醫生主導」，以及為何「醫委會的決定必須要以醫生為主」而已。醫委會既然是負責規管醫生的監管機構，理應有部分成員為醫生；但業外成員亦應佔有不少於三分之一（甚至一半）的席位，以確保醫委會不至被業界過度主導。

香港醫學會的第二個要求 —— 即醫委會內半數委員要由業界選出 —— 也同樣站不住腳。一個負責監管專業從業員的機構，是否應有成員是由業界人士通過「民主選舉」選出（甚或由業界團體推選）代表，本就值得質疑。首先，由業界團體推選本就不是一個民主的安排。即使暫時撇開經由「不民主推選」產生成員這本身是否不妥的問題，所謂「民主選舉」的產生方法，也有不同理解。「民主選舉」是指全港市民均可參選和投票？全港市民可投票但只有註冊醫生才能參選？或只有註冊醫生才可參選和投票？還是只由醫學會會董選出自己的會員？醫委會既然肩負監管醫生的職責，其業界成員即使由選舉產生，亦應由全港市民選出；若由註冊醫生選出，則選出的成員，亦只會向業界而非市民問責，達不到監管目的。一個監管機構的成立目的既然是監管該專業，那選民基礎便應來自市民大眾而非業界；更加不應該由業界團體推選，因為醫學會的成立便是以維護醫生利益為首要宗旨。現時醫委會 28 名成員中，竟然有一半來自業界的「代表」，本就有「角色衝突」（role conflict）甚至「利益衝突」

（conflict of interest）之嫌。很明顯，一個愈多由業界人士或團體推選作「代表」的監管機構，便愈不能發揮或擔當其監管角色。所以，英國醫學總會、澳洲醫學委員會，以至 AHPRA 和「監管局管理委員會」的所有或員，均全屬委任。簡言之，香港對醫學界的規管可以說是一種典型的「規制俘虜」（regulatory capture），意即一個原本旨在規管某行業運作的法定組織，卻反而被這些以保護該行業利益先於公眾利益的行業代表所佔據俘虜；最終不單達不成規管的原意，更由於這些法定組織具有官方地位，從而助長了這些行業的「合法性」及霸權（Stigler, 1971; Levine & Forrence, 1990）。

澳洲 AHPRA 的八項監管原則（regulatory principles）中，第八項便斬釘截鐵地列明：「我們與各持份者合作，包括公眾與各專業團體，冀能達至良好及具保護性的效果。***我們並不代表各健康專業團體或從業員***，但我們會致力與他們合作，達至保護社會大眾的良好效果」（筆者譯，原***斜體***）。換言之，無論是澳洲醫療執業者監管局（AHPRA），其屬下 14 個健康專業監管局，以及「監管局管理委員會」的所有成員，皆為委任。這個問題的本質也與所謂專業自主無關；我們甚至可以說，權力與監管應成正比——權力愈大、待遇愈優厚、工作自主性愈高的職業，便愈應該在事發後受到客觀的調查、公正的審訊，和嚴格的規管。

至於委任制度的好壞，端視乎制度本身的設計是否周詳，以及政府和特首的民望和民意授權程度。一般來說，委任制度的好處之一是能選取合適人士擔任委員（前提是醫委會應事前清楚列出各種委員的資格及條件，並在委任時公開解釋委任理由）；且較民選制度成本低廉，簡單方便。在有民意授權和民望高的政府管治之下，市民一般都能接受委任制。在解決了以上討論的問題後（即由全體市民而非業界選出，和由一個有高度認受性的政府或特首依據清晰而

正常程序委任），一個負責監管專業從業員的法定機構，其成員到底應該是經由選舉還是委任產生，便是一個偽命題。我們當然不可能即時改變市民對政府和特首的信任程度，也未必可以短期內全盤修改相關法例。但政府即時可以和應該做的，是更積極地回應部分醫學界的荒謬論點，闡明監管機構的監管原則，和釐清「民選」和委任成員的資格、條款和權責，以平息業界疑慮，和爭取更多市民的了解和支持。現時醫委會及其他監管機構的網頁內，根本就沒有提供任何關於其監管原則、成員資歷背境、以至委任理由等資料，難以令市民了解其背後理據。在 2016 年醫委員改革風波中，政府在最後階段才提出在 4 名新增業外委員中，有 3 名將由代表病人權益的界別選出，餘下 1 名委員則由消費者委員會提名，以代表消費者權益（詳見高永文，2016 年 7 月 8 日）。這無疑是一項進步的措施，但在是次改革風波中，已來得太遲；而在政府嚴重缺乏人民的信任下，亦於事無補。政府更應吸取教訓，把類似建議，推廣至所有公職的委任。

五、結語：一些改革醫委會的初步建議

總結以上分析，目前香港有關醫護專業監管制度所體現的，並非什麼專業自主，而是赤裸裸的醫學霸權。香港真正需要的，並不是一個小修小補的醫委員，而是全面檢討現存所有醫護專業監管制度。當然，羅馬並不是一天建成的；最重要的還是改革的方向和步伐。我們要確保的，是改革應朝着更合理的方向邁進；而當中最為基本的兩點，一是要提高其開放性和問責性，二是要令所有醫護專業的監管機構，在組成和職能上具有一致性和公平性。

就醫委會本身的改革來説，也可考慮仿效澳洲的做法，把醫委會現時獲賦予權力處理的兩大範疇——本港執業醫生的註冊和紀律規管事宜——兩者分割，並交由不同單位負責處理。前者的工作範圍包括：釐訂醫生註冊（普通科和專科）所須具備的資格、經驗和其他特質；醫學訓練的標準和架構；負責籌備和舉辦非本地醫科畢業生執業資格試，並負責評核駐院實習醫生在接受督導訓練期間的表現等真正與醫學專業相關事宜。紀律規管事宜的工作範圍包括：就任何註冊醫生的健康或身體或精神狀況是否適合執業的個案或事宜進行調查和聆訊；對涉及任何與醫學道德、專業操守、水平不足，以至與任何專業失當有關的個案進行調查和聆訊。在澳洲，前者的工作由澳洲醫學局（Australian Medical Council）負責；而後者則由澳洲醫學委員會（Medical Board of Australia）處理。負責前者工作的委員會成員應當以資深醫生為主；但後者的醫生成員其實不需太多，反正醫生在一個監管醫生的組織中所應扮演的角色，應該是提供專業意見給成員參考的顧問，而非具投票權的成員。美國醫學會曾充滿自信的説：「在一個由 30 人組成的委員會內，兩名醫生便足以左右其決策」；[8] 反觀在香港的醫委會中，28 名成員內醫生竟佔了 24 席，難道香港醫學界真的不濟如斯，要以人海戰術的下策來保衛自己？

　　第二，是要強化這些專業監管機構的角色與責任。目前除了醫委會之外，其他監管機構所接收到的投訴個案可謂乏善足陳，因為絕大多數的醫療護理專業人員，皆受聘於醫管局。而醫管局也有自己的一套投訴處理機制，不一定把個案轉介給醫委會或相關監管機構。醫管局作為顧主，當然有權力和責任處理員工受投訴的個案。但另一方面，由於醫管局投訴處理機制與監管機構不盡相同，這便帶出一個被投訴者能否得到公平對待的問題。況且，有時候醫管局

也可能成為投訴者，這便帶出局方同時擔任原訴、調查和仲裁的角色重疊問題。所以，較為公平的做法，是醫管局應該把有關專業失職／德的投訴個案，轉介給相關監管機構；而自己則集中處理其他類型的投訴。

最後，在醫委會改革草案未能在上一屆立法會會期結束前通過之後，食物及衛生局局長高永文隨即宣佈，會成立一個三方平台，即包括醫學界、病人組織和政府代表，在新一屆立法會開始後，繼續推動醫委會改革（香港政府新聞網，2016 年 8 月 3 日）。筆者認為，以往醫委會改革失敗的原因之一，正是因為政府只着重一些所謂「持份者」（stakeholders）的意見。但所謂「持份者」，換一個說法，其實便是既得利益者；爭取他們的支持以削弱他們的權力，就像緣木求魚般不切實際。

事實證明三方平台的建議較政府原本的建議更為保守。就增加業外人士參與方面，三方平台建議：一、醫委會業外委員的人數由 4 名增至 8 名，即總委員人數由 28 名增至 32 名，業外委員佔 25%。新增的 4 名業外委員毋須行政長官委任，並訂明 3 名由病人組織直接選舉產生及 1 名由消費者委員會直接提名；二、將醫專的兩位委員由提名委任改為由醫專按其規定選舉產生，毋須行政長官委任（食物及衛生局，2017 年 5 月 24 日）。這明顯已是向醫學界的一種讓步；但部分醫學界人士卻仍不滿足。在 2017 年 9 月中，七個醫生團體[9]聯署去信全體立法會議員，提出一個所謂「共識方案」，要求議員支持，藉此再向政府施壓。他們建議保留醫專兩個委任，並將兩個原本由醫管局及衛生署提名的委任席位，改由全體醫生選舉產生，令醫生選舉的席位維持整體的一半（《明報》，2017 年 9 月 16 日）。這些醫生組織背後的盤算，是怕新增委員由負責持守專業水平的醫專院士選出，未必能受到他們控制；相反，把兩個原本由醫

管局及衛生署提名的委任席位，改由全體醫生選舉產生，更有利於醫學會及醫生工會選出代表，從而希望可以繼續把持醫委會的半數席位，繼續維護業界利益。

　　政府最終再次讓步。爭拗逾兩年的醫委會改革，在新任特首林鄭月娥的領導下於 2018 年 3 月 28 日的立法會大會三讀通過。經修訂的《醫生註冊條例》第 3(2) 條已於 2018 年 4 月 6 日起生效。主要改動的地方是醫委會的成員由 28 加至 32 名，業外成員由 4 名加至 8 名（業內成員則維持現時的 24 名）。新增的 4 名業外委員中，3 名由病人組織選出，另 1 名則由消費者委員會提名。至於原本由衛生署署長和醫管局各自提名的 2 名委員，則各減 1 名，而騰出來的共 2 名委員則交由香港醫學專科學院提名和選出。換言之，由後者負責提名和選出的委員，由 2 名增至 4 名。醫專決定所有 7,572 名醫專院士均擁有醫委會新增兩個醫專席位的參選和投票資格，而不需前設任何資歷或條件。結果是由全體醫生直選、全體醫專院士直選、及醫學會推選產生的席位共有 16 個，仍穩佔整體議席的一半。[10]

　　如果説這次「改革」有什麼理念上的體現，倒不如説是是一種政治妥協或分贓下的結果。新方案下仍然存在以醫生委員為絕大比數的情況，一半委員仍由醫生選出。醫委會架構不單繼續向醫生傾斜，甚至有可能增加將來逐步改革醫委會的困難度。社區組織協會對議決表示失望，指決定有違以醫專作為選舉基礎以區分醫生直選的原意。（《香港 01》，2018 年 1 月 24 日）。筆者認為，除了用此等劣質手法處理醫委會改革或類似問題之外，政府還有另外兩個方法可以考慮。一是聘請和組織一個由本地或國際專家組成的顧問團隊，就改革醫委會或類似問題向政府提交意見。這方法在香港並不新鮮，政府以往曾就不同議題咨詢或聘請專家顧問團隊，進行研究，並提供意見。不過，由於政府是老闆，這些專家顧問的中立性

和客觀性，往往受到質疑。在政府嚴重缺乏市民信任的今天，恐怕不能令市民釋除疑慮，或為政府的決策帶來更多的支持度。

　　另一個方法，是引入西方國家在七八十年代起出現的「公民評審團」制度（citizens' jury）。[11]「公民評審團」制度是仿效普通法國家的陪審制，[12] 其背後理念是即使只有十多名成員，只要經過仔細的資料審閱和充分的討論協商，他們的最後意見還是具有相當的代表性。公民評審團的運作是政府先擬定議題，提供平衡各方利弊的相關資料，為評審團提供一名受訓主持人及其他秘書服務等。然後再從一般市民中隨機選出若干名評審員（人數通常為 10 至 20 名，較一般法院的陪審團略多），在一至兩個星期內，就一指定議題進行交流，並審閱相關資料。其間亦可傳召專家證人，包括不同持份者。完成後便提交一份包含建議在內的報告給政府。評審團的建議並不一定具有法律效力，但政府必須公開評審報告，在指定時間內作出回應，並詳細解釋其不同意的地方和反對理由（若有）。評審團亦應可自行召開記者會式發佈新聞稿，令公眾更加明白他們的立場。[13]

　　公民評審團制度的優點頗多，包括以隨機抽選的代議士，會較由一人一票的選舉方法更具真實代表性和包容性（例如傷殘人士、少數族裔、女性等被選中的機會，會低於被抽中），及由此而產生的觀點多樣性。隨機抽選制（sortition）也能從根本上杜絕金權政治（因完全不需要競選經費）；和特別適合處理某些政治議題 —— 如政府及現任立法者在主動介入選舉制度改革、重劃選區、選舉經費規管等事項時，往往有太多令人產生瓜田李下的猜忌。不過，公民評審團制度最重要的優點，是它更能體現某些民主理念及精神。事實上，公民評審團制度的出現，亦與近年政治學界甚囂塵上的「協商／審議式民主」（deliberative democracy）有關。根據審議式民主的倡議者，[14] 現代社會政治權力以至法律權威的終極基礎，並不是來

自傳統，也不是來自票數的多少，而是理性。盲目跟隨傳統固然並不理性，少數服從多數的選舉／投票制度亦然——後者更有機會帶來「大多數人的暴政」。真正的理性，只能在一個所有參與者都是平等地位而互相尊重的場域內產生，每一個參與者均有平等的資訊和發言機會。只有在這樣的一個場域，理性之花才能綻放。所以，他們認為，單由一人一票選出的代議士及其議會——以至所謂公投（referendum）——並不能充分體現民主精神。特別是在一個民意愈來愈兩極化和一個愈來愈被個別政黨或政府把持的議會下，議員的投票取向，會受短期的民意走勢或政經交易左右多於對社會長遠利益的考慮。

筆者認為，公民評審團制度特別適合於今時今日的香港。現今香港已是一個極度政治化和兩極分化的社會，不單政府愈來愈不受信任，連市民之間也壁壘分明。電子社交網絡如面書的出現，更令網絡部落化和「圍爐式協商」（conclave deliberation）現象——即只與立場相近人士溝通，互相強化原有立場，並誤以為其立場在社會上具有廣泛代表性，最終形成一種坐井觀天的情況——日趨嚴重（Luskin et al., 2014）。要打破這局面，還得讓市民有更多機會，具體地面對其他人士及觀點，深入審議不同議題的利弊。在政改爭拗已差不多陷入死胡同的今天，政府引入公民評審團制度，既可在有關行政長官和立法會雙普選的爭議之外強化香港社會的民主程度，亦同時可借公民評審團制度之力，慢慢重建久已失去的政治權威，又何樂而不為呢？

註釋：

1 衛生福利局成立於 1997 年 7 月 1 日，前身是殖民地政府的布政司署衛生福利科，首長是衛生福利司。該局在 2002 年改稱為衛生福利及食物局，並於 2007 年再改稱為食物及衛生局（《維基百科》）。

2 由 1983 年 5 月 2 日至 1997 年 6 月 30 日止的歷任衛生福利司 —— 程慶禮、湛保庶（John Walter Chambers）、周德熙、黃錢其濂、和霍羅兆貞 —— 均無一來自醫學界。

3 Groupthink，亦譯作「團體迷思」、「團體盲思」、「集體錯覺」等；但作為一個社會心理現象，筆者認為譯作「群體思維效應」較佳。一般認為 "groupthink" 這詞是由美國心理學家贊尼斯（I.L. Janis）首先提出；但這概念實為社會學者韋特（W.H. Whyte）於 1952 年在《財富雜誌》所創。後者更在 1956 年出版《組織人》（The Organization Man）一書，痛批美國賴以立國的「新教倫理」或「個體價值」（Protestant ethic），已逐漸被一股盲目推崇「遵從群體」（conformity）的「社會群体價值」（social ethic）所取代。

4 即使今天，西方仍有部分售賣美容護膚產品的店舖稱作 "apothecary"，主要以懷舊、天然作招徠。

5 這安排其實比較奇怪。該法律顧問既屬成員，應有投票權，亦即與「顧問」身份不符。

6 有關醫委會的投訴調查及紀律研訊機制詳情，見立法會（2016 年 2 月 26 日）。

7 例如在大學任教而具本地執業資格的醫生，除了獲得與同級但沒有醫學背景的教授一致的薪酬外，會另外得到額外一筆所謂「臨床津貼」，理由是醫學教授要兼顧臨床工作。這理由無疑假設了這些醫學教授工時較別人長，或當醫學教授在兼顧臨床工作時，其他學科的教授均不用工作，又或即使他們也正在工作，這些工作的價值也遠低於醫學教授的臨床工作。所有其他專業的教授 —— 包括一些也可能需要兼顧臨床或類似工作的教授 —— 卻從來沒有此等厚待。

8 "Repeal of Health Planning Act Urged," American Medical News, 22(15), pp. 3-15, August 1979（引自 Morone, 1990: 278）。

9 該七個團體為：香港醫學會、香港西醫工會、社團診所醫生協會、前線醫生聯盟、政府醫生協會、香港公共醫療醫生協會，以及杏林覺醒。

10 其他改革內容包括新增一個初步偵訊委員會及研訊小組，海外醫生有限度註冊年期由一年增至三年，審裁顧問由 14 人大增至 140 人等。由於這些改革內容與本章目的無關，就此略過。

11 除了 citizens' juries 之外，也可稱作 citizen's committees, citizens' councils, citizen's panels, citizens' assemblies, community X-change, deliberative focus groups 等。在眾多稱謂中，筆者還是比較喜歡 citizens' jury（公民評審團），因為這保留了源自英國 1215 年大憲章（The Magna Carta）的精神 —— 凡人（疑犯）均有由普通人組成的陪審團審訊的權利，以及普通市民在適當情境下亦有作出理性抉擇的能力。

12 普通法國家的陪審制，指從一般市民中隨機選出若干名陪審員（通常有 6 至 12 名）；陪審員參加的審理中，法官主持法庭上的程序進行，並儘可能防止陪審員受到不全面的觀點或不正當的證據的影響。接著，法官在結束審理時，將對陪審員進行詳細指引，就有關可能適用的法律進行指導。此後，陪審團根據在法庭上了解到的證據以及法官的指引，在一個封閉的房間內進行評議，就事實認定以及

對該事實適用的法律等問題做出裁定。評判往往需要全體一致方能有效，但目前在部分法域，特別多數表決（11：1 或 10：2 等）也被法律認可。當陪審員意見分歧較大，無法達成全體一致或特別多數表決的條件時，則構成陪審團僵持（hung jury），這種情況下，不少法域規定需要重新選任陪審團或重新進行整個審批程序。在做出評判的情況下，法官應根據該評判結論做出判決。但是，當法官判斷陪審員忽視證據的程度過於明顯不當時，可以不根據陪審團的判斷而進行判決。

13 有關公民評審團在醫療政策上的實踐，詳見 Coote 1996; Hunter 1997; Lenaghan 1997。

14 審議式民主的倡議者甚多，較為著名的有 J. Bessette, J. Cohen, J. Fishkin, A. Gutmann, J. Habermas 和 J. Rawls 等。

參考資料

（中文）

立法會（2016 年 2 月 23 日）。〈《2016 醫生註冊（修訂）條例草》委員會報告〉。立法會秘書處：CB(2)1818/15-16 號文件。

立法會（2016 年 2 月 26 日）。〈香港醫務委員會〉，立法會秘書處為 2016 年 2 月 29 日特別會議擬備的背景資料簡介。立法會秘書處：CB(2)944/15-16(01) 號文件。

佘雲楚（2013）。〈醫保計劃：沒有靈魂的公共醫療改革政策〉，載於《留給梁振英的棋局：通析曾蔭權時代》（羅金義、鄭宇碩編，頁 141－162）。香港：香港城市大學出版社。

《明報》（16/9/2016）。〈7 醫生團體提「共識方案」、醫委會改革添變數〉。擷取自：https://m.mingpao.com/pns/dailynews/web_tc/article/20170916/s00002/1505498999537。

《星島日報》（2016 年 7 月 1 日）。〈港府傾向海外生回流紓醫生荒〉，A4。

《星島日報》（2016 年 7 月 1 日）。〈醫學界：為何害怕民意〉，A4。

食物及衛生局（2013 年 11 月 11 日）。〈醫護人力規劃及專業發展策略檢討－委託進行研究的進展〉。立法會 CB(2)219/13-14(03) 號文件。

食物及衛生局（2016）。〈《2016 醫生註冊（修訂）條例草》資料文件〉。立法會 CB(2)1118/15-16(02) 號文件。

食物及衛生局（2016 年 2 月 24 日）。〈2016 醫生註冊（修訂）條例草〉。立法會參考資料摘要，檔案編號：FHCR1/F/3261/92。

食物及衞生局（2017 年 5 月 24 日）。〈政府建議修訂《醫生註冊條例》〉。
　　香港：特別行政區政府新聞公報。

食物及衞生局（2017 年 6 月）。《醫療人力規劃和專業發展檢討報告》。香
　　港：特別行政區政府。

《香港 01》（2016 年 3 月 1 日）。〈擺病人組織上枱、政府勢企硬只加非醫生
　　成員〉。

《香港 01》（2018 年 4 月 18 日）。〈公院醫生流失率創新高，流失 314 名全
　　職醫生；按年多 59 人〉。

《香港 01》（2018 年 1 月 24 日）。〈【醫委會改革】新增兩席委員、醫專決
　　定所有院士均有參選權〉。

《香港 01》（2016 年 4 月 8 日）。〈業界倡委任醫生變直選醫生、高永文：可
　　繼續探索〉。

《香港 01》（2016 年 4 月 9 日）。〈梁智鴻：爛方案不應急通過、蔡堅：新方
　　案有保留〉。

香港政府新聞網（2016 年 8 月 3 日）。〈與持份者共研醫委會改革〉。香
　　港：特別行政區政府。

《香港經濟日報》（2018 年 3 月 21 日）。〈公院醫生流失率 5.9%，10 年新
　　高〉。擷取自：https://topick.hket.com/article/2034591/。

香港醫務委員會（2016）。《香港註冊醫生專業守則（2016 年 1 月修
　　訂本）》。擷取自：http://www.mchk.org.hk/Code_of_Professional_
　　Conduct_2016_c.pdf。

香港醫學會（2016 年 1 月 8 日）。〈透明、負責、專業、自主：回應香港醫
　　務委員會改革〉。香港：香港醫學會新聞稿。

高永文（2016 年 7 月 8 日）。〈立法會：食物及衞生局局長動議恢復二讀
　　辯論 2016 醫生註冊（修訂）條例草〉發言全文〉，香港特別行政
　　區政府新聞公報。擷取自：http://info.gov.hk/gia/general/201607/08/
　　P201607080610。

黃任匡（2016 年 3 月 25 日）。〈公院爆滿的根本原因〉，《信報》。

黃任匡（2016 年 3 月 30 日）。〈名為醫委會改革的郵包炸彈〉，《明報》。

楊志剛（2015 年 12 月 24 日）。〈醫療本土主義〉，《明報》，A31。

《維基百科》：〈食物及衞生局〉。擷取自：https://zh.wikipedia.org/wiki/。

劉慧君（2016 年 3 月 18 日）。《2016 年醫生註冊（修訂）條例草案》，立
　　法會 CB(2)1131/15-16(01) 號文件。

簡允儀（2016年3月10日）。〈《2016年醫生註冊（修訂）條例草案》法律事務部報告〉，立法會 LS44/15-16 號文件。

醫院管理局（2017）。《醫院管理局 2015－2016 年報》。香港：醫院管理局。擷取自：www.ha.org.hk。

醫院管理局（2018）。《醫院管理局 2017－2018 年報》。香港：醫院管理局。擷取自：www.ha.org.hk。

《蘋果日報》（2015年12月23日）。〈醫委會改革增委任成員，杏林梁家騮聯手防變「港大翻版」〉，A10。

（英文）

Australian Health Practitioner Regulation Agency. Retrieved from: https://www.ahpra.gov.au/.

Coote, A. (1996, April 24). *Citizens' Juries*. Briefing Notes for King's Fund Seminar. Institute for Public Policy Research, London.

Elston, M.A. & Gabe, J. (2013). "Medical Autonomy, Dominance and Decline." In *Key Concepts in Medical Sociology* (2nd ed.) (edited by J. Gabe & L.F. Monaghan, pp. 151-156). London: Sage.

General Medical Council. Retrieved from: http://www.gmc-uk.org/.

Gould, D. (2001). "The Reform of Health Care Funding." *Hong Kong Medical Journal*, 7(2), pp. 150-154.

Harrison, S. (1994). *Health Service Management in the 1980s: Policymaking on the Hoof?* Aldershot: Avebury.

Harrison, S. (1999). "Clinical Autonomy and Health Policy." In *Professionals and New Managerialism in the Public Sector* (edited by M. Exworthy & S. Halford, pp. 50-64). Buckingham: Open University Press.

Hunter, D.J. (1997). *Desperately Seeking Solutions: Rationing Health Care*. London: Addison Wesley Longman.

Janis, I.L. (1982). *Groupthink*. Boston: Houghton Mifflin.

Johnson, T.J. (1993). "Expertise and the State." In *Foucault's New Domains* (edited by M. Gane & T.J. Johnson, pp. 139-152). London: Routledge.

Lenaghan, J. (1997). "Citizens' Juries: Towards Best Practice." *British Journal of Health Care Management*, 3(1), pp. 1813-1816.

Levine, M.E. & Forrence, J.L. (1990). "Regulatory Capture, Public Interest, and the Public Agenda: Toward a Synthesis." *Journal of Law Economics & Organization*, 6, pp. 167-198.

Luskin, R.C., O'Flynn, I., Fishkin, J.S. & Russell, D. (2014). "Deliberating Across Deep Divides." *Political Studies*, Vol. 62, pp. 116-135.

Morone, J.A. (1990). *The Democratic Wish: Popular Participation and the Limits of American Government.* New York: Basic Books.

OECD (2015). *OECD Health Statistics 2015.* Retrieved from: www.oecd.org. health.

Shae, W.C. (2016). 'The Poverty of Vision: A Critique of Hong Kong's Health Care Policy." In *Ethical Dilemmas in Public Policy: The Dynamics of Social Values* (edited by B. Yung & K.P. Yu, pp. 147-166). Singapore: Springer Press.

Stigler, G. (1971). "The Theory of Economic Regulation." *Bell J. Econ. Man. Sci.* 2, pp. 3-21.

Whyte, W.H. (1952, March). "Groupthink." *Fortune*, pp. 114–117, 142, 146. Also available at: http://fortune.com/2012/07/22/groupthink-fortune-1952/?iid=sr-link2.

Whyte, W.H. (1956). *The Organization Man.* New York: Simon & Schuster.

總　結
醫學霸權的隱性社會成本

佘雲楚

一、引言

　　隨着整體社會進步和經濟發展，人們普遍愈來愈關心個人的健康狀況，對醫療服務水平的要求亦相應提高。再加上職業分工和知識增長的趨勢，醫療服務工作者 —— 一如社會上其他服務人員 —— 走上專業發展的道路似乎是一個合理並且不可逆轉的發展方向。可是，社會若要進步，我們便不得不問，到底現時醫療服務的職業架構和專業模式是否必然？這制度有沒有改善的空間？再直接一點，香港醫生的權力是否過大？醫權過大又會帶來什麼不良後果？本書前面各章已先後審視了醫學霸權在香港醫療制度中不同範疇的角色與影響，在這裏筆者只想就三點作進一步的討論。一是嘗試指出香港醫療制度雖然常被一些評級機構視為一個極具成本效益的制度，但在醫學霸權的籠罩下仍有不少較為隱性的社會成本，值得大眾關注。二是本書雖然指出一些醫學霸權對香港醫療制度及服務的負面影響，但我們的立場卻並非是簡單地反對醫學專業或任何專業的存在，而是希望構建一個更為合理的醫療分工和透明問責的醫療制度。最後，我們將以簡單地探討醫學霸權的前景作結。

二、醫學霸權的隱性社會成本

　　有讀者可能會認為，即使香港的確存在醫學霸權的問題，但這問題不單不嚴重，甚至對香港醫療制度有益。我們不得不承認香港的醫療制度確實有很多值得令人驕傲的地方。香港的一些重要健康指標如平均壽命、嬰兒夭折率等，均達到世界一流水平。而香港花在醫療服務的支出（以佔國內生產總值 GDP 的比例計），卻遠低於其他先進地區。香港以其他先進地區的大約一半支出，卻交出較他們更為亮麗的成績。可以說，世上沒有任何一個國家在同等支出的情況下可以有如此驕人的成就。

　　根據美國機構 Bloomberg —— 以平均壽命（佔比重 60%）、相對醫療成本（即社會總體醫療支出所佔國內生產總值或 GDP 的百分比，佔比重 30%）和絕對醫療成本（即平均個人醫療成本，佔比重 10%）三者為指標 —— 所建立的「健康效益指數」（Bloomberg Health-Care Efficiency Index），香港在 2009 年、2014 年和 2018 年的調查中均名列前茅。香港在 2018 年的效益指數高達 87.3，拋離排第二的新加坡（85.6）[1]、第五的南韓（67.4）、第七的日本（64.3）和排第 54 的美國（29.6）。香港以少於美國三分一的相對醫療成本，和稍多於美國五分一的絕對醫療成本，便能做到人均壽命比美國人長達十年以上！（Moffat, 2015; Du & Lu, 2016; Miller & Lu, 2018）

　　當然，平均壽命、嬰兒夭折率這些健康指標所能夠反映的，只是一個地方內人民某些面向的健康狀況；未必可以簡單地反映人民的全面健康狀況，或歸因於這地方的醫療制度或服務水平確實高人一等。除此之外，經濟發展水平、財富與收入分佈狀況、社會福利措施、生活習慣模式、教育文化水平、社區互助網絡，以至氣候、食物及食水安全、環境污染程度、地域面積和交通運輸效率等等，

無一不對當地人民的健康狀況或健康指標有重大影響。不過話說回來，香港的醫療制度確實有其優點，亦當然有其缺點。所以，任何改革現行制度的構思，應以保留甚至強化現行制度的優點為經，再以針對現行制度的缺點為緯，從而使我們的醫療制度朝着更完善的方向發展。不幸的是，香港政府在過去三十多年的醫療改革方向並沒有從強化現行制度優點和彌補現行制度缺點的角度出發。

那香港醫療制度有什麼優點和缺點？香港醫療制度的特點又在哪裏？我們認同《哈佛報告》（The Harvard Team, 1999）的觀點，即本港醫療制度最大的優點，除了其相對地較具成本效益之外（亦即是以相對較低的成本而又能提供不錯的服務水平），也在於其對社會公平的承擔（這主要體現於香港市民不論貧富均可享受由政府大幅度補貼的公共醫療服務）。[2] 可惜，這些優點近年似有逐步萎縮的徵兆。這可從政府近年多次就醫療融資進行改革諮詢及強化私營醫療服務的措施略見一二。

香港醫療制度的缺點也不少，其中較為人詬病的，有輕視基層醫療服務的角色、缺乏提供足夠長期護理照顧服務的承擔、窒礙其他醫療專業的發展，和整個醫療服務制度欠缺對醫療成功或失效的量度、透明度及問責等（見本書各章；余雲楚，2019；Maynard，2006）。我們也認為，以上提到香港醫療制度的兩大優點，固然與醫學霸權扯不上直接關係；但香港醫療制度的不少缺點，卻與醫學霸權有關。貝雲斯（Blevins）對美國情況的分析，同樣適用於香港：「當政府正尋求方法減少〔公共〕醫療開支時，它應該小心審視醫療服務的供應面 ⋯⋯ 。任何認真改革美國醫療服務制度的方案，均要處理醫學霸權（medical monopoly）所帶來的問題。對進入醫療服務〔人力〕市場的人為關卡，是造成醫療成本高漲和基層及預防醫療服務不足的重要原因之一。」（Blevins, 1995: 3）

　　除了其反公義、不民主的本質，以及上一章提到的缺乏有效監管機制和「群體思維效應」外，醫學霸權的隱性社會成本主要還有其他四大類：一是令整個社會投放於醫療服務的資源出現傾斜，重於醫院服務而輕於基層醫療服務（有關香港基層醫療政策的問題，見佘雲楚等，2019）；二是製造持續人手不足的情況，令醫療通脹問題不斷惡化；三是窒礙了其他醫護專業的發展空間，特別在基層醫療服務方面，未能讓各醫護專業職能充分發揮，最終令病人的權益受損；四是在香港的特殊情況下，嚴重浪費了寶貴的人力及社會資源（佘雲楚，2017）。

　　醫學霸權的問題之一，是造成醫療服務的傾斜和不協調。當中最為人詬病的，是醫療資源過度集中於醫院服務。這除了令基層醫療服務和傳染病的預防長期被忽視之外，也間接導致特區政府在處理 2003 年的非典型肺炎（SARS）風暴所出現的進退失據。佘雲楚（2003）和梁卓偉等（Leung, Hedley & Lam, 2004）不約而同地指出，SARS 之所以成為風暴，亦間接與醫學霸權有關。佘雲楚認為「這場『沙士事件』所揭露的問題繁多 —— 由整體社會的危機意識薄弱，到政府的反應緩慢；由重醫療而輕預防，到重西輕中的醫療制度；由城市規劃和房屋政策的失誤，到粵港兩地關係和通報機制的問題等眾多因素均涉及在內。但 …… 其中最重要 …… 的問題〔之一是〕…… 自 1990 年醫院管理局成立後 …… 醫療服務的決策權便直接落入醫生手中；不幸的是，傳染病學在醫學界中一向不是一門特別受重視的專科。一個以醫院為本而又由醫生主導的醫療制度，自是一個重治療而輕公共衛生的被動式醫療制度。況且，負責公共衛生的衛生署只得到整筆公共醫療撥款的一成左右，而醫管局卻佔撥款的九成（在 2002–2003 年度約為 299 億港元）。這無疑進一步強化了本已傾斜的醫療制度，而更加保守了原本被動性運作模式」（佘

雲楚，2003：5－6）。梁卓偉等更直接指出：「香港的真正問題在於整個〔醫療〕制度在宏觀上的組織 …… 。在 1996－1997 年期間總醫療開支中只有 2.3% 是用在疾病預防和促進健康之上 …… 整個醫療架構的撥款機制均集中於疾病的診斷和治理之上 …… 。醫院管理局的成立，令〔政府〕對 SARS 風暴的回應，顯示出差強人意的表現，至少也要負上部分責任。」（Leung, Hedley & Lam, 2004: 77-78）SARS 風暴之後，政府雖然於 2004 年 6 月 1 日正式成立了一個「衛生防護中心」專責處理相關工作，但制度整體上的傾斜卻未見改善。

第二，所有專業團體的真正目標只有一個，即維護一己利益。而最能夠達到這目標的方法，便是不斷擴大該專業的服務範疇和市場，同時又嚴格限制執業人員的資歷和數目。楊志剛（2015）在一篇名為〈醫療本土主義〉的文章中指出：「香港的醫療制度百病叢生，但病源只有一個，就是醫生嚴重不足。」所以，醫學霸權與醫生不足實乃錢幣的兩面。長期出現人手不足的情況自然可以保障醫生的高薪厚祿，但也是眾多醫療事故的根源之一。醫療人手長期不足的情況，自然導致相關專業人士的薪酬持續上升，最終引致庫房壓力日增。香港政府近年發表有關醫療服務的報告，常把醫療通脹掛在口上，並視之為洪水猛獸。可是政府卻錯誤地把醫療通脹的矛頭，指向市民濫用公共資源，或嘗試通過提高藥物收費等搔不着癢處的措施，減慢醫療通脹的速度。這當然無補於事，因為醫院管理局的支出超過七成是員工薪酬，而藥物成本則只佔一成左右（醫管局，2018：207）。

第三，醫學霸權在政府的默許或縱容下，往往令到其他醫護專業的發展空間受到嚴重限制，這在本書的第一、七和八章已有所論及。現再以有關香港應否推行「醫藥分家」的爭議加以説明。香港醫學界多年來反對醫藥分家的策略，也是一種訴諸所謂人民利益的

「民粹專業主義」策略（見第八章），以民意為擋箭牌。他們或強調「醫學會……維護病人選擇在醫務所內或往別處配藥之權利」（香港醫學會，1999 年 7 月 13 日）；或進行民意調查，以「清楚表明一般市民目前並不接受『醫藥分家』的概念」（香港醫學會，1999 年 9 月 27 日）；又或認為，醫藥分家只會增加市民在醫療藥物上的開支。但卻無視市民的意見——特別是由醫學會所收集的民意——往往是在沒有充分資料的背景下作出的選擇，成為所謂的「證據」。他們也無視醫生通過銷售藥物而取得的暴利，或隨便處方抗生素及精神科藥物的情況，以及「醫藥分家」所涉及的其他議題。不幸的是，政府在這議題上的立場，亦大致上與醫學界的無異，這從時任衞生福利及食物局局長周一嶽，對立法會議員提問的書面答覆，便可見一斑。他說：

> 目前，病人有權要求私家診所醫生開處方到社區裏的藥房由藥劑師配發藥物。鑒於醫藥分工的建議對於現時作個人執業的醫生的角色、**藥劑師的人力需求和市民的醫療開支**等問題有深遠影響，同時亦關乎市民求醫習慣的重大改變，該問題須經由社會各界廣泛和深入討論。我們認為任何改變應以着重醫生和藥劑師專業間的合作發展，並以病人的福祉為依歸。在作出任何重大轉變前，社會須先就該問題取得共識。我們會繼續聆聽各方的意見。
>
> （政府新聞公報，2006 年 10 月 25 日。**斜體**為筆者所加）

醫藥分家作為一項政策選項，所涉及和需要考慮的問題當然不止市民的醫療開支會否因此而上升或下降這麼簡單，但政府卻預先採納主流醫學界的立場，擔心醫藥分家會導致藥物的價格上升和增加市

民負擔，從而削弱市民對醫藥分家的興趣和支持，以便把問題不斷拖延。但其實有關醫藥分家會否令市民負擔增加的爭論，現時學界雖然仍未有簡單的答案或絕對共識，但已普遍認同還需看其他因素定奪。這些因素包括：藥劑師／藥房與藥廠的議價能力、藥劑師的薪酬水平（這又取決於他們的供應量與議價能力）、醫生會否將失去售賣藥物所帶來的收入「損失」，以提高診費的方式轉嫁給市民等；而這又最終取決於醫藥分家立法的規管內容和政府對各醫護專業的人手規劃。依筆者之見，醫藥分家一如其他事物，總有優劣。而最重要的考慮，不在於醫藥分家必然導致市民的醫療開支上升這個偽命題──這命題之所以是「偽」，是因為它並不可以簡單而絕對地作答──而在於防止處方藥物與售賣藥物同集一身所帶來的潛在利益衝突；和為醫生所開的處方提供多一度檢察，以保障病者；藥劑師亦可以有更多時間向病者解釋各項藥物的正、副作用，從而減輕醫生在這方面的工作。一般私營醫生基於自身利益自然反對。雖然筆者並不認為香港可以即時或在短時間內實施醫藥分家，因為當中涉及的配套措施──尤其是藥劑師的供應量、對藥房運作以及銷售藥物的規管、針對私家醫生及診所中配藥流程的進一步規範、提高私家醫生收費類別的透明度等──在在均需要通過冗長的資料及民意的收集、與業界及相關人士的諮詢、仔細的策劃和部署、艱辛的議價和立法程序等才可成事，而這些也只能算是正式為醫藥分家進行立法工作的前奏。但這並不表示我們不應該朝着正確的方向邁進，因為現在的情況是私家醫生固然可以是「丸仔醫生」，私營藥房也經常在沒有醫生處方情況下售賣處方藥物，情況與無政府狀態無異！

第四，醫學霸權更間接地浪費了寶貴的人力及社會資源。一般對社會醫療成本的計算（如 Bloomberg 或官方數據），只會計算社會

投放在直接的醫療服務的金額或對 GDP 所佔的比例，而不會把各醫療專業人員的教育成本加入計算。若果各醫療專業人員的教育與他們實際工作上所需要的知識、技能和責任是成正比的話，這本是無可厚非的做法，但香港的情況卻並非如此。

最近的三四十年來，各發達國家的醫護行業在專業化發展方面均有長足的進步；與此同時，醫學界的傳統霸權地位亦受到一定程度的衝擊和改變。所以，在這些國家，各醫護行業培訓亦早已登上大學學位化的列車；畢業後亦相對地能學以致用，肩負更大的責任和挑戰。香港的多類醫護專業教育，雖然亦早已大學學位化，但在工作上的職責範疇，卻仍然只能在一個強大的醫學霸權下尋找空間。隨着各醫護行業訓練的大學教育化，以及四年制大學教育在 2012 年的實施，一般醫護專業入員均需接受起碼四年的大學教育（而視光師和護士的學士課程更長達五年，與醫學課程只差一年）。

一旦這些課程由大學開辦，便必然朝着最「先進」的方向邁進，或以所謂的 "best practice"（即相關學界認為最佳服務水平）作為藍本。以眼科視光師為例，美國的眼科視光師一般要在完成三至四年的大學基礎教育後，再修讀為期四年的眼科視光學博士學位，才可執業。美國的眼科視光師除了替市民檢測視力外，還可為病人診斷各種眼疾，為病人轉介給醫生跟進，甚至處方部分藥品和進行激光治療等部分手術，是名副其實的基層健康服務的重要一環。反觀香港，在醫學霸權下，眼科視光師的工作範圍受到嚴格規限。根據衛生署的資料，2015 年香港有 2,140 名註冊眼科視光師，在醫管局和政府、大專院校及資助機構工作的分別只有大約 3% 和 5%，在商業機構工作的則超過九成。後者的工作，亦主要是檢測視力和配置鏡片而已。亦由於近年多數發達國家均要面對人口老化的問題，對各種醫護從業員均需求甚殷；再加上這些醫護人員在外國往往更能學

以致用。換言之，對絕大部分接受五年大學教育的視光師而言，可謂大材小用；但對社會資源來說，卻可謂極度浪費！

在香港政府 2018－2019 年度的財政預算案中，醫療衞生的經常開支為 712 億元，佔政府經常開支百分之 17.5%（陳茂波，2018）。由於 2019 年初爆發的流感潮令公立醫院出現迫爆情況，政府在 2019－2020 年度的財政預算案中更大增醫療衞生的經常開支 10.9% 至 806 億元，破紀錄地佔政府經常開支百分之 18.3%（陳茂波，2019）。這個數目，並不包括醫護人員在教育和培訓方面的支出。根據大學教育資助委員會（下稱教資會）的網上資料，2017－2018 年度修讀「與醫學及衞生有關的學科」學士學位課程（醫科和牙醫課程除外）的一年級學生，達 1,406 名，而其「平均學生單位成本」為每年港幣 271,000 元。即使減去學生所支付的每年四萬多元學費和不計入其他的助學金和貸款，納稅人仍要為每名學生每年支付大約 23 萬元，亦即四年合共為 92 萬元！而五年制的學士學位課程（如視光學及護理學學士課程），每位畢業生對政府庫房的成本則更達 115 萬元。以理工大學視光學五年制的學士學位課程每年招收 40 名學生計算，那便是大約 4,600 萬港元。若香港跟隨新加坡的制度，只在理工學院為視光師提供三年的文憑課程（亦即是 1984－1990 年香港的做法），[3] 成本肯定可以減半！

視光師的學額少，所造成的資源浪費還不算大；若加入其他醫療專業計算，情況可就不同。就以同為五年制的護理學學士課程為例，據教資會資料顯示，2018－2019 年度三所大學合共收取 630 名學生（這還未包括政府向私營院校購買／資助的護士課程學額，及其他對學生的資助），用同樣的單位成本計算，那便是每一屆學生在五年間花了納稅人接近 8.5 億港元！這還未計入因學歷上升導致的人手短缺所直接帶來的薪酬上升，和其間接造成的其他社會成本！

　　香港的護士專業化發展始於上世紀八十年代，當時的香港理工學院率先為註冊護士開辦進修課程。到九十年代，理工大學、香港大學和中文大學先後開辦護理學學士課程。以至到 1999 年，政府面臨財赤，更順應護理界對護士訓練大學化的要求，關閉所有護士學校，令護士畢業人數大減八成，由每年約 2,500 人驟降至約 500 人。但由於政府錯誤估算護士的人力需求，令護士出現嚴重的人手短缺。醫管局遂在 2002 年重開伊利沙伯醫院的護士學校；此後其他部分護士學校亦逐步重啟。但 2003 年政府出現財赤，又推出所謂「肥雞餐」，鼓勵資深員工離職（《香港 01》，2017 年 7 月 20 日）。這種政策上的左搖右擺，固然造成混亂和資源上的浪費；更加重要的，是護士的專業化以及伴隨而來的薪酬上升，直接製造了大批的「護理支援人員」（包括健康服務助理、病房服務員、支援服務助理、技術服務助理〔護士〕、手術室技術助理、病人服務助理等），其人數在 2017－2018 年度已高達 14,939 人，而各級護士的人數，亦不過 26,111 人（醫院管理局，2018：202－203）。這些護理支援人員的工作 —— 如為病人量度血壓、脈動、體溫、抽血、清潔、餵食等 —— 以往大多是由護士負責，但因為護士薪酬較高而又人手短缺的情況下，近年已多由護理支援人員負責；而受正規訓練的護士反而要處理愈來愈多的文書工作。問題是，這些護理支援人員均未曾接受過全面的護理教育，他們或可協助病人進食，卻往往不能從過程中觀察病人的整體狀況；更因為工作的零碎化令檢查病人與護理同一病人的，往往並非同一位護士，所以不一定了解眼前病人的病歷和背景。當遇上病況有些微轉變，護士未必能即時察覺，從而可能錯過救治的黃金機會。而護士因為將大部分「厭惡性」工作「外判」，亦大幅度減少了與病人接觸溝通的機會。護理服務的割裂，除了容易出現錯誤外，也容易令病人產生混亂，甚至令病人和護士

雙方均有日益被異化的感覺。近年醫管局因為人手不足而通過中介公司聘用的兼職護士，不單未能對症下藥，更令護理服務進一步支離破碎（Now新聞，2019年2月23日）。

筆者並非鼓勵我們應走回頭路，把視光師、護士和其他醫護專業的教育全面「非學位化」。前面已說過，現今香港各醫護專業的教育水平，已足令他們擔當更重要的職責。這不單是全球醫療服務發展的趨勢，更是最能人盡其才地（部分）解決長期缺乏醫生和醫科課程式本更加高昂的情況（現時每名醫科畢業生對政府庫房的成本為三百多萬元）。一些具遠見的醫學界人士，亦早已指出「香港的醫療制度很大程度上仍然由醫學界把持和控制……。這模式明顯與幾乎所有先進經濟体體系的發展趨勢相悖。在這些先進經濟体體系裏，大部分政府有關醫療的政策及行政部門均由公共行政專家和經濟學家主導；醫療護理機構則由專業管理人員和商業分析員主宰；而在病人與醫護服務人員的臨床介面上，則有更多護理顧問、復康專家、其他專職醫療人員和醫生的共同護理。」（Bacon-Shone and Leung 2006: 15）。據團結香港基金發表的醫療體系研究報告所引述的本地數據，顯示現時約一半入住公立醫院個案本應可避免，且每投資1元於社康護理，即可減省8.4元急症護理開支（團結香港基金，2018：2）。情況就如鍾劍華在第六章中所說，「現在每一張醫管局病床的每天平均成本已超過五千元，比一般社區照顧服務及其他支援性的照顧服務都要昂貴。但因為其他服務短缺，政府也沒有完善的規劃，很多有需要的人士其實也是在無可選擇的情況下才選擇進入醫院。但入了醫院也不一定能夠獲得他們需要的服務，只不過是暫解燃眉之急。這一狀態，既耗費昂貴的醫療資源，也針對不了服務對象的真正需要，是一個雙輸的局面」（見本書頁200）。

一個負責任的政府，在容許提升這些課程水平時，亦應同時提

升這些醫護專業人員的職權和責任；反之，則根本便不應讓這些課程升格。問題的本質是各醫護專業只為一己「專業化」的理想而罔顧社會現實和責任，不斷提升入行資格；醫學界則為了本身利益而不願意放下部分權力，與其他醫護人員在較為平等和互相尊重的基礎上為病人服務；而政府則不知何故地慷納稅人之慨，袖手旁觀。結果不單浪費資源，也令社會出現大批「學歷過高」（over-educated）和「大才小用」（under-utilized）的醫護專業人員，誠屬可惜。在個人層面方面，這些接受過大學教育的醫護專職人員，在沒有機會學以致用、發揮所長的工作環境下，亦自然難以在工作上找到滿足感，甚至埋下對工作以至社會不滿的種子。更有甚者，由於西方國家近年面對人口老化之問題，對多類醫護專業人員需求甚殷。加上醫學霸權在這些國家近年已有所收斂，其他醫護專業人員亦有較大的空間得以學以致用，發揮所長。筆者雖然沒有醫護專業人員的移民數字，相信他們移居海外的數字，會遠高於一般市民。但這無疑是以香港寶貴的人力資源，免費地為他人作嫁衣裳。

　　亦由於各種醫護專職人員在薪酬上較一般大學畢業生具有優勢，在求學即是求高薪的香港，自然吸引不少成績優異的學生報讀。這便產生兩個問題：一是假若大學教育重要目的之一應為培育個人最大潛能，我們可以提問的是，各種培訓醫護專職人員的課程，能否把本已屬優質學生的潛能充分培育？二是從社會人力資源分配角度出發，若社會上一大部分具潛質的精英學子，均湧向從事各種醫護專職，這對社會整體發展來說，又是否理想？這些問題當然難有定論，但卻值得深思。

三、專業霸權主義還是「尊」業精神？

本書雖然以社會學理的權力模式為出發點——而權力模式在分析專業霸權的建構過程上確實有其獨到之處——但在處理「那我們可以怎麼辦？」這問題上卻大有限制。它的前提既然是否認「專業」與一般「職業」在本質上的分別，自然不接受一切專業特權的合理性。結論往往是要取消所有專業制度。筆者認為，即使我們同意它的前提，現行的專業制度也不可能一下子被取締。我們可以做的，是逐步改善現存的制度；而第一步是重奪並重構對「專業精神」的理解。權力模式在批評專業主義和專業制度的時候，往往矯枉過正，把嬰兒和洗澡水一起倒掉。但當權力模式否定一切有關專業的事物，反而自斷了從專業內部引發改變的可能。況且「專業精神」的元素絕非所謂「專業」界別所獨有，而是來自五湖四海。這些元素包括但不限於：工匠在工作上力臻完美的匠人精神；歐洲貴族和武士階層所強調的勇氣和榮譽，及其衍生出來的擔當和責任感；基督教倫理中的濟世和奉獻精神；學術界內的求真精神和同業之間的平等和互相尊重（建基於對自由意志和獨立思想的尊重）等。說「專業精神」包含這些元素，並不等於說這些元素在任何專業界別內已得到充分體現，更不等於說這些元素可以或應該被任何界別所獨自壟斷；而是說我們應審視這些元素在現存的制度中受到多大的衝擊，以及如何令這些元素在不同行業中均可以有更大發揮展現的空間。

筆者在本書第一章中曾提到，「英文 "professionalism" 一字中文可譯作『專業精神』或『專業主義』。前者主要凸顯專業的道德理念，如敬業樂業精神、為人民服務等。」（見本書頁 22）但其實筆者於 2005 年出版有關社會工作專業化的的文章中，便早已指出把「專業精神」稱作「『尊』業精神」更為恰當（佘雲楚，2005：79）。因

為「專業」中的「專」字，除了包含專門、獨特的意思，也有專橫、專利、壟斷的意味。過往數十年的社會學相關研究，亦有足夠證據顯示這些「專」業的運作模式和經濟待遇不單具有專橫、壟斷的情況，更與現代社會的兩大理念——社會平等和民主——背道而馳。一旦認清這種專業「特性」，那我們自然便可以，甚至應該朝着一個「沒有專業的專業主義」（professionalism sans professions）——或以筆者的說法，一個「反專業霸權主義的『尊』業精神」——的目標進發。正如哲學家瞿俊所說：

> 專業，無論作為一個維護不平等的社會階層的意識形態概念、或一個在社會科學裏作任何通則化的分析性概念，又或一個各行各業競相模仿的理想模式，均應放棄。而專業主義〔即筆者所謂的「尊」業精神〕則應在現存之〔不平等及反民主的〕社會制度下被拯救出來，重新確認為所有在職人士值得追求的個人理想。專〔尊〕業精神是須要的，專業〔霸權制度〕則不然。
>
> （Kultgen, 1988: 371）

瞿俊的說法無疑有過分樂觀和個人化的傾向，但也值得深思。我們當然沒有理由反對一個人人都能敬業樂業的世界，而這也不應單屬個人理想範疇。一個狹隘的專業霸權主義自然不可能抗衡資本主義社會的洪流；而所謂的「專業反共論」更屬無稽之談。無稽，是因為專業霸權的本質在於維護自身利益，而所謂「專業反共論」亦不外是一種轉移視線的掩眼法或遮醜布（見第八章）。另一方面，在一個物質主義、工具理性、科層化和管理主義日益猖獗，社會愈趨不平等和愈來愈不尊重人權的國度裏，一個堅持以人為本、倡導社會平等、履行民主精神的「尊」業精神自有其時代意義和社會貢獻。

「尊」業精神凸顯從業員對工作和服務對象的真誠敬意，甚至具有委身和獻身的使命或精神。一個撤除了霸權的專（尊）業，除了最基本的是一個可以讓從業員安身立命（指生活有着落，精神有所寄託）的工作之外，它必須是一門值得其從業員尊重的工藝，或哲學家麥堅泰（A. MacIntyre）所説的「社會實務」（social practice）。「社會實務」是「源自社會之複雜而連貫的集體行為模式，包括其內在的善果（internal goods）和卓越準則（standards of excellence）。卓越的表現可以令其內在的善果得以體現。」（MacIntyre, 1981: 175）麥堅泰認為音樂、美術、足球、棋藝等自有其獨特之「內在善果」和「卓越準則」，故屬於「社會實務」。其他如科學研究、學術評論，以至教育、建築、農務、醫學或護理等亦然。所謂「內在善果」指的是只有從事該項活動，接受其「遊戲規則」，並達致一定水平才可享有的成績、樂趣及滿足感。它們是內在的，因為只有從事該項活動本身才能體驗；就正如一個真正的工匠自會對自身的工作充滿敬意，力臻完美。相反，金錢、地位和權力等則屬於該項「實務」以外的「外在利益」（external goods）。外在，是因為一個職業球員雖然可以從球賽中賺取豐厚收入、地位，甚至權力；但這些利益並不源自足球本身，他甚至可以從不同途徑（如投資或賭博中）獲取。但後者卻沒有可能給予他球場上的滿足感。

　　麥堅泰更進一步認為，不同的「社會實務」縱或需要不同的知識技能或各異的卓越標準，但卻都需要三個基本的「德行」（virtues）才得以繼續發展；它們是：公義（justice）、勇氣（courage）和誠信（honesty）。一個「實務」之健康發展與否，有賴於其從業員之正義感、維護公義之勇氣，和面對事實之誠信。相反，若長期缺乏這些「德行」，任何「實務」之內在善果或卓越標準將會逐漸被扭曲，最後消失於無形。到這時候，「實務」只會淪為一個純粹爭逐「外在利

益」之場地。[4] 正因為在現實生活中「社會實務」與「社會制度」關係密切，所以「德行」更加重要。沒有後者，「社會實務」便不能對抗「社會制度」的洪流；而任何「實務」的從業員在缺乏「德行」之下亦只會隨波逐流，任憑「實務」被「制度」宰割、腐蝕、溶化。[5] 近年本地兩所大學的醫學院可謂醜聞頻生，究其主因，亦正是「外在利益」過於豐盛之故。

　　麥堅泰所說的三大德行，又把「尊」業精神帶到另一層次。一個摒除了霸權的專（尊）業，更應是一個馬克思（Marx, 1967）與韋伯（Weber, 1948）筆下同時具有為社會大眾謀福祉的「使命」與「天職」。這樣的一個「尊業」更提升至「志業」（vocation）的境界。佘雲楚、梁志遠、謝柏齊與丘延亮（2004）認為志業之不同於生業（即賴以營生之生計）、職業（即資本主義產業結構下之被受剝削的工種）和專業（即從依附政權中取得相對獨立性而又具有強烈排他性的工作），在於：

> 志業是針對職業的不公平與受挫、專業的投機 …… 〔但〕卻始終存在於人群社會中 …… 的社會意識與組織力量。志業者們就那身為生業人群一份子、也認定自己生身意義在於堅持作為那一份子，也為其他的眾多一份子獻身、服務的你你我我。他們為生業者的人權、生存權和工作權抗爭；針對職業所受的壓迫、不平與宰制發聲、動員；他們更不能不挑戰專業者的投靠既得利益、為中上階級錦上添花、粉飾太平、卒至於殺滅另翼、宰控潮流、閹割社會多元性與自發創造力量 …… 真正助人事業者不能不是具有自我意識志業者；也只有具備真正志業操守、自尊的主體者 —— 及他們志願結合、開放、兼容的不斷結社 —— 才能夠成為真正助人自助的服務

提供者。

（佘雲楚、梁志遠、謝柏齊、丘延亮，2004：8－9）

以上一些概念上的澄清，有助我們反思如何擴闊抗衡專業霸權空間
的可能。如何令一種以人為本、敬業樂業、為「不平與宰制發聲、
動員」的尊業和志業精神得以發揚光大，且能有效克制對抗專業霸
權主義裏的自誇自大、醫醫相衛、投機取利，以及權力擴張等傾
向，實在是一項刻不容緩但又極不容易達到的工程。或者我們根本
就不該視這為一項可以一蹴即就的「工程」，而應視為一個需要不
斷探索、反思、辯論和努力之過程。而在這過程中，各相關專業人
士本身的反思和參與，至關重要。可惜的是，目前專業的教育、文
化、制度和工作環境等均不鼓勵從業員對專業霸權主義提出質疑和
作出挑戰；否則，他們便大有可能被業界內的保守勢力排擠，輕則
晉升無望，重則飯碗不保。所以，要有效地改變現時醫學霸權的狀
況，必定要同時針對霸權具有的兩項特性——即其軟實力和硬實力
（亦即在文化和制度／法律上）——作出相應的改革。

四、結語：醫學霸權面對的挑戰

現代社會是一個傳統權威隕落的年代，在過去的二三百年間我
們看到各種傳統權威的逐漸削弱，甚至消亡。神權、皇權、師權、
父權、男權等若非早已消失，其霸權地位亦大不如前。但現代社會
並不否定所有權威。由於現代社會的運作不單愈來愈倚重各種知
識，更會不斷生產新知識，所以現代社會也同時出現甚至製造新的
權威體系，並賦予擁有某類知識的人士一些特權；而專業霸權便是

其中的佼佼者。但有不少人士卻認為，現代社會亦早已變身為所謂「後現代社會」，而後現代社會的特徵之一，正是一方面更徹底地否定一切權威基礎（包括專業的權威），另一方面以更樂觀的態度歡迎，甚至歌頌一切權威的消亡。我們並不一定要接受「後現代主義者」對任何權威的否定，但當專業霸權已淪為當權體制的組成部分，那我們便必須構思及尋找如何建構一個「後專業霸權」制度的可能。本書若能對啟動社會就這方面的發展進行一些反思與辯論，那已是我們所能取得的最大獎勵。事實上，自上世紀七八十年代起，醫學及其他專業界別的權威便遭到四大方面的挑戰：

（一）首先是消費權益的醒覺與婦女及同志權益運動的相互影響和結合，並轉化為各種病人權益以至自助（self-help）運動和組織的建立。這些組織，不是在現存對抗療法霸權下爭取權益，便是力推各種各樣的另類療法。

（二）大學教育的普及化和互聯網的出現，亦同時削弱所有專家和專業人士的權威基礎——知識的神秘性。在知識和資訊俯拾即是的今天，任何具備基本思考和分析能力的人士，只要願意花上數星期的時間和工夫，便可隨時向大部分專業人士的工作提出有力的質詢甚或挑戰。知識的神秘面紗一旦被揭開，專業權威便難以維持；剩下的便只有依靠法例條文支撐的特權。

（三）受到在八十年代興起的「新管理主義」（new managerialism）或「新公共管理」（new public management）公營機構改革浪潮衝擊下，公營醫療服務受到前所未有的規範，如內部市場、衡工量值、成本效益、循證為本、持續審計等措施，在在均對醫生的日常工作和固有權力帶來規限。與此同時，在「新管理主義」的思維下政府亦大力助長私營醫療服務的發展。私營醫療服務的提供者或許不會受到這些新公共管理措施影響（但其實大多數的新公共管理措

施均來自商界），也要面對來自政府和保險公司愈來愈多的規範。[6]

（四）最後，其他醫護人員的專業化發展方向、醫療科技的發展、各醫療專業之間的角力、政府以至私營醫院管理層的態度，亦會改變不同醫護人員的職責，和動搖固有的醫療職業分工界線。

這些發展趨勢無疑是真實的，甚至可說愈演愈烈。事實上西方多國醫學霸權的「黃金時代」亦早已一去不返，但這是否等如醫學霸權在西方已然消失？答案明顯是不！李沛良（2000）在一篇比較香港中西醫發展的文章中指出，雖然醫療多元格局早已存在於香港，但中西醫及其他療法並不是以一種平等的方式共存，而是一種「層序性醫療多元格局」（hierarchal medical pluralism），意即在中西醫並行發展時後者仍然能保持它的相對強勢。李沛良認為，西醫的「醫療強勢」（medical dominance）主要由兩方面組成，「結構優越性」（structural superiority）和「功能強大性」（functional strength）。前者指一個專業在醫療系統內相對其他專業所享有的權力、地位和財富（包括可動用資源）；後者指一個專業服務範圍和數量（即其對社會的整體影響力，包括受市民的接受程度）。李沛良進而認為，各個醫療傳統的相對強勢，主要受是四個因素影響：一、其實際療效，二、公眾的接受程度，三、政府動向，四、醫療人員有否建立一個具自我規管原則的專業組織。[7] 皮士高素力都（Pescosolido）同意李沛良的分析，並進而認為：

從這角度看，現代醫學霸權毫無疑問地存在。沒有其他醫學傳統或「輔助專業」……能有接近科學為本醫學的結構優勢或功能力量。……醫學霸權的寶座並沒有任何競爭對手，也沒人認真質疑「醫學」究竟所為何事，或能夠提出另一整套學說。科學性醫學背後更擁有一整套制度——法律、資金

流、研究經費、公眾信任──即使較之以往醫學霸權的「黃
金時代」有所失色。……只有當另外一套醫學理論成熟時，
擁有自己的從業員，和自己的一套制度，並能提供與當時主
導意識形態吻合的另外一套世界觀，科學性醫學的霸權地位
才有可能會被動搖。目前，水平線內並沒有挑戰者。

（Pescosolido, 2006: 27-29）

反觀香港，醫學的霸權地位較之西方各國則更為穩固。醫院管理局
的成立，以至 1997 年回歸前後，醫學界均能把握契機，進一步鞏固
它的霸權地位。不過話說回來，醫院管理局的成立雖賦予了醫學界
更大的權力，但當管理層幾乎全被醫生掌控之後，位於管理層的醫
生與前線醫生的隔閡和磨擦也日漸增多，容易造成業界的分裂。同
樣，1997 年前後醫學界所獲取的政治甜頭，亦為日後社會日益政治
化而出現的內部分化埋下伏筆。

　　德國社會學家韋伯（Max Weber）早已洞察到現代社會出現的
「理性化」（rationalization）進程，由於得以發揮和拓展的主要只是
「工具理性」（instrumental rationality）而非「實質理性」（substantive
rationality），所以其本質是偏頗和非理性的，更朝着愈來愈非理性
的方向邁進。專業化作為理性化進程的一部分，所能充分體現的
亦只是甚具工具理性的專業霸權制度；而更具實質理性的「尊」業
精神則在大多數情況下只能成為一些裝飾性的「口頭服務」（oral
service）。香港的醫學霸權──以至所有專業霸權──現象，在可
預見的未來將會持續，甚至惡化。但作為現代人，我們別無選擇，
只能以更理性（包括工具理性和實質理性）的態度，鍥而不捨地質
詢一切霸權的不合理地方。正如葛蘭西在 1929 年 12 月 19 日寫給
他弟弟 Carlo 的一封獄中信件說：「現代性的挑戰在於如何可以在

看破一切幻想後仍然能夠活出意義，同時又不會對未來完全失去希望……。智慧使我成為一個悲觀主義者，但意志卻令我永遠保持一份樂觀。」[8]（Gramsci, 1994: 299）

註釋：

1　香港與新加坡在 2018 年的差距已較 2014 年時有所收窄。在 2014 年時香港和新加坡的健康效益指數分別為 88.9 和 84.2。

2　詳見 Gould（2001），佘雲楚（2013）及 Shae（2016）。

3　有關香港視光學課程的轉變與發展，見 Woo（2005）。

4　麥堅泰承認雖然在現實生活中「社會實務」與「社會制度」關係密切，但卻有必要把兩者區分，因為「制度通常和必然是關於……外在利益的。它們總忙於籌集金錢及其他物件；其結構亦以權力和地位為指標，亦把金錢、權力和地位分派作報酬。……〔但制度仍然是重要的，因為〕沒有任何實務可以不倚靠制度而長久單獨生存。」（MacIntyre, 1981: 181）

5　佘雲楚與彭美慈（2000）曾運用麥堅泰的「社會實務」概念，分析及評論 1986 年出版的《香港護士專業守則》。該守則於 2002 年曾作重大修改，及後再在 2015 修訂。

6　保險業界與醫學界的矛盾，由來已久。前者為了保持競爭力，自然希望能把保費取決於病人有沒有購買醫療保險。2017 年初友邦保險公司與香港醫學會的爭拗便是一例。詳見《蘋果日報》，2017 年 2 月 19 日 a 及 b。

7　筆者並不完全同意李氏的分析（當然也不是完全不同意）。首先，他把 "medical dominance" 譯作「醫療強勢」不無問題。英文 "dominance" 一字除了可解作「強勢」外，更有「支配」和「統治」等意涵；「強勢」一詞明顯地淡化了西醫學界的「霸氣」。醫學霸權的最明顯體現，正是李氏在文章中所指出香港目前的法例，是允許西醫使用中醫藥治病，卻禁止中醫「使用西醫習用的名銜……〔和〕一些西醫技術〔、藥物〕和儀器」（李沛良，2000：8）。其次，用「結構優越性」和「功能強大性」來解釋各個醫療傳統的「相對強勢」，可說是一種同義反復的描述（tautology，又譯「套套邏輯」），對深入解釋現狀無甚幫助。最後，他認為影響各個醫療傳統的相對強勢其中一個因素，是其「實際療效」。這令人聯想到，特質模式最為人垢病的地方之一，正是其對專業利益群體自我描述的認同。筆者認為，社會學學者作為個人自可以鍾情於個別醫療傳統，但作為社會學學者（sociologist qua sociologist），則沒有必要作出此等認同。在探討不同專業知識領域的時候，社會學學者應該把這些知識系統的效能或對錯「懸置」或「括弧」起來，不必對它們作任何知識論上的認同（epistemic commitment），而只需要探討社會內不同人士 / 群體對這些知識系統的取態，以及指出即使其所謂「實際療效」具有某種相對優越性，也往往是在其取得霸權後才得以建立。

8　很多人都誤把 "pessimism of the intellect, optimism of the will" 這句說話視為最初出自葛蘭西，實際上卻是出自葛蘭西好友，法國文學家羅蘭（Romain Rolland）。羅蘭曾嘗試營救葛蘭西出獄，但不果（詳見 Gramsci, 1994: 300）。

但葛蘭西確實喜歡這句話，並在多處表達類似想法時，均向羅蘭致敬。另外，正文中所引述葛蘭西的名句原文 —— "The challenge of modernity is to live without illusions and without becoming disillusioned … I'm a pessimist because of intelligence, but an optimist because of will" —— 一般認為出自葛蘭西 1929 年 12 月 19 日的信件，而這封信件亦同時收錄在 1975 年的英文選輯版（Gramsci, 1975）和 1994 年的英譯詳盡版（Gramsci, 1994）中。兩版本的譯法雖稍有不同，但筆者並未能在兩版本中找到常被引述的首句，其確實出處筆者至今仍未找到。

參考資料

（中文）

Now 新聞（2019 年 2 月 23 日）。〈醫管局人手不足、聘中介護士做基本護理工作〉。擷取自：https://news.now.com/home/local/player?newsId=338535&refer=Sharezxad。

佘雲楚（2003 年 8 月）。〈從非典型肺炎看本港的醫療制度〉，《思》雙月刊，第 86 期，頁 5－8。

佘雲楚（2005）。〈社會工作專業化的夢魘－一個社會學的剖析〉，載《本質與典範－社會工作的反思》（何芝君、麥萍施編，頁 67－89）。新加坡：八方文化創作室。

佘雲楚（2013）。〈醫保計劃：沒有靈魂的公共醫療改革政策〉，載《留給梁振英的棋局：通析曾蔭權時代》（羅金義、鄭宇碩編，頁 141－162）。香港：香港城市大學出版社。

佘雲楚（2017 年 9 月）。〈八評香港醫學霸權〉。《社聯政策報》，第 23 期，頁 32－38。擷取自：http://www.hkcss.org.hk/uploadFileMgnt/0_2017102010588.pdf。

佘雲楚、李大拔、周奕希、曾永康、蘇穎欣、陳胡安琪、彭耀宗、胡永祥、林國璋、何寶英、方毅（2019）。《香港基層醫療健康護理服務：願景與挑戰》，香港：中華書局（香港）有限公司。

佘雲楚、梁志遠、謝柏齊、丘延亮（2004 年 2 月 22 日）。〈生業、職業、專業與志業 —— 助人志業自主抗爭的行動社會學反思〉。《差異》。擷取自：http://mt.hiall.net/cgi-bin/mt-tb.cgi/562。重載於《香港獨立媒體》，2005 年 1 月 22 日：http:file:///G:/Paper-%20Shae/ 生業、職業、

專業與志業——助人志業自主抗爭的行動社會學反思 %20%20 香港獨立媒體 .htm。

佘雲楚、彭美慈（2000）。〈專業守則：實務或霸權？評香港護士專業守則〉，載《專業交叉點》（文思慧、梁美儀編，頁 66－101）。香港：青文書屋。

李沛良（2000）。〈醫療多元格局的社會文化因素：以香港中西醫療變化為例〉，《香港社會學學報》，第一期，頁 1－28。

政府新聞公報（2006 年 10 月 25 日）。〈立法會十二題：醫藥分家〉。擷取自：http://www.info.gov.hk/gia/general/200610/25/P200610250186.htm。

《香港 01》（2017 年 7 月 20 日）。〈護士人手短缺，背後仍是人的問題〉。

香港醫學會（1999 年 7 月 13 日）。〈保障病人可自由選擇往何處取藥〉。香港：香港醫學會新聞稿。擷取自：www.hkma.org/chinese/newsroom/news/drug-dis.htm。

香港醫學會（1999 年 9 月 27 日）。〈調查顯示市民支持自由選擇何處取藥、反對醫藥分家〉。香港：香港醫學會新聞稿。擷取自：www.hkma.org/chinese/newsroom/news/survey-med.htm。

陳茂波（2018 年 2 月 27 日）。《2019 至 2020 財政年度政府財政預算案》。擷取自：https://www.budget.gov.hk/2019/chi/speech.html。

陳茂波（2018 年 2 月 28 日）。《2018 至 2019 財政年度政府財政預算案》。擷取自：https://www.budget.gov.hk/2018/chi/pdf/c_budget_speech_2018-19.pdf。

楊志剛（2015 年 12 月 24 日）。〈醫療本土主義〉，《明報》，A31。

團結香港基金（2018）。〈《以人為本、縱橫整合——香港醫療體系》報告行政摘要〉。香港：團結香港基金。擷取自：https://ourhkfoundation.org.hk/sites/default/files/media/pdf/OHKF_Health_Leaflet_ES_Chinese.pdf。

醫院管理局（2017）。《醫院管理局 2015－2016 年報》。香港：醫院管理局。擷取自：www.ha.org.hk。

醫院管理局（2018）。《醫院管理局年報 2017－2018》。香港：醫院管理局。擷取自：www.ha.org.hk。

《蘋果日報》（2017 年 2 月 19 日 a）。〈做小手術住院有得賠？！ AIA 忽然改條款〉。擷取自：http://hkm.appledaily.com/detail.php?issue=20170219&guid=56325325&category_guid=6996647&category=instant。

《蘋果日報》（2017 年 2 月 19 日 b）。〈AIA 回應醫學會：若醫生認為必需住院附詳細合理解釋會賠償〉。擷取自：http://hk.apple.nextmedia.com/realtime/news/20170219/56325916。

（英文）

Bacon-Shone, J. & Leung, G.M. (2006). "History, Ethics and Forces of Change." In *Hong Kong's Health System: Reflections, Perspectives and Visions* (edited by G.M. Leung & J. Bacon-Shone, pp. 3-16). Hong Kong: Hong Kong University Press.

Blevins, S.A. (1995). "The Medical Monopoly: Protecting Consumers or Limiting Competition?" *Cato Policy Analysis*, No. 245, pp. 1-22. Retrieved from: www.cato.org/pubs/pas/pa-246.html.

Du, L. & Lu, W. (2016, September 29). "U.S. Health-Care System Ranks as One of the Least-Efficient." *Bloomberg News*. Retrieved from: https://www.bloomberg.com/news/articles/2016-09-29/u-s-health-care-system-ranks-as-one-of-the-least-efficient.

Gould, D. (2001). "The Reform of Health Care Funding." *Hong Kong Medical Journal*, 7(2), pp. 150-154.

Gramsci, A. (1975). *Letters from Prison* (selected, translated and introduced by L. Lawner). London: Jonathan Cape Ltd.

Gramsci, A. (1994). *Letters from Prison*, Vol. I (edited by F. Rosengarten and translated by R. Rosenthal). New York: Columbia University Press.

Kultgen, J. (1988). *Ethics and Professionalism*. Philadelphia: University of Pennsylvania Press.

Leung, G.M., Hedley, A.J. & Lam, T.H. (2004). "The Public Health Viewpoint." In *At the Epicentre: Hong Kong and the SARS Outbreak* (edited by C. Loh & Civic Exchange, pp. 55-80). Hong Kong: Hong Kong University Press.

MacIntyre, A. (1981)). *After Virtue: A Study in Moral Theory*. London: Duckworth.

Marx, K. (1967). "Letter to His Father: On a Turning-point in Life." In *Writings of the Young Marx on Philosophy and Society* (edited & translated by L.D. Easton & K.H. Guddat, pp. 40-50). New York: Doubleday.

Maynard, A. (2006). "The Challenges of Reforming Hong Kong's Health

System." In *Hong Kong's Health System: Reflections, Perspectives and Visions* (edited by G.M. Leung & J. Bacon-Shone, pp. 467-483). Hong Kong: Hong Kong University Press.

Miller, L.J. & Lu, W. (2018, September 19). "These are the Economies with the Most (and Least) Efficient Health Care." *Bloomberg News*. Retrieved from: https://www.bloomberg.com/news/articles/2018-09-19/u-s-near-bottom-of-health-index-hong-kong-and-singapore-at-top.

Moffat, A.R. (2015, December 1). "Health-care Check-up: Whose System is Least Efficient?" *Bloomberg News*. Retrieved from: https://www.bloomberg.com/news/articles/2015-11-30/health-care-check-up-whose-system-is-least-efficient-.

Pescosolida, B.A. (2006, Sept/Oct). "Professional Dominance and the Limits of Erosion." *Society*, 43(6), pp. 21-29.

Shae (2016). "The Poverty of Vision: A Critique of Hong Kong's Health Care Policy." In *Ethical Dilemmas in Public Policy: The Dynamics of Social Values* (edited by B. Yung & K.P. Yu, pp. 147-166). Singapore: Springer Press.

The Harvard Team (1999). *Improving Hong Kong's Health Care System: Why and For Whom?* Hong Kong: President and Fellows of Harvard College.

Weber, M. (1948). "Politics As a Vocation" and "Science As a Vocation." In *From Max Weber: Essays in Sociology* (edited & translated by H.H. Gerth & C.W. Mills, pp. 77-156). London: Routledge & Kegan Paul.

□ 責任編輯：吳黎純
□ 裝幀設計：霍明志
□ 排　版：時　潔
□ 印　務：劉漢舉

香港經驗叢書

醫學霸權與香港醫療制度
（修訂版）

□
叢書主編
羅金義

□
本書主編
佘雲楚

□
著者
佘雲楚　馮可立　林昭寰　陳和順　鄒崇銘　鍾劍華　何寶英

□
出版
中華書局（香港）有限公司
香港北角英皇道 499 號北角工業大廈一樓 B
電話：(852) 2137 2338　傳真：(852) 2713 8202
電子郵件：info@chunghwabook.com.hk
網址：http://www.chunghwabook.com.hk

□
發行
香港聯合書刊物流有限公司
香港新界大埔汀麗路 36 號
中華商務印刷大廈 3 字樓
電話：(852) 2150 2100　傳真：(852) 2407 3062
電子郵件：info@suplogistics.com.hk

□
印刷
美雅印刷製本有限公司
香港觀塘榮業街 6 號海濱工業大廈 4 樓 A 室

□
版次
2019 年 12 月初版
© 2019 中華書局（香港）有限公司

□
規格
16 開（230 mm×170 mm）

□
ISBN：978-988-8674-03-9